Dieter Heitsch
Wölfe und Schafe

Dieter Heitsch

Wölfe und Schafe

Die Story vom Spiel im Management

verlag
moderne industrie

CIP – Titelaufnahme der Deutschen Bibliothek

Heitsch, Dieter:
Wölfe und Schafe : Die Story vom Spiel im Management /
Dieter Heitsch. - Landsberg/Lech : Verl. Moderne Industrie,
1991
ISBN 3-478-31010-5

Umschlaggestaltung: Hubert Patscheider, 8900 Augsburg
Satz: abc Fotosatz GmbH, 8938 Buchloe
Druck- und Bindearbeiten: Paderborner Druckcentrum, 4790 Paderborn
Printed in Germany 310 010/591403
ISBN 3-478-31010-5

Es ist Absicht, daß Sie in diesem Buch Ähnlichkeiten mit Situationen erkennen, die im Unternehmen häufiger das Geschehen bestimmen. Vielleicht identifizieren Sie sogar Personen. Diese Ähnlichkeiten wären allerdings unbeabsichtigt.

Dieser Roman berichtet nicht nur von Problemen, Konflikten und zwischenmenschlichen Spielen, er bietet auch Lösungen an. Diese Lösungen beinhalten nicht den üblichen Alleinvertretungsanspruch bekannter Erfolgsregeln, sie sind lediglich in ähnlichen Fällen, also in der Praxis, erfolgreich gewesen.

Einfache Tips, hilfreiche Hinweise verändern das berufliche Umfeld mehr als viele gewichtige Theoriegebäude. Deshalb finden Sie nur Anwendbares auf den Seiten dieses Buches.

Die Führungsphilosophie, die diesem Buch zugrunde liegt, ist für viele modern geführte Unternehmen die zeitgemäße und wohl auch zukünftige, für wesentlich mehr Unternehmen aber sicher die zukünftige. Die eigene Führungserfahrung und die Erkenntnis, daß Humanität und Produktivität in ihrer Wirkung untrennbar verbunden sind, und schließlich die Gewißheit, daß Begriffe wie Partizipation, Emanzipation, Autonomie, Freiheit und Verantwortung das Verhältnis von Führungskraft und Mitarbeiter zukünftig noch viel stärker gestalten, haben dieses Buch geprägt.

In den Jahren als Führungskraft und als Trainer habe ich erlebt, gesehen und gehört, was auf den folgenden Seiten zu lesen ist. Deshalb ist dieser Roman mehr vom Leben geschrieben als von einem einzelnen Autor.

Dieter Heitsch

Die Menschen des Romans

Manfred Quester	–	Vertriebsleiter
Eberhard Siefert	–	Vorstand Vertrieb und Marketing
Walter Bruns	–	Marketingleiter
Torsten Schneider	–	Vorstandsvorsitzender des Unternehmens, in dem die Handlung spielt
Inge Fröhlich	–	Leiterin des Verkaufsinnendienstes
Gisela Eberhardt	–	Sekretärin von Herrn Schneider
Heidemarie Gehrke	–	Sekretärin von Herrn Quester
Karin Maier	–	Sekretärin von Herrn Siefert
Sonja Liebherr	–	Sekretärin von Herrn Bruns
Herbert Schranders	–	Gebietsverkaufsleiter
Michael Severin	–	Gebietsverkaufsleiter
Helmut Fischer	–	Gebietsverkaufsleiter
Siegfried Wenig	–	Produktionsleiter
Albert Förster	–	Org/DV-Leiter
Werner Reinert	–	Personalleiter
Peter Schmitz	–	Finanzchef
Bodo Schelmer	–	Leiter Produktmanagement
Christian Wellert	–	Leiter Marktforschung
Thomas Maier	–	Bezirksreisender
Karin Quester	–	Frau Quester
Bernhard Anders	–	Freund Questers – Vorstandsvorsitzender eines anderen Unternehmens
Corinna Anders	–	seine Frau
Elisabeth Grund	–	seine Leiterin des Verkaufsinnendienstes
Uwe Ganzberg	–	sein Vertriebsleiter
Britta Burghard	–	seine Sekretärin
Adalbert Frisch	–	sein Key account manager
Günther Selmar	–	Werbeleiter

1

Den Telefonhörer noch in der Hand, kämpfte Quester gegen den inneren Wunsch, kräftig zu fluchen. Wut und Enttäuschung – etwas anderes konnte er im Moment nicht empfinden. Da kündigt einer seiner besten Bezirksvertreter! Einer, den er schon als Nachwuchs für seine Gebietsleitercrew vorgesehen hatte. Ein Mann, der verkaufen konnte, zu den Meinungsbildnern seiner Teams im Süden gehörte. „Ein guter Typ", würde sein Sohn sagen, einer, den man auf Anhieb sympathisch findet. Und so ein Leistungsträger, so ein feiner Kerl, kündigt, weil ihn sein Gebietsleiter unfair behandelte. Er kannte Herbert Schranders, den Gebietsleiter, sehr gut. Schließlich waren sie ja mal Kollegen gewesen. Schranders ist nie eine Führungskraft gewesen und wird sie auch nicht mehr.

Herbert spielte gern mit Menschen. Eigentlich hatte dieser hoch aufgeschossene Herbert sehr wenig Selbstbewußtsein, aber er kompensierte das glänzend mit erlernten, fast perfekten Fassaden. Um sich immer wieder selbst zu bestätigen, ließ er mit seinen auf vielen Seminaren erlernten Spielchen andere schlecht aussehen und konnte so wieder besser mit sich klar kommen. Diese Mischung aus Schurkenschläue, negativer Position zu sich und anderen Menschen und einer ausgeprägten Spielermentalität ist auf Dauer gesehen für jeden Mitarbeiter mit gerader, aufrichtiger Art unerträglich und muß zu

Konflikten und, wie in diesem Fall wieder einmal, zur Kündigung führen. Eigentlich wäre Schranders längst fällig gewesen. Herbert hielt sich nur über gute Umsätze und über devotes Verhalten gegenüber Herrn Siefert, dem Vorstandsmitglied für Vertrieb und Marketing, der ihn aus diesen Gründen stützte.

Quester atmete tief durch, legte sich in seinem Stuhl zurück und überlegte. Klar, daß so ein Mann mit dieser schwierigen psychischen Grundstruktur keine Mitarbeiter führen kann, die eigene Ideen haben, Luft zum Atmen brauchen, die eine lange Leine benötigen; Herbert kannte nur das Würgehalsband und die kurze Leine. Seine schroffe, kantige Art, das gefühllose Zuschlagen, gepaart mit der oft triefenden Überfreundlichkeit, war für jeden Mitarbeiter ein Zerreißprozeß, der zur völligen Desorientierung führt. Der Lange machte seine Probleme permanent zu Problemen anderer.

In Gedanken ging Quester seine Gebietsleiter durch und verglich den einen mit dem anderen. Bis auf Herbert Schranders kam er eigentlich mit allen gut zurecht, waren es exzellente Leute. Da gab es ein ganz kleines Problem, das aber gelöst war.

Die Nähe, das ‚Du', die vielen Abende, an denen man sich sehr nahe kam, wurden zum Problem, als er aus dieser Gruppe heraus zum Vertriebsleiter ernannt wurde. Quester war nun der Mann, der primär Anwalt des Unternehmens war und die Ziele des Unternehmens zu erreichen hatte. Er wußte, das ging natürlich nur mit seinen jetzigen Mitarbeitern, also mit der Hilfe seiner früheren Kollegen. Als er noch Gebietsleiter war, hatte er sich nie vorstellen können, daß menschliche Nähe auch hinderlich sein könnte. Bis zu dem Moment, als er wegen sinkender Leistungen Kritikgespräche führen mußte, ging ja alles gut. In diesen Gesprächen wirkte plötzlich die Nähe zu seinen ehemaligen Kollegen erschwerend. Die gleichen Schwierigkeiten tauchten auf, als Quester seinen konsequenten Arbeitsstil durchsetzte. Da wollte man nicht einsehen, daß er nicht mehr nur „Kumpel“ war, sondern Leistung verlangte.

Ihm wurde zu verstehen gegeben, daß man der Meinung war, er hätte sich nicht zum Positiven verändert und die Aussage „Gib einem Menschen einen Posten, und er verändert sich entsprechend negativ“ machte die Runde.

Nach einem Jahr der Schwierigkeiten war dieses Problem aber gelöst. Der Erfolg gab Quester recht, und den Respekt hatte er sich durch seine klare, faire Art auch erarbeitet. Kein anderer hätte diese Durststrecke durchgestanden, oder er hätte völlig verkrampft und autoritär gehandelt, die GVLs entlassen.

Von diesem Gedanken angewidert, griff Quester zum Telefon.

„Frau Gehrke, stellen Sie mir bitte eine Verbindung mit Schranders her – oder lassen Sie mal.“ Er runzelte die Stirn und kratzte sich hinterm Ohr.

„Ich muß ihn vor mir sehen, per Telefon geht das doch nicht.“

„Ist gut Herr Quester, ich schlage vor, einen Termin am Donnerstag zu machen, da ist Schranders sowieso im Haus. Die Damen freuen sich schon.“

„Wie freuen? Sie auch?“

„Nein, das habe ich anders gemeint. Jeder durchschaut seine überzogene Freundlichkeit. Keiner mag ihn wirklich, diesen miesen Spieler. Mich schüttelt es schon, wenn ich an seinen Handkuß denke.“

„Was soll man mit einem solchen Typ machen, der Vasallentreue spielt und von hinten schießt? Der muß eine Rückenallergie haben, denn auf jeden, der ihm den Rücken zukehrt, schießt er. ‚Du kannst dich auf mich verlassen‘, wie oft habe ich das schon ungefragt gehört, und wie oft habe ich schon von anderen gehört, was er über mich erzählt, wenn ich nicht da bin. Ein Feigling mit Partisanencharakter.“ Der Frust war fast raus. Quester fühlte sich nach diesen Sätzen geradezu erleichtert.

„Das trifft's genau, Herr Quester. Oh, beinahe hätte ich's vergessen, Sie sollen um 16.00 Uhr zum Chef kommen."

„Hat er gesagt, worum es geht?"

„Nein, ich hab' auch nicht mit ihm selbst gesprochen. Frau Maier rief an."

„Na gut, es kann ja nicht schaden, wenn Sie mir die neuesten Zahlen geben, vielleicht will er darüber sprechen."

„Glaub' ich nicht, dann sagt Frau Maier das."

„Nun gut, dann gehe ich jetzt völlig ohne Vorbereitung."

Auf dem Weg in die Palisanderetage ging Quester noch mal alle möglichen Besprechungspunkte durch. Er fand keinen, der einen außerordenlichen Termin rechtfertigte. Nun gut, wir werden sehen.

„Hallo, Quester, kommen Sie rein – Kaffee oder Tee?"

„Kaffee, bitte."

„Quester, kommen wir gleich zum Thema. Schranders rief mich an und erzählte mir, daß er für unser Problemprodukt Kiwisaft beim Handelsriesen ‚Saftig und Frisch' die Listung erreicht hat und einen Erstauftrag landen konnte, der sich sehen lassen kann und den wir auch dringend gebraucht haben. Klasse, der Schranders, ein echter Topverkäufer. Sie können froh sein, daß sie den haben, Quester. Beiläufig hat er mir im Gespräch erzählt, daß er mit einem seiner Mitarbeiter größere Schwierigkeiten habe. Der schickt seine Berichte zu spät, ist in den Meetings aufmüpfig und demotiviert die ganze Mannschaft. Er hofft, daß er den soweit bekommt, daß er selbst kündigt, sonst würde er die Konsequenzen ziehen. Ich kenne Schranders schon lange, das ist einer der treuesten, einer, den ich schon seit Jahren schätze. Ich habe ihm Rückendeckung gegeben. Das geht ja so auch nicht, Illoyalität ist schlimm. Ich hoffe, das war in Ihrem Sinne, Quester? Ich habe natürlich gesagt, daß Sie die letzte Entscheidung hätten.

Wir wollen ja keine Führungsfehler machen."

Siefert lachte und schlug Quester auf den Schenkel. Aber das spürte Quester gar nicht.

Wieder war dieses Gefühl da, dieser Drang nach lautstarker Entladung. Dieses Schwein, Schranders! Das war wieder eines seiner schäbigen Spiele. Und Siefert hatte ihn immer noch nicht durchschaut. Aber der reagiert ja auch auf Kriecher wie ein Süchtiger, und das hält er dann auch noch für Loyalität. Wie war das doch: Gleich und Gleich gesellt sich gern?

„Herr Siefert, das gefällt mir nicht. Dieser Mitarbeiter, den Schranders meint, hat mich angerufen und gekündigt."

„Na, dann ist ja alles gut. Dann hat's ja geklappt. Ich sag' doch, der Schranders ist ein Teufelskerl."

„Davon kann nun wirklich keine Rede sein. Der, der uns verläßt, ist einer unserer besten Bezirksvertreter. Ein Leistungs- und Umsatzträger, ein guter Nachwuchsmann für unsere Führungscrew!"

„Einer, der andere mit seiner Negativeinstellung demotiviert, kann doch kein guter Mann sein, und wer seine Berichte zu spät schickt, ist auch zu allen anderen Schandtaten fähig. Da muß ein Exempel statuiert werden, da hat Schranders' völlig recht. So einer, Quester, so einer kann doch kein Führungsnachwuchs sein!"

„Ich sehe das anders. Schranders hat seit Jahren Schwierigkeiten mit Mitarbeitern. Die Fluktuation ist bei ihm viel zu hoch. Besonders zu leiden haben gute Leute, die Schranders Verkaufserfolge relativieren. Lange kann ich mir das nicht mehr mitansehen, und das will ich auch nicht."

Quester war jetzt alles egal, und selbst wenn Siefert ausrastet, sein Busenfreund Schranders wird jetzt gerupft. „Fangen Sie um Himmelswillen keinen Krieg mit Schranders an, wir brauchen sein Verkaufstalent. Quester, Sie reagieren emotional!"

Na Kunststück, dachte Quester und fuhr fort: „Ich werde mir

etwas überlegen, aber auf jeden Fall werde ich um diesen Mitarbeiter von Schranders kämpfen."

„Sie müssen wissen, was Sie tun Quester, aber denken Sie daran – nichts zerstören, um etwas zu retten!"

Auch noch Sprüche, dachte Quester. Er erhob sich, grüßte kurz und ging.

Hoffentlich begegnet mir jetzt keiner, dachte Quester, hoffentlich spricht mich jetzt niemand an. Die Tür, vielleicht hilft die, dachte Quester – und feuerte die Tür zu seinem Büro zu.

Das Telefon klingelte. Quester griff zum Telefonhörer und knurrte „Quester" hinein.

„Anders, hallo, Manfred!"

„Mensch Bernhard, du kommst mir gerade recht, wer hat dir denn gesagt, daß ich dich jetzt dringend brauche?"

„Niemand, aber wenn's so ist, ist es gut, was ist denn los?"

„Ich habe die Stimmung eines Menschen, der ernüchtert feststellt, daß er gelinkt wurde. Zweimal sogar – einmal von einem Mitarbeiter und einmal von meinem Boß."

„So schlimm? Wie wär's mit einem Bier?" „Eines? Ich könnte mir heute einen auf die Lampe gießen, daß es nur so dröhnt."

„Tust du doch nicht und hilft ja auch nichts. Also sehen wir uns bei Harry?"

„Okay, in 15 Minuten."

Quester legte mit der einen Hand den Telefonhörer auf und angelte mit der anderen Hand schon nach seinem Mantel. Bloß raus hier! Während er den Mantel überzog, raffte er mit der freien Hand die Papiere zusammen, fegte sie in die Schublade und startete, den Mantel schief auf den Schultern hängend, zur Tiefgarage. Auf dem Flur traf er Frau Gehrke, seine Sekretärin.

„Ich habe den Termin mit Schranders vereinbart. Der war ja super drauf, richtig guter Laune."

„Glaub' ich gern", knurrte Quester, „aber die gute Laune wird er noch verlieren."

„Ich habe ihn ins Büro bestellt und Ihren Termin danach abgesagt. Jetzt haben Sie zwei Stunden Zeit."

„Gut, aber der hört in zehn Minuten, was er in fünfzehn Jahren nicht gehört hat und nie wieder vergessen wird. Tschüß, Frau Gehrke und danke!"

Wenn ich die Heidemarie nicht hätte, dachte er und stieg in den Fahrstuhl.

2

Bei Harry steuerte er auf Bernhard Anders zu. Die beiden Freunde begrüßten sich herzlich. Quester spürte, wie er sich langsam entspannte. „Komm, trinken wir zuerst mal ein Bier, und dann erzählst du, welcher Elefant dir auf die Füße gestiegen ist."

„Also, das tue ich genau in dieser Reihenfolge. Ah, da kommt ja auch schon unser Pils."

„Hallo, Harry, was macht die Gicht?"

„Ach weißt du, eigentlich müßte ich im Sanatorium behandelt werden, als ich hörte, daß ihr kommt, hab' ich mir gedacht, mit denen verdienst du erst noch das fehlende Geld und dann gehst du hin."

Erwartungsvoll sah er die beiden an. „Okay Harry, wenn du finanziell unterstützt werden mußt, dann bring uns zwei Buletten."

„Das wußte ich, auf euch kann ich mich verlassen." Harry humpelte herzzerreißend zur Theke zurück. Beide schauten hinterher und sahen Harry wie gewohnt lossausen, als er sich außer Sichtweite glaubte.

„Das war eine Wunderheilung, glaube ich."

„Ganz sicher, sowas muß das gewesen sein", lachte auch Bernhard.

„Prost, warum ist eigentlich der erste Schluck so unvergleichlich schön, Bernhard?"

„Weil's der erste ist, der die trockene Kehle erwischt und alle anderen diese Möglichkeit nicht mehr haben."

„Du wärst sicherlich ein guter Sachverständiger geworden, aber du mußtest ja in den Vorstand. Du verkrachte Existenz!"

„Jetzt aber, wie wär's, wenn du mich mit deinen Aggressionen verschonst und mich nicht mit anderen verwechselst. Was war denn los heute?" Quester berichtete.

„Und dieser Schranders ist ein alter Freund von deinem Vorstandsmitglied Siefert?"

„Ja, die kennen sich seit Jahren. Vielleicht haben sie sogar eine gemeinsame Leiche im Keller."

„Das vermutest du aber nur?"

„Die Nibelungentreue Schranders zu Siefert ist nicht anders erklärbar."

„Ich glaube mehr, der Siefert sieht die verkäuferische Potenz dieses Schranders und will die erhalten für das Unternehmen. Er akzeptiert die zweite Seite dieses Mannes, nachdem er eine Güterabwägung betrieben hat."

„Möglich, aber deshalb kann man doch den Charakter dieses Menschen nicht übersehen und den Schaden, den er bei den Mitarbeitern, also für das Unternehmen, anrichtet, auch nicht."

„Die Frage ist nur, ob der Schranders das nicht machen muß, um zu überleben. Anders gesagt, ob der Fehler nicht bei euch liegt."

„Wieso?"

„Na schau, wenn einer bei uns Karriere machen will, muß er Mitarbeiter führen, ob er dafür geeignet ist oder nicht. 90% der Unternehmen in der Bundesrepublik haben es doch bis jetzt versäumt, neben der Führungslaufbahn eine Expertenlaufbahn zu installieren. Eine Möglichkeit für typische Einzelkämpfer aufzusteigen, Karriere zu machen, ohne daß sie führen müssen, fehlt.

Alles was du erzählst, hört sich so an, als ob Schranders gar nicht in der Lage wäre zu führen. Er macht Wettläufe in der verkäuferischen Leistung mit seinen Mitarbeitern, weil er der Beste sein muß, denn er hält sich für einen Spitzenverkäufer. Ein Indiz dafür, daß er hier sein Selbstverständnis hat, seine Leistung mißt. Er spielt Spiele mit seinen Mitarbeitern, weil er weiß, daß er auf andere Art und Weise Führungsschwächen zeigt, die Mitarbeiter ihn als Führer nicht anerkennen würden. Ich glaube, der kennt sich gut und lebt in einer falschen Position mit einem natürlich für dich schädlichen Überlebenskonzept."

„Wenn du das so analysierst, kann ich gut folgen. Ich sehe ihn vor mir, wie er aufblüht, wenn er von seinen Verkaufserfolgen spricht. Um Himmelswillen, da hab' ich ja ein Kuckucksei im Nest meiner Führungscrew. Einen Verkäufer unter meinen Führungskräften."

„Vorsicht, halte deine Emotionen im Griff, die sind schädlich für die Augen", lachte Anders.

„Wieso?"

„Na, du siehst in Emotionen schlechter, einseitig, ungenauer, also verändert. Schlecht für die Analyse und schlecht für deine Problemlösung."

„Jawohl, Herr Lehrer", lachte jetzt auch Quester. „Aber nun mal Butter bei die Fische, was mach' ich jetzt?"

„Wonach steht dir denn der Sinn?"

„Ich möchte ihn zusammenfalten."

„Und dann?"

„Dann fühl' ich mich besser."

„Glaub' ich dir gern, aber das löst dein Problem nicht. Wie wär's, wenn du dir die Fähigkeit, die verkäuferische Potenz dieses Mannes erhältst und den schädlichen Teil seiner Tätigkeit eliminierst?"

„Wie geht das denn?"

„Nun, du sagtest doch, daß er verkäuferisch wirklich ein As

ist und dort auch viel Spaß hat, sein Verwirklichungsfeld sieht. Gib ihm eine neue Funktion, zum Beispiel die des Key account managers. Da betreut er Großkunden, er erhält seine Bedeutung und kann seine Fähigkeit ausleben. Die Position solltest du zwischen dir und den Gebietsleitern ansiedeln, damit eine Bedeutungszunahme zu erkennen ist. Ich glaube, der ist im Grunde ganz erleichtert, wenn er den Ärger mit den Mitarbeitern genommen bekommt. Ich hab's doch richtig in Erinnerung, ihr habt noch kein Key account management?"

„Es stimmt, diese Position haben wir noch nicht. Ich hab' aber schon öfters darüber nachgedacht, die von mir betreuten Kunden in die Hände anderer zu legen. Das wird mir einfach zuviel und nimmt mir die Zeit für die Führung meiner Mitarbeiter."

„So löst du sogar zwei Probleme auf einmal."

„Gut, aber das erhöht natürlich meinen Headcount. Aber vielleicht bringe ich den Siefert dazu, wenn er damit seinem Spezi helfen kann und sein Vertrieb noch schlagkräftiger wird."

„Du kannst von mir ein Konzept zur Einführung eines Key account managements haben. Das hat mein Vertriebschef für mich erstellt, und es ist exzellent argumentiert."

„Her damit, das muß ich lesen. Mensch, wenn das funktioniert, dann kann ich auch den Maier halten. Vielleicht biete ich ihm die so frei werdende Gebietsleiterposition an."

„Überleg dir das gut, einen Mann vor ein Team zu stellen, aus dem er kommt. Das ist nicht einfach für den Mann, wie du ja selbst erfahren hast."

„Das stimmt nun auch wieder, aber der Maier müßte es, mit Führungstrainings gut vorbereitet, schaffen. Als Meinungsbildner ist er bereits jetzt in der Gruppe anerkannt."

„Wenn du ihn gut vorbereitest und die Möglichkeit siehst, daß er auch von deinen Erfahrungen lernt, dann tu es. Du willst es ja sowieso. Ich spür' doch, wie sehr du von diesem Mann überzeugt bist."

„Vieles an dir bewundere ich Bernhard, aber begeistert bin ich von deinem Einfühlungsvermögen. Ein Glück, daß du mein Freund und Berater bist. Wärst du nur mein Berater, könnte ich dich gar nicht bezahlen, sooft hast du mir schon geholfen."

„Halt die Luft an und zahl! Ich muß noch fahren, deswegen heute nur ein Pils."

„Okay, sehen wir uns am Wochenende?"

„Wir kommen gern am Samstagabend. Ich glaube, unsere Frauen haben bereits etwas ausgemacht."

„Harry, hol dir den Scheck ab!"

„Nicht schon wieder, meine Bank nimmt die Schecks von dir nicht mehr an." Harry strich die Münzen ein und rief den beiden hinterher: „Kommt ja wieder, jeder von euch schuldet mir schon seit Jahren die Zeche eines normalen Gastes!"

Quester drehte sich um und rief: „Noch eine solche Äußerung, und dir fehlt zukünftig unser Wechselgeld!" Alle drei lachten.

Quester stieg nachdenklich ins Auto. Bernhard ist nicht umsonst Topmanager, dachte er. Seine Bilderbuchkarriere ist erklärbar mit den Fähigkeiten, die dieser Mann hat. Mit wenigen Fragen und seiner guten Beobachtungsgabe und dem fast schon legendären Einfühlungsvermögen analysiert er schnell und sicher. Was hat er noch gesagt: „Verkaufe erst die Institution Key account management und laß anschließend den Siefert selbst auf die besondere Eignung seines Spezis Schranders für die Position des Key account managers kommen und dann bestätige sie!" So geht's. Nur so!

3

Questers Stimmung stieg. Er fuhr nach Hause, wo ihn seine Frau mit den Worten begrüßte: „Unser Sohn Mark hat Liebeskummer, sei besonders vorsichtig!“

„Wer ist denn die Schlimme?“

„Na, die Gisela Selmar, die vor 14 Tagen mal hier war.“

„Ist das nicht die Tochter des Werbeleiters von Bernhard?“

„Genau die.“

„Na ja, den hätte ich auch sehr ungern als Kollege Schwiegervater akzeptiert.“

„Manfred, die sind beide erst siebzehn!“

„Na und, was heißt das schon. Übrigens, Bernhard kommt mit Corinna am Samstag zum Essen.“

„Ja, ich weiß, ich hab' mich schon mit Corinna unterhalten. Schön, daß wir sie beide mal wieder bei uns im Hause haben.“

„Finde ich auch. Übrigens, Bernhard hat mir heute bei der Lösung eines Problems geholfen. Von diesem Mann kann ich noch eine Menge lernen. Sag mal, wo ist denn Mark jetzt?“

„In seinem Zimmer und starrt Löcher in die Decke.“

„Da helf' ich mit.“ Quester sprang die Treppe hoch und öffnete vorsichtig die Tür zum Zimmer seines Sohnes.

„Na Kumpel, haste ein bißchen Platz für einen Workaholic, der gerade seinen täglichen Anfall überwunden hat?“

– Stille –

„Danke."

– Schweigen –

„Bin informiert, tut's weh, Kumpel?" Nicken und Blick mit Weltschmerz zur Decke.

„Die fast vergessenen Vorgängerinnen deiner Mutter haben mich auch des öfteren da reingejagt. Ich glaub', die Frauen wissen gar nicht, wie wir Männer leiden können."

– Seufzen –

„Kann ich helfen, oder willst du unbedingt allein bleiben?"

– Undeutliches Brummeln, mehr einladend als abweisend –

„Komm, pack den Tennisschläger ein, wir hauen beide auf den kleinen Gelben. Ich hab auch Grund. Okay?"

„Okay."

Vater und Sohn verließen, jeder auf seine Art gramgebeugt mit Leidensmiene, die Wohnung, vom unterdrückten, aber noch hörbaren Lachen der Mutter begleitet.

„Guten Abend, Corinna, guten Abend, Bernhard, schön, daß ihr wieder einmal bei uns seid, kommt rein!"

„Karin zieht wohl noch den letzten Strich unter die Bilanz, die mich wieder alt und sie wie meine Tochter aussehen läßt", sagte Corinna und lachte.

„Also, ich geh' dann", verabschiedete sich Mark ernst.

„Nanu", sagte Corinna, als Mark die Tür hinter sich geschlossen hatte, „warum ist er heute so ernst?"

„Mark hat Liebeskummer", sagte Karin, die gerade die Treppe herunterkam. „Aber es geht schon wieder, Manfred hat ihn mit Tennis abgelenkt und aufgeheitert."

„Der hat mir in seinem Leid ganz schön die Bälle um die Ohren gehauen. Übrigens, die Tochter deines Werbeleiters ist schuld."

„Ist das wahr, die Tochter von Selmar, und ich dachte, nur der Vater ist schwierig!"

„Was heißt schwierig?"

„Nun, Selmar ist nie wirklich in die Führungsrolle hineingekommen. Er ist ein Sachbearbeiter geblieben und dazu noch sein bester. Alles geht über seinen Schreibtisch, nichts traut er seinen Mitarbeitern zu, alles kann er besser. Er ist das Nadelöhr seiner Abteilung. Seine Besserwisserei belastet die Mitarbeiter genauso wie seine autoritären Entscheidungen. Er befindet sich in einem ewigen Wettlauf mit seinen Mitarbeitern und sucht Fehler bei ihnen, wo er nur kann. Damit hält er sich seine Mitarbeiter auf Distanz, um nicht als der ‚beste' Experte zu sehr in Konkurrenz zu geraten. Dabei hat er durchaus Führungsqualitäten und ist wirklich wertvoll für das Unternehmen."

„Wie ich dich kenne, läßt du es dabei nicht bewenden."

„Nein, natürlich nicht, wir haben eine Trainingskonzeption für unser mittleres Management begonnen. In zwölf Tagen werden meine Leute zu einer Art ‚Coach' ausgebildet. Ein besseres Rollenverständnis, das einer Führungskraft, entsteht. Sie lernen, Mitarbeiter besser zu entwickeln und zu fördern. Eigentlich müßte dieses Training vor der Übernahme einer Führungsaufgabe eingesetzt werden, dann könnten sie vorher, was nachher gefordert wird. Das Unternehmen würde viel sparen, denn das reine ‚Versuch-und-Irrtum-Lernen' kostet viel Geld."

„Genau, ich möchte nicht wissen, was die Fehler unserer Führungskräfte beim Lernen in der Praxis kosten. Das rechnet keiner aus, aber jeder weiß aus eigener Erfahrung, wieviel Fluktuation, wieviel Demotivation und wieviel Verlust an Produktivität von Führungskräften verursacht wird, die ausschließlich am Mitarbeiter lernen, wie man führt. Ich weiß noch, wie ich Mitarbeiter gegängelt habe, bloß weil ich glaubte, die Ideen und Konzepte müßten alle von mir kommen, ich müßte immer recht behalten. Auch dann noch, wenn meine unhaltbare Position deutlich erkennbar war. Derartige Profilierungsneurosen hätten wir uns ersparen können, wenn wir schon damals unsere Mitarbeiter zum Mitdenken und Mithandeln ermuntert hätten."

„Das hat bei mir auch länger gedauert, bis ich erkannt habe, daß meine Motivation, engagiert zu arbeiten, am stärksten war, wenn ich Anteil hatte an der Zielformulierung, Anteil hatte an der Entscheidung über die Wege zum Ziel, die zu gehen waren, und auch die Verantwortung für die Zielerreichung hatte und damit meinen Anteil an dem von mir erarbeiteten Erfolg sehen konnte."

Anders lehnte sich im Stuhl zurück. Er hatte selbst gespürt, wie er sich plötzlich engagiert hatte, was ihm irgendwann einmal tief unter die Haut gegangen sein mußte. Er setzte ruhig nach: „So und nicht anders geht es, glaube ich. Na, ich bin gespannt, ob es beim Selmar zündet, schön wär's, denn er hat gute Leute und müßte wirklich nur steuern."

„Wirklich nur steuern?" wiederholte Quester nachdenklich, „du Bernhard, da fällt mir ein Erlebnis ein, das gerade in diesem Punkt auf mich nachhaltige Wirkung ausgeübt hat. Ich habe mit meinen Männern auch eine Coachausbildung absolviert. In einem der vier Seminare haben wir Rafting gemacht. Unter Rafting verstehe ich Wildwasserfahren in einem Schlauchboot. Eine ganze Mannschaft, wir waren acht Leute, hockte links und rechts, jeweils vier also, auf den Wülsten des Schlauchbootes. Wir paddelten, ein Bein im Boot, ein Bein im Wasser. Und unser Bootsführer hat uns paddeln lassen, mit kurzen Kommandos geführt, er selbst hat nur gesteuert. Als wir begriffen hatten, worauf es ankommt, wie wichtig es ist, daß jeder mitdenkt und im Team handelt, hat er kaum noch etwas sagen müssen. Wir haben gekonnt, was wir sollten bzw. was die Situation verlangte, und er, er steuerte nur. Nach dem Erlebnis im Wildwasser haben wir im Seminarraum Vergleiche zur Führungspraxis gezogen. Ich vergesse den Satz ‚Nicht Paddeln, nur Steuern' nie mehr. Der Trainer, der auch mit im Boot saß, hat uns das damals sehr gut begreiflich gemacht. Wir haben gelernt: Wer intensiv mit dem Paddeln beschäftigt ist, der vergißt das Steuern. Wer also in der Sachbearbeitung, in Gegenwartsbewältigung absäuft, zu wenig delegiert, der vergißt das Wesentliche, das Führen, und hat keine Zeit mehr zu steuern. Durch Erlebnisse dieser Art lernt man schneller, das hab' ich auch gelernt.

Ich weiß noch, als wär's heute passiert, wie ich unfähig war, im Seminarraum als Gruppenführer Arbeiten zu delegieren. Ich habe moderiert, an der Pinwand gearbeitet, geschrieben und kreativ entwickelt. Die Gruppe hat sich in der Zeit passiv verhalten müssen, denn ich hab' ja alles getan. Sie hat meine Aktivität beobachtet, kontrolliert und hinterher meine Arbeit als negativ erlebt, mein Vorgehen kritisiert. Sie hat mit der Kontrolle das getan, was ich hätte tun sollen. Beobachten und kontrollieren, was andere wie tun, das wäre meine Aufgabe gewesen und nicht das Produzieren. Nur in dieser Rolle hätte ich genau erlebt, was andere können. Ich hätte die Produktivität der Gruppe durch gezielte Führung steigern können.

Mann, war ich sauer bei der Kritik, ich hatte doch alles getan, regelrecht geschuftet. Damals traf mich die Erkenntnis wie ein Blitz, ich hatte alles getan und die anderen dadurch gelähmt und gestoppt, die Produktivität einer Gruppe durch Selbsttun gekillt. Der Trainer amüsierte sich damals über meine ‚Selbsttun-Anfälle', wie er sich ausdrückte. Die Antwort auf die entscheidende Frage, fähig oder unfähig zu delegieren, liegt in deinem Selbstverständnis. Fühlst du dich noch als Sachbearbeiter oder bereits als Führungskraft, mußt du noch selbst tun, oder kannst du schon führen? Freust du dich bereits am Erfolg deiner Leute, oder benötigst du den Erfolg in der Sache noch selber?

Sind diese Fragen nicht eindeutig in Richtung Führen beantwortet, ist die Führungskraft noch Sachbearbeiter."

„Also, jetzt sag mal Manfred, hast du schon mit Siefert über die Einrichtung eines Key account managements gesprochen?"

„Ja, und das scheint gut zu laufen. Siefert ist draufgesprungen. Er hat, so scheint es, Freunde in einem anderen Unternehmen, wo ein Key account management bereits praktiziert wird. Meine, das heißt eigentlich deine Konzeption, die ich ihm abgeändert auf unsere Verhältnisse gegeben habe, hat ihn überzeugt. Jetzt werde ich den nächsten Schritt tun und Schranders auf den Posten hieven."

„Dann vergiß das Kritikgespräch mit dem Schranders, sonst verlierst du dein Ziel!"

„Das fällt mir sicherlich nicht leicht, aber ist im Sinne einer Erreichung des höherwertigen Zieles nur konsequent gedacht."

„Gut, und noch ein kleiner Hinweis, wenn du gestattest?"

„Bernhard, welch eine Frage!"

„Bei der Einrichtung eines Key account managements werden häufig schlimme Fehler gemacht. Ein Fehler ist es, das Key account management zu niedrig anzusiedeln oder es mit Mitarbeitern zu besetzten, die vom Handel nicht anerkannt werden. Gib deinem Schranders einen Titel, zum Beispiel ‚Direktor'. Damit wird er von den oberen Etagen des Handels eher als adäquater Gesprächspartner anerkannt. Gib ihm außerdem ein Sonderbudget für die Betreuung der Spitzen im Handel, damit er als Entscheider identifiziert wird. Sonst ist es mit deiner Entlastung nichts, dann mußt du zu jedem Jahresgespräch doch mit Schranders gemeinsam gehen. Um das eine oder andere Gespräch wirst du zukünftig trotzdem nicht herumkommen. Alte Freunde werden dich auch zukünftig sehen wollen."

„Ja, das leuchtet ein. Ich kenne die Mentalität meiner Gesprächspartner. Wenn Häuptlingsfedern Sinn haben, dann in diesem Bereich. Ich glaube, da gibt es auch keine Schwierigkeiten bei den Gebietsleitern. Meine anderen Leute führen gerne Mitarbeiter und haben den Einzelkämpferstatus längst überwunden. Sie haben ihre verkäuferische Arbeit getan, weil sie dazu gehört. Ganz wegfallen wird sie zukünftig ja doch nicht." „Aber sag mal, Bernhard, was hättest du mir denn geraten, wenn wir das Key account management schon gehabt hätten und diese günstige Möglichkeit der Seitenverschiebung nicht vorhanden gewesen wäre?"

„Diese Position war im Sinne des Powerplacement – das richtige Können am richtigen Platz – gedacht, ideal für den mir so geschilderten Mann. Natürlich gibt es da im Vertriebsbereich noch zweitbeste Lösungen."

Anders hob sein Weinglas, drehte es gedankenverloren in den Fingern und ließ es im Kerzenlicht schimmern und funkeln. „Als zweitbeste Lösung wäre der Einsatz als Leiter der Handelspromotion oder als Leiter der Verkaufsplanung möglich", sagte er dann. „Das sind zwei Abteilungen, die auch stabstellenähnlich ohne Mitarbeiter, aber mit dem Status eines Abteilungsleiters gestaltet werden können."

„Beide Abteilungen haben wir zwar besetzt, aber der Leiter der Handelspromotion hat mir gesagt, er möchte demnächst mal für zwei Jahre ins Marketing", dachte Quester laut.

„Das kann ich gut verstehen. Sag mal, kannst du hier nicht dein Problem mit dem guten Bezirksvertreter Maier lösen? Wäre nicht der Leiter der Handelspromotion die kreative Aufgabe für ihn, für die er gute Außendiensterfahrung mitbringt, also eine Menge Kenntnisse vom Handel? Kannst du nicht den Mann so in deinem Unternehmen halten?"

„Komm, trink noch ein Glas Wein, du bist gerade in einer guten Phase, Bernhard. Karin, gib ihm noch etwas zu essen, soeben hat er ein Beraterhonorar im Wert von einigen hundert Käseschnitten erreicht..."

„Manfred, ich warne dich", drohte Anders lachend, „wenn du weiter mit solchen Honoraren drohst, dann werde ich stumm wie ein Fisch."

„Im Ernst, Bernhard, soeben hast du mir wieder einen guten

Tip gegeben, natürlich müßte der Mann noch vorbereitet werden, aber die Fähigkeiten zur Führungskraft hat er sicher. Die nötigen Kenntnisse wird er schnell aufnehmen. Die Investition lohnt sich. Das werde ich sofort nach meinem Gespräch mit Siefert und Schranders in Angriff nehmen. Allerdings glaube ich, wir werden diesen Bereich mit Mitarbeitern ausbauen. Auch wegen des neu entstehenden Key account managements. Da entstehen sicher Forderungen, die ein Mann nicht allein erfüllen kann. Das leite ich gleich am Montag ein. Und für den Rest der Woche habe ich dann vor, mir mal Meetings von zwei Gebietsleitern anzusehen. In den Meetings will ich mal erleben, wie beide führen und motivieren. Außerdem habe ich dabei Gelegenheit, mich mit den Bezirksvertretern zu unterhalten."

„So, davon weiß ich noch gar nichts. Dann bist du ja erst wieder am Wochenende daheim, oder?" sagte Karin, und es klang vorwurfsvoll.

„Stimmt Karin... Mit Vorgesprächen, An- und Abreise benötige ich vier Tage. Aber das war schon lange an der Zeit, Märtens und auch Severin muß ich mal wieder besuchen."

„Ist er eigentlich häufiger unterwegs, Karin?"

„Ja leider, aber du mußt hier nicht hetzen, alter Freund. Corinna, wie oft ist dein Mann weg?"

„Ach, das reicht für meinen Hausfreund..." Bernhard stutzte, Manfred prustete und Karin lachte aus vollem Halse.

„So ist das also..." spielte Bernhard den Geschockten. „Komm, mein Weib, wir müssen gehen, ich muß morgen früh Verträge unterschreiben. Das braucht einen wachen Verstand und ausgeschlafene Augen."

„Was, es ist schon Mitternacht! Na, dann hast du recht, sonst hätte ich gesagt, bleib doch noch."

„Nee, laß ihn gehen, Karin, Bernhard steht in Konkurrenz mit einem Hausfreund. Mach's gut, Bernhard!"

„Jetzt aber..." Corinna ging mit furchterregend geballten

Fäusten auf Manfred los. „Ich muß mir überlegen, ob ich diesen Kerl noch meinen Freund nennen will. Da!" Karin deutete einen fürchterlichen Schwinger an. Alle lachten.

„Macht's gut, ihr zwei, ade."

„Wann willst du denn morgen starten?" fragte Karin ihren Mann.

„So gegen 13.00 Uhr morgen Mittag. Ich fahr' allerdings vom Büro los, weil ich da noch einiges zu erledigen habe."

„Dann muß ich ja noch deinen Koffer packen..."

„Das wäre prima, Schatz!"

„Fährst du eigentlich gerne zu Herrn Märtens?"

„Nein, ich glaube, er ist ein schlimmer Opportunist mit versteckter autoritärer Struktur. Von ihm höre ich nur angepaßte Äußerungen. Er stellt sich immer auf die gegebene Situation ein, und eigene Meinungen läßt er nicht erkennen. Nicht Fisch, nicht Fleisch und sehr schwer zu kalkulieren, könnte man sagen. Seine Mitarbeiter dominiert er stark. Da zeigt er Muskeln und Macht. Aber das Unternehmen verrät er, wenn es gilt, unangenehme Maßnahmen durchzusetzen. Dann heißt es: Die in der Zentrale haben sich mal wieder etwas einfallen lassen. Dann schaltet er um auf Kumpanei. Die Gehälter hält er künstlich niedrig, um seine Kostenstelle günstig aussehen zu lassen. Ich muß hier immer aufpassen und habe auch schon mehrfach korrigiert, damit keine Fluktuation entsteht."

„Du bist ganz schön negativ geprägt gegenüber diesem Märtens. Paß auf, daß dir da keine ‚sich selbst erfüllende Prophezeiung' passiert. Ich weiß, wie leicht es ist, sich ein negatives Urteil zu bestätigen."

„Stimmt, da ist was dran, aber es ist so furchtbar schwierig, das andere im anderen anzuerkennen, wenn es der eigenen Struktur so gar nicht entspricht." Quester dachte an sein letztes Gespräch mit Märtens. Sicher hat der Mann meine Antipathie gespürt. Ich muß ihm eine nächste Chance geben, oder ich muß ihm kündigen. Das was dazwischen liegt, ist für uns beide nur eine Quälerei.

4

Und so begann dann auch das Vorgespräch mit Märtens sehr kontrolliert. Märtens erzählte aufgeräumt und zuvorkommend wie immer von den letzten Ergebnissen in seinem Teilmarkt. Quester stellte kurze präzise Fragen und verlegte sich sonst aufs Zuhören. Genau, jetzt kam wieder die Passage mit den schwieriger werdenden Kunden, gefolgt von der Aussage, daß man die Mitarbeiter immer mehr bewegen und kontrollieren muß.

Jetzt fehlt nur noch das Thema ‚Der Wettbewerb hat mehr Möglichkeiten als wir', dachte Quester einen kurzen Moment. Mehr Zeit hatte er nicht, denn da war sie auch schon, die Klage. Und jetzt noch die mangelnde Unterstützung durch unser Marketing, auch erledigt. Das Thema Logistik, Lieferschwierigkeiten hier und Verspätungen da, waren feste Bestandteile jeden Gespräches mit Märtens. Nach all dem kamen viele Freizeichnungen, Entschuldigungen für das noch nicht Erreichte oder noch nicht Gelungene. Märtens war danach sofort bereit, alles einzusehen, weich wie eine Gummiwand.

Quester spürte, wie es in seiner Magengegend zu kribbeln begann. Ruhig bleiben, mein Freund, nicht noch einmal die gleichen Fehler wie beim letzten Mal machen. Fragen stellen und die kommenden Beispiele genau schildern lassen. Das Gespräch wanderte in alle Richtungen, bis Quester die kommende Tagung ansprach.

„Das ist schnell erklärt“, sagte Märtens und begann einen halbstündigen Monolog. Morgen werde er also wie immer seine Männer begrüßen, die Umsatzlisten verteilen und die Mitarbeiter ihre Ergebnisse rechtfertigen lassen. Nach dem Motto: Warum haben Sie nicht.... Das sei wichtig, weil man sonst ja nicht mit Rat und Tat sofort eingreifen könne.

Nach dieser Demotivationsphase, dachte Quester, kommen bestimmt die 25 Agenda-Punkte die von ihm vorgetragen werden und bei denen die Mitarbeiter nur noch die Chance haben, in bestimmten Intervallen zu nicken und abzuschalten, sonst überleben die das nicht. Zum Schluß fahren seine Mitarbeiter dann wieder nach Hause mit einem dicken Hals und den Bauch voller Frust. Nichts von dem, was sie wollten, war besprochen worden. Wieder ein Meeting wie eine Befehlsangabe. Ich muß Märtenns dazu bringen, daß er sein Vorgehen ändert, sonst gibt es abends eine Katastrophe.

„Welche Ziele hat Ihr Meeting morgen eigentlich?“ fragte Quester.

„Wie, welche Ziele...? Na, die Agenda durchbringen.“

„Mit welcher Methode, mit welchen Verfahren wollen Sie dieses Ziel erreichen?“ setzte Quester nach.

„Na wie immer, ich führe durch die Sitzung, denn sonst verlieren wir viel Zeit und schaffen die Punkte nicht.“

„Herr Märtens, wir haben heute noch Zeit, über das Meeting nachzudenken. Ich wünsche mir, daß Sie offen sind für ein Experiment. Zu unseren Führungsleitlinien gehört die starke Beteiligung unserer Mitarbeiter an allem, was sie und ihre Arbeit betrifft. Nie ist uns das bisher auch in der Durchführung von Meetings so richtig gelungen, wie es einmal vorgedacht war. Ich schließe mich in diese Kritik gerne ein. Machen Sie mit bei einem neuen Versuch?“

„Aber natürlich, sofort...“, stimmte Märtens eifrig zu, sichtbar eine Spur unsicherer geworden.

„Dann lassen Sie uns klare Ziele formulieren und die Agenda nach dieser Zielsetzung kritisch überprüfen. Die Punkte, die nicht unbedingt mit der Gruppe besprochen werden müssen, werden wir auf den schriftlichen Weg verlagern. Alle Punkte, die die Gruppe durch Gruppenarbeit im Bereich Kreativität und Problemlösung selber übernehmen kann, übernimmt sie auch. Dafür benötigen wir klare Aufgabenstellungen. Für Punkte, die mit der Gruppe diskutiert werden sollten, damit die Identifikation für die Durchführung stimmt, brauchen wir ebenfalls viel Zeit. Genauso wie für die Punkte, die von den Männern selbst kommen. Das Bedürfnis, sie zu besprechen, ist bei den Männern mindestens so hoch wie Ihres bei Ihren Punkten."

Der ist sicher auf einem Seminar gewesen, dachte Märtens. Aber das läuft so bei meinen Leuten nicht, das wird der schon sehen.

„Außerdem", sagte Quester, „möchte ich Sie dafür gewinnen, die Umsatzzahlen, die nicht in der Norm liegen, nach der Tagung unter vier Augen mit jedem in aller Ruhe zu besprechen. Für uns ist wichtig, daß die Mitarbeiter selbst den Weg aus dem Tal finden, denn die eigene Maßnahme wird viel motivierter verfolgt. Darüber hinaus ist das Vier-Augen-Gespräch für Einsichten besser geeignet als die Aussprache von Mißerfolgen oder Fehlverhalten vor der Gruppe. Da droht immer Gesichtsverlust."

Anarchie will der, dachte Märtens. Furchtbar, wenn junge Leute zu früh in Führungspositionen kommen. Quester ist ein gutes Beispiel für das Peter-Prinzip, Aufsteigen bis zur Inkompetenz. Das hätte es früher nicht gegeben. Wer meldet sich in den nationalen Tagungen zu Wort und formuliert Kritik? Das sind doch seine früheren Mitarbeiter, diese Gruppe, die immer zusammenhängt und den nötigen Respekt vermissen läßt! Na, der Spuk ist morgen abend vorbei. Meine Mitarbeiter werden schon sagen, was sie von dieser Art des Meetings halten, dachte Märtens, die sind schließlich klare Anweisungen gewohnt.

„Das ist sicher ein Experiment wert, und Sie haben mich bereits dafür gewonnen“, sagte er nach diesen Gedanken.

„Gut“, sagte Quester. „Da wir hier ein Experiment starten, ein Meeting durchführen, das so in unserem Unternehmen noch nicht durchgeführt wurde, biete ich Ihnen bei der methodischen und didaktischen Aufbereitung meine Hilfe an. Lassen Sie uns das gemeinsam erarbeiten.“

Es wurde eine lange Nacht. Aufgabenstellungen wurden erarbeitet, Flips, Pins und Folien vorbereitet, Zeiten kalkuliert und Methoden diskutiert. Stunden, in denen sich die beiden Männer näher kamen, das eine oder andere Vorurteil fiel.

Das Meeting lief. Die Außendienstmitarbeiter arbeiteten nach anfänglichem Zögern und Staunen mit, als wäre ein entscheidender Knoten geplatzt. Die Sitzung war großartig, die Ereignisse beeindruckend, und die auf zehn Punkte zusammengestrichene Agenda wurde voll erfüllt. Die Diskussion wurde lebhaft geführt und hatte gute Ergebnisse. Die Männer waren begeistert.

Nach dem Meeting saß ein staunender Märtens, hin- und hergerissen zwischen der erlebten Zuwendung seiner Mitarbeiter und dem noch lebendigen Wunsch, doch recht haben zu wollen, vor Quester. Der hütete sich, auch nur ein Wort zu sagen, sondern überließ es Märtens, das Gespräch zu beginnen.

„Das hab' ich nicht gewußt... Ich hab' ja nicht geahnt, wie selbständig meine Mitarbeiter sein können. Die gefundenen Ideen für die Aktionen, die Problemlösungen für die geschilderten Schwierigkeiten sind wirklich gut. Ich bin auch nicht so kaputt wie sonst nach der Tagung. Viel hab' ich ja auch wirklich nicht getan, viel zu wenig, wie ich meine. Einleiten, beobachten, etwas moderieren, zusammenfassen, entscheiden und verabschieden. So richtig begreifen kann ich immer noch nicht, daß meine Mitarbeiter augenscheinlich begeistert waren, daß sie selbst arbeiten mußten oder, wie sie gestern sagten, durften, konnten. Diese Frage am Schluß der Tagung: ‚Wie haben Sie diese Tagung erlebt?' werde ich jetzt immer stellen. Aber dieses einhellig positive Urteil kann ich immer noch nicht so richtig begreifen."

Er schüttelte langsam den Kopf. „Und dann der Maier, der nie auch nur ein Wort gesagt hat, den hab' ich ja gar nicht wiedererkannt, der ist ja richtig aufgeblüht. Ich fand es übrigens sehr gut, daß Sie mich diese Tagung haben ganz allein führen lassen. Obwohl wir sie doch gemeinsam erarbeitet haben und es ein Experiment war. Sie haben ja fast gar nichts gesagt, nur beobachtet."

„Das war Ihre Tagung", sagte Quester, „also nicht meine – Sie waren der Führende."

Das ist ein anderer Märtens als gestern, dachte Quester. Diese Offenheit und Selbstkritik dieses Mannes überraschte ihn. Beim Abschied schaute ihm Märtens in die Augen, was er sonst nur selten tat, und drückte ihm fest die Hand.

Sicher irrte sich Quester, als er sah, daß Märtens, dieser glatte Märtens, Verlegenheit und ein tiefes Gefühl der Dankbarkeit zeigte, als er nach den richtigen Worten suchte.

„Danke, Herr Quester", sagte der 51jährige; es war so, als sei ihm eine Last von den Schultern genommen. Mehr Luft hatte er jetzt, mehr Luft für ein paar weitere erfolgreiche Jahr. Jetzt wußte er, wie er die lange vermißte Zuwendung seiner Leute wieder bekam. Jetzt machte die Arbeit wieder Spaß, und er mußte sich nicht mehr so oft selbst belügen. Diesmal war es wirklich ein gutes Meeting gewesen.

Quester fuhr sehr nachdenklich nach Hamburg. Gut, daß er heute abend frei hatte. Das, was er da bei Märtens gelernt hatte, ging ihm doch auch ein wenig unter die Haut oder sogar ein bißchen mehr. Seiner Frau gehörte dieser Erfolg, sie, die ihn gestern vor der Wirkung von Vorurteilen, sich selbst erfüllenden Prophezeiungen, warnte, hatte ihn vor einer negativen Eskalation bewahrt. Märtens, der ohne fremde Hilfe wie immer viel Kraft für die Beseitigung von negativen Gefühlen nach dem Meeting verbraucht hätte, hatte erlebt, daß es auch anders geht. Den Teufelkreis „Mitarbeiter sind faul, du mußt sie schieben, ziehen und permanent kontrollieren, und bei der Kontrolle erlebst du wieder, daß sie faul sind und du permanent schieben und ziehen mußt“ konnte er jetzt verlassen. Dieser Märtens, der ihn beeindruckt hatte durch das schnelle, flexible Umschalten in eine völlig andere Art des Meetings, hatte ihm auch eine Menge gegeben. Das muß ich Karin erzählen, die freut sich. Was sie mit ihrer Warnung heute morgen alles erreicht hat! Quester fuhr langsamer als sonst und genoß die Fahrt.

Das Frühstück im Hotel war gut, und ungestört mit der Zeitung vor Augen aß Quester mit Appetit und der Vorfreude auf einen alten Freund, auf Michael Severin.

Der hatte den Norden fest im Griff, war ihm gegenüber absolut loyal und bei seinen Mitarbeitern anerkannt und geschätzt. Michael war zufrieden mit seiner Aufgabe. Das ist einer, schoß es Quester durch den Kopf, der viel mehr erreichen könnte, der auf eine weitere Karriere bewußt verzichtet hat. Meinen Posten hätte der genauso ausfüllen können. Vielleicht macht er es richtig. Unterfordert, also mit großen ungenutzten Reserven, leistet er das Gewünschte locker und ohne Anstrengung. Michael wird auch noch, wenn er die Altersgrenze erreicht hat, frisch, munter und erfolgreich sein, das ist sicher.

Mit seiner Familie lebt er in seinem schönen Haus ohne große Sorgen. Er lebt – und vielleicht besser als ich – nein, an Michael hatte er nichts auszusetzen. Das war kein Hedonist, der zuerst genoß und dann ein wenig tat. Michael konnte sich reinhängen. Er hielt sein Nielsengebiet sauber, auf ihn konnte er sich verlassen. Von dieser Klasse müßte er mehr Gebietsleiter haben. Bei jedem Wettbewerb war Michael vorne dabei. Richtig guter Laune verdaute Quester auch die Nachricht auf der Wirtschaftsseite. Wieder haben zwei Handelsriesen fusioniert. Gott sei Dank, haben wir da keine unterschiedlichen Konditionen.

„Herr Quester, bitte zum Telefon!“

„Quester hier...“

„Tut mir leid, Herr Quester, aber Sie müssen Ihren Termin in Hamburg absagen, Herr Siefert braucht Sie bei einer Sitzung auf höchster Ebene. Hier fiel das Wort ‚Krisensitzung‘. Ich habe gehört, die Einführung von Galaxis steht vor dem Kollaps. Die Sitzung ist für den späten Nachmittag um 17.00 Uhr terminiert.“ Quester schossen die Gedanken durch den Kopf. Wenn Galaxis nicht läuft, war das eine Katastrophe. Wenn diese Einführung, die sich so sensationell angelassen hatte, nicht weiterlief, kostete das viel Geld, viel Motivation und viel Zeit für die darauffolgenden Reparaturarbeiten im Handel und bei seinen Leuten. Ich muß sehen, was zu retten ist... „Bin da.“

„Prima“, sagte Frau Maier, Sekretärin von Herrn Siefert, „ich informiere Herrn Siefert. Übrigens, die Sitzung wird von Herrn Schneider geleitet.“

Das ist merkwürdig – Schneider, der Vorstandsvorsitzende, führt die Sitzung selbst. Der sieht also auch höchste Priorität und bereichsübergreifende Bedeutung.

Quester legte schnell auf und wählte die Nummer von Michael, sagte ab, zahlte und stieg ins Auto, begleitet von den besten Wünschen von Michael, der ihm noch mal deutlich machte, welch katastrophale Folgen der Zusammenbruch der Einführung von Galaxis gerade im Norden hätte. Das ist wieder mal so typisch, dachte Quester, als er auf die Autobahn einbog. Nichts läuft in letzter Zeit so richtig glatt durch.

Zwischen Marketing und Produktion gab es Probleme. Seitdem Walter das Marketing übernommen hatte, ausgesprochen erfolgreich übrigens, spielte der Produktionsleiter verrückt. Mit dem Marketingleiter verband Quester ein langes freundschaftliches Verhältnis, das schon vor diesem Unternehmen bestand. Eine Wellenlänge, gemeinsames Denken und Fühlen könnte man sagen. Selten gab es so viele Synergien zwischen Vertrieb und Marketing. Beide waren einmal Trainees in einem anderen Großkonzern gewesen. Als Quester hier Vertriebschef wurde, hatte er geholfen, Bruns auf die damals freie Position des Marketingchefs zu bringen. Er hatte ihm in diesem Unternehmen die Wege geebnet.

Zu dem schwierigen, exaltierten, manchmal zu sehr von sich eingenommenen Produktionsleiter hatte er auch persönlich ein gespanntes Verhältnis. Gut, diesem Mann, der sehr innovativ war, hatte dieses Unternehmen viel zu verdanken. Nur sind die Zeiten längst vorbei, wo sich ein Unternehmen ein produktionsorientiertes Denken und Handeln leisten kann. Jetzt diktiert der Markt unser Handeln, der Kunde ist der Boß, der schreibt die Schecks für uns. Nur gut, daß Bruns so stark ist und sich durchsetzen kann. So hat die Produktion die Achse Vertrieb und Marketing gegen sich und wenig Chancen, das Rad zurückzudrehen.

Quester schüttelte den Kopf. Über solchen betriebsinternen Kleinkrieg kann sich eigentlich nur unsere Konkurrenz freuen. Ein Blödsinn erster Güte.

Er griff zum Telefon und rief seine Sekretärin an. „Hallo, Frau Gehrke, bitte richten Sie mir meine Unterlagen für die Krisensitzung. Ich benötige die jetzt aktuellen Distributionszahlen, Verkaufszahlen absolut, die Markteinschätzung, die Planung der Gebietsverkaufsleiter und ein paar Stimmen unserer Handelspartner zu der Resonanz unserer Galaxiseinführung."

„Sie sind aber in Fahrt, fahren Sie bloß vorsichtig, in diesem Zustand sind Sie unfallgefährdet. Was glauben Sie denn, Herr Quester, was hier vor mir liegt? Frau Maier hat mich doch informiert, alles ist fix und fertig, genau das, was Sie wollen, ist in Ihrer Besprechungsmappe. Zusätzlich liegt hier noch das Protokoll von dem Kick-off-Meeting, in dem die Anfangsmengen für die Galaxiseinführung stehen. Mengen, die vor der Einführung hätten produziert werden sollen und die auch von der Produktion akzeptiert waren."

„Schön, eine Sekretärin zu haben, die mitdenkt. So eine wie Sie hab' ich eigentlich gar nicht verdient."

„Stimmt! Aber leider sind Sie bisher der einzige, der meine Qualitäten erkannt hat."

„Soll ich Sie beim Siefert empfehlen, der sucht für sein letztes halbes Jahr noch eine Nachfolgerin für Frau Maier, die in einem Jahr in Pension geht."

„Dann würden Sie beim Siefert als Rache für die Strafversetzung keinen Termin mehr bekommen, überlegen Sie sich das gut!"

„Ja, wenn das so ist, behalte ich Sie aus Notwehr."

„Das ist doch..."

„Hallo, hallo. Die Verbindung wird schlecht, ich höre Sie nicht mehr!" Quester lachte, legte auf und nahm wieder beide Hände an das Lenkrad. Als er aus dem Auto stieg, spürte er die 200 Kilometer in den Knochen. Einen Kaffee brauche ich jetzt und eine Stunde Ruhe, damit meine Seele nachkommen kann. Dann kann es von mir aus losgehen, sagte er sich, und wie üblich handelte er auch danach.

„Ein Kaffee steht auf Ihrem Schreibtisch, die Unterlagen liegen in der Besprechungsmappe, und ein Stückchen selbstgebackenen Kuchen gibt es auch, wenn Sie ihn wollen."

„Her damit, Sie Engel!"

„Ich glaube, Sie brauchen tatsächlich Engel, aber meist Schutzengel", setzte Frau Gehrke hinzu und schloß die Tür, öffnete sie jedoch gleich wieder. „Ich stelle keine Telefongespräche durch, okay?"

„Okay, Sie Schutzengel." Quester trank seinen Kaffee und

aß seinen Kuchen. Er sah aus dem Fenster. Der Innenhof war heute irgendwie anders. Tatsächlich, der Springbrunnen sprudelte nicht mehr, und dieses wasserbetriebene Unikum, diese Blechkunst stand still. Merkwürdig skurril steht sie da, kaputt, tot, unnütz, dachte Quester. Hoffentlich ist dieser tote Innenhof nicht ein Zeichen für die kommende Krisensitzung. Ach ja, die Unterlagen, er angelte nach der Mappe und vertiefte sich in die Informationen.

Alles top, das sind Zahlen, positiver geht's doch gar nicht. Die Neueinführung hat traumhafte Anfangserfolge, auch die Abverkäufe sind gut, der Handel ist überzeugt, der Konsument kauft. Wenn jetzt durch Lieferschwierigkeiten die Probierwelle zusammenbricht, ist die Chance vertan, der Handel wird sauer, die Verkäufer wegen der verpatzten Incentives auch, und der Verbraucher gibt auf und entdeckt sein altes Produkt neu.

Quester spürte wieder dieses Kribbeln in der Magengegend. Ein bekanntes Zeichen für aufkommenden Zorn. Ruhig bleiben, sonst erreichst du gar nichts. Ein Blick auf seine Uhr sagte ihm „Es ist Zeit!" Quester überprüfte kurz sein Outfit, schließlich ging es zum Oberboß, dem Vorstandsvorsitzenden Schneider. Das ist gut, daß Schneider dieses Problem nicht Siefert überläßt, dachte Quester.

„Viel Spaß und Erfolg!" rief ihm Frau Gehrke hinterher.

„Halten Sie sich zurück, sonst nehme ich Sie mit!"

„Um Himmelswillen, ich sag' ja schon gar nichts mehr." Nach zwei Sekunden Schweigen rief sie doch noch schnell hinterher: „In der Ruhe liegt die Kraft!"

5

Schneider begrüßte Quester freundlich, ja fast herzlich. Quester freute sich auch, den Mann einmal wiederzusehen, der ihm den Weg geebnet hatte, für seine Karriere verantwortlich zeichnete. „Entschuldigung, Quester, daß ich Sie aus Hamburg zurückholen mußte, aber es brennt lichterloh, und da brauch' ich jeden Mann für die Betriebsfeuerwehr."

Seine Augen lachten, aber es war dieses Lachen, das alle gut kannten und das jeden sehr schnell in Alarmbereitschaft versetzte. So ähnlich wie die brennende Lunte an einer Dynamitstange. Dieser Mann hatte Charisma, das spürte man schon bei einer flüchtigen Begegnung.

Er führte dieses Unternehmen mit einer Souveränität, die schon beeindruckend war. Der Nachfolger kann einem leid tun, dachte Quester. Gott sei Dank, haben wir ihn noch ein paar Jährchen.

Quester betrat den Sitzungsraum, die Bereichsleiter und einige ihrer Abteilungsleiter saßen schon dort. Der Bereichsleiter Marketing, Herr Bruns, der Bereichsleiter Produktion, Herr Wenig, der Bereichsleiter Org/DV, Herr Förster, der Bereichsleiter Personal, Herr Reinert, der Bereichsleiter Finanz- und Rechnungswesen, Herr Schmitz, und die Abteilungsleiter Produktmanagement, Herr Schelmer, Leiter Materialbeschaffung und Logistik, Herr Wellert, Leiter der Marktforschung, Herr Schwarz.

Unnatürlich ruhig ist es hier, dachte Quester. Er nickte den anderen zu und setzte sich neben den Marketingleiter.

„Hallo, Walter…"

„Hallo, Manfred…"

„Na, das sieht ja alles nicht sehr gut aus."

„Stimmt", sagte Bruns. Ihm gegenüber saß der Bereichsleiter Produktion, Herr Wenig. Wie das Leben so spielt, direkt gegenüber saßen sich die beiden. An der Seite des Produktionsleiters saß der Finanzchef, ein alter Weg- und Bundesgenosse von Wenig. Quester nickte Reinert zu. Der Personalchef hatte ihn damals mit eingestellt. Ein sehr guter Mann, ruhig, abwägend und gerecht. Sogar der Betriebsrat akzeptierte die Autorität. Reinert lächelt, der weiß schon wieder, wie es hier endet, der alte Fuchs, dachte Quester.

Während der Kaffee gereicht wurde, sah er, wie der Org/DV-Leiter auffällig in seine Richtung schaute. Quester erwiderte den Blick und sah, wie Förster zu Wenig schaute und versteckt den linken Daumen, wie Nero es in Rom tat, nach unten hielt.

Typisch für Förster, dachte Quester. Der liebt solche Konfliktsituationen. Außerdem gibt es da anscheinend auch noch ein paar offene Rechnungen. Der Produktmanager Schelmer schaute düster nach unten. Der steckt voller Frust, bis ‚Oberkannte Unterlippe', das sieht man. Versteh' ich gut, dachte Quester, denn schließlich ist er der Vater von Galaxis, diesem einmaligen Getränk zwischen Limonade und Bier. Wer sieht schon gerne sein Baby sterben?

Wellert und Schwarz unterhielten sich leise, sie schauten sich gegenseitig in die Unterlagen und notierten sich etwas. Da rüsten sich zwei Soldaten, um ihren Vorgesetzen bei der Schlacht zu helfen, dachte Quester. Siefert kam ins Zimmer und wurde von Schneider begrüßt, beide gingen noch einmal zurück in den Vorraum. Kurze Lagebesprechung, dachte

Quester.

Bühne frei, jetzt läuft das Stück, und da hörte er dann auch schon die tiefe Stimme von Schneider.

„Meine Herren, ich habe Sie zu dieser Besprechung gebeten, weil das Problem, das aufgetaucht ist, von hohem Stellenwert und von höchster Dringlichkeit ist. Außerdem hat mir Herr Siefert gesagt, daß um die Lösung des Problems bereichsübergreifend diskutiert werden muß. Unsere beiden anderen Vorstandskollegen sind im Ausland, und so bleibt es bei mir hängen, diese Sitzung zu leiten.

Das Problem: Die Einführung von Galaxis kommt ins Stocken, das Produkt ist gefährdet. Wir haben größte Lieferschwierigkeiten, und das in der sensibelsten Phase eines Produktlebens, der Einführung. Ich schlage vor, daß zunächst jeder von Ihnen die Möglichkeit hat, das Problem mit einer möglichen Problemlösung aus seiner Sicht zu zeichnen. Bitte lassen Sie uns das Ganze konstruktiv gestalten, wir müssen schnell einen Weg aus dem Dilemma finden. Ja, bitte fangen Sie an, Herr Wenig!"

„Herr Schneider, das, wovor ich bereits beim Kick-off-Meeting warnte, ist eingetreten. Unsere vollautomatischen Misch- und Abfüllanlagen sind überlastet und fallen häufig aus. Unser Produktsortiment ist einfach zu groß, wir können nicht mehr produzieren, als die Anlagen hergeben. Gott sei Dank, haben wir einen Silberstreifen am Horizont. Das neue Werk C in Busselsbach nimmt in drei Monaten die Arbeit auf, und garantiert gibt es dann keine Lieferprobleme für Galaxis mehr."

„Das stimmt, weil es nämlich dann auch keine Galaxis mehr gibt." Bruns wurde schneidend. „Herr Wenig, ich versteh' das nicht. Sie haben uns im Kick-off-Meeting für Galaxis gesagt, daß die gewünschten Anfangsmengen keine Schwierigkeiten für Sie wären. Genau die Hälfte haben wir von der zugesagten Menge erhalten, und die ist bereits im Handel. Wenn Sie morgen nicht anfangen, verstärkt zu produzieren, brauchen Sie einen dunklen Anzug für die Beerdigung unseres hoffnungsvollen Babys Galaxis."

Quester schaute den Produktionsleiter an, der keine Miene verzog, cool bis zur Frostbeule, dieser Mensch.

„Was schlagen Sie vor, Herr Bruns, welches wäre der Weg aus dieser Schwierigkeit?"

„Herr Schneider, die zweite Schicht oder die Lohnabfüllung, beides ist machbar. Die Firma Schwarz & Blümel würde sich freuen über diesen Auftrag, und ich weiß auch, daß sie produzieren könnte. Ich tendiere allerdings dazu, die Produktion in unserem eigenen Betrieb zu halten. Ich bin also für die zweite Schicht."

„Das ist auch meine Ansicht", eilte Quester seinem Freund zu Hilfe, „wir müssen in wenigen Tagen wieder liefern können, sonst bricht unsere teuer bezahlte Distribution zusammen. Dann sind auch unsere Reisenden demotiviert, weil sie zwar verkaufen könnten, die eigene Firma sie aber daran hindert, die Planungsziele zu erreichen, und was den Männern besonders unangenehm aufstoßen wird, ist, daß die Incentivebedingungen so nicht erfüllt werden können. Sie können sich vorstellen, wie das ist, wenn man um die Früchte seiner Arbeit gebracht wird, obwohl die Zielerreichung zum Greifen nah ist. Außerdem wird uns der Handel eine beeindruckende Rechnung aufmachen. Dieses Produkt Galaxis ist vom Handel als VIP-Produkt eingestuft. Mit unserer Panne hindern wir den Handel daran, viel Geld zu verdienen.

Von allen Neueinführungen im Bereich der alkoholfreien Getränke ist das die stärkste Einführung. Ich bin sogar der Meinung, daß wir nicht auf die steigenden Produktionskosten für eine zweite Schicht schauen dürfen, wenn es doch darum geht, die Glaubwürdigkeit zu erhalten und einen Erfolg zu retten. Ich bin für jede Maßnahme, die sehr schnell die erforderlichen Mengen produziert."

Herr Schneider nickte und wandte sich dem Personalchef zu.

„Herr Reinert, Sie haben eben den Vorschlag der zweiten Schicht gehört, was sagt der Betriebsrat dazu, und haben wir überhaupt die Leute für eine zweite Schicht?"

„Die haben wir. In den letzten Jahren haben wir systematisch ortsansässige Aushilfen ausgebildet und eingesetzt. Aus den 300 Aushilfen, die uns auf Abruf zur Verfügung stehen, haben wir in drei Tagen die 50 Mitarbeiter rekrutiert, die wir für die zweite Schicht brauchen. Der Betriebsrat macht übrigens sofort mit. Ich hatte bereits diesbezüglich ein Gespräch mit ihm."

Quester schaute interessiert zu Wenig rüber. Jetzt ist doch die Lösung schon zum Greifen nah, nun sag schon was. Wenigs Gesicht blieb eine Maske.

„Haben wir für eine sofortige Produktionserhöhung eigentlich genug Material?"

„Überhaupt kein Problem", sagte der Abteilungsleiter Materialwirtschaft, Herr Wellert, „wir haben ja entsprechend der von der Marktforschung prognostizierten Menge eingekauft. Jeder von Ihnen hat das Protokoll des Kick-off-Meetings mit den Anfangsmengen. Genauer gesagt, ich verstehe das Problem nicht. Diese Zahlen sind doch von der Produktion akzeptiert worden. Wir hätten, wenn es nicht anders gegangen wäre, lieber eine Lieferschwierigkeit in einem anderen Produkt hinnehmen sollen.

Ich weiß z.B., daß zur fraglichen Zeit weniger wichtige Produkte produziert und Lagerbestände erhöht wurden, obwohl noch genügend Vorräte vorhanden waren. In dieser Zeit hätten wir lieber Galaxis produzieren sollen!"

Das kann nicht wahr sein, dachte Quester, wenn das so ist, dann manipuliert hier jemand. Das riecht ja richtig nach Schweinerei.

„Wissen Sie, meine Herren, weder Sie noch ich können

hellsehen. Wie soll ich vorher wissen, daß diese Störung im Werk B auftritt? Störungen, die unsere Lieferfirma nur mit großem Zeitaufwand beseitigen konnte. Zum damaligen Zeitpunkt stand nichts gegen die Produktion von Galaxis in der angegebenen Menge, aber lassen Sie mich noch etwas zur zweiten Schicht sagen: Ich warne davor, Aushilfen, also schlecht ausgebildetes Personal, an unsere Technik zu lassen. Die Störungen werden sich häufen, das Ergebnis werden Lieferschwierigkeiten auch bei anderen Produkten sein! Das Beste ist, wir warten, bis das Werk C steht, und dann kann es losgehen. Wenn das Produkt nur halb so gut im Markt ankommt, wie hier behauptet wird, wartet der Handel auch drauf. Diese epochale Galaxiseinführung ist doch nicht mit üblichen Einführungen zu vergleichen. Bei den üblichen Einführungen wären Lieferschwierigkeiten sicher tödlich."

Die Ironie tropfte regelrecht aus den Worten, und Bruns stieg langsam und allmächlich das Blut in den Kopf, denn er war gemeint. Quester war gereizt. Was läuft denn hier, dachte er, das kann doch alles nicht wahr sein. Der macht sich auch noch lustig über uns!

„Ich muß noch etwas zur finanziellen Seite sagen", begann Schmitz. „So einfach ist das Problem wirklich nicht zu lösen. Ich warne vor den Kosten der zweiten Schicht, die die ganze Kalkulation von Galaxis durcheinanderbringen würde. Wir müssen mit einer 15%igen Reduzierung des Deckungsbeitrages rechnen. Und was das heißt, wissen sicher alle hier im Raum."

„Mit aller Ehrfurcht vor Ihren Rechenkünsten, Herr Schmitz, muß ich Ihnen doch sagen, daß wir mit buchhalterischem Denken bei dieser Frage keine Chance haben, eine richtige Antwort zu bekommen. Was ist denn mit den ungeplanten Kosten für den erneuten Distributionsaufbau im Handel? Was ist denn mit den zusätzlichen Kosten für eine Neuauflage der Einführungskampagne? Was ist denn mit den Kosten für den

Aufbau einer neuen Motivation im Außendienst? Und warum erwähnen Sie hier nicht die Einsparungen, die eine zweite Schicht auch bringen kann?" Bruns bemühte sich ruhig zu bleiben. Aber die hektischen Flecken in seinem Gesicht verrieten ihn.

Quester fühlte mit.

Schneider lag noch ruhig in seinem Stuhl und hörte konzentriert zu. Seine wachen Augen beobachteten die Gruppe genau. Jetzt sah er den Org/DV-Leiter an, und Förster ergriff sofort das Wort. „Ich hab' nie verstanden, warum wir unsere Maschinen so gering auslasten, wo doch alle Welt weiß, welch positive Wirkung eine volle Auslastung auf unsere Kosten hätte. Aber auf diesem Ohr ist die Produktion schon seit längerem taub. Qualitätsmängel werden als Grund für die Abwehr der zweiten Schicht angeführt. Unser Automatisierungsstand ist so hoch, da ist es egal, ob eine informierte Ausbildungskraft auf die Knöpfe drückt oder ob es ein Meister tut. Noch eine Zahl zum Abschluß – wir können glatt ca. 750000 DM einsparen, wenn wir an die Produktion von Galaxis in der ersten Schicht direkt die zweite Schicht anhängen."

„Ich kann auch noch etwas zu den Zahlen beitragen", sagte Wellert, „wenn wir eine zweite Schicht fahren, könnten wir die Grundstoffe in größeren Mengen ordern, und ich schätze, wir können weitere 5 % Rabatt bei unseren Lieferanten rausholen."

Ja Himmeldonnerwetter, dachte Quester, das Material ist da, das Personal ist da, der Betriebsrat spielt mit, wir können Kosten sparen, jedes weitere Wort ist doch jetzt Verschwendung. Die zweite Schicht ist es doch! Herr Schneider wandte sich Wenig zu.

Wenig hatte jetzt Mühe, seine zur Schau gestellte Gelassenheit zu halten. „Ich finde es wenig hilfreich, wenn Sie sich mit Ihrem Informationsstand, der, wenn es produktionstechnische Bedingungen betrifft, geringer sein muß als meiner, meinen Kopf zerbrechen, meine Herren. Laufende Produktionsprozesse können wir nicht einfach umstellen. Wenn eine Störung in einem Werk eintritt und ein Produkt trifft, das woanders, d.h. in einem anderen Werk, nicht produziert werden kann, dann haben wir eben diese Schwächen. Notwendige Vorbereitungsarbeiten verhindern diese rein theoretische Flexibilität.

Als mir das reparierende Unternehmen versicherte, das sei ein 24-Stunden-Job, konnte ich nicht ahnen, daß daraus eine Woche werden würde. Was die zweite Schicht betrifft, so sollten wir auch hier nicht alle Erfahrungen beiseite schieben. Schon einmal haben wir die zweite Schicht auf der Tagungsordnung gehabt und damals aus guten Gründen darauf verzichtet. Die Einarbeitung braucht zu lange, die Ausschußproduktion ist zu hoch. Warum nutzen wir diesen kleinen Engpaß nicht und treiben die Nachfrage durch den Lieferengpaß so hoch, daß uns die Ware in drei Monaten aus der Hand gerissen wird? Von der Lohnabfüllung würde ich absehen, weil die Mischeinrichtung bei Fischer und Blümel antiquiert ist. Mit denen halten wir unseren Qualitätsstandard nicht."

„Herr Wenig, warum versuchen Sie jetzt, mit zuwenig Sachverstand das zu tun, was Sie uns vorgeworfen haben? In drei Monaten ist Galaxis tot. Bitte nehmen Sie das endlich zur Kenntnis! Und wir brauchen Galaxis als Ausgleich für einen Teil der langsam sterbenden Produkte, die uns Umsatzlöcher reißen. Ein Produktleben läßt sich eben nicht beliebig verlängern. Auch nicht, wenn wir ständig Modernisierungen vornehmen. Das ist Marketing-Einmaleins, Erkenntnis eins. Ja, und dann noch etwas, Herr Wenig, ich habe das beschissene Gefühl, wir reden hier nicht vom richtigen Thema. Wenn dieses Produkt aus Ihrer Feder stammen würde, wie einige andere erfolgreiche Produkte unseres Hauses, dann hätten

Sie ganze Werke für die Produktion eingesetzt und nicht nur eine Straße." Die flache Hand von Schelmer klatschte auf den Tisch. „Warum, Herr Wenig, bremsen Sie hier immer noch, wenn die Lösung doch auf dem Tisch liegt? Warum, Herr Wenig, kam es überhaupt zu diesem Problem?"

Der Mann hat Mut, dachte Quester. Das war die Zeitbombe, die hier die ganze Zeit getickt hat. Schelmer fühlte sich persönlich getroffen. Sein Baby Galaxis stand kurz vor dem Exitus, da mußte ihm eigentlich auch der Draht aus der Mütze springen. Die Luft war zum Schneiden dick. Betroffenheit war im Raum, keiner sagte etwas. Alle schauten zu Wenig rüber. Wenig holte Luft, aber Schneider begann zu sprechen.

„Ich schätze Sie und Ihre Arbeit, Herr Schelmer, und ich verstehe auch Ihre Enttäuschung und Ihre Betroffenheit. Ich denke, jeder hier im Raum kann Ihre Position verstehen. Ich hätte mir nur gewünscht, daß Sie eine Brücke bauen und weniger anklagen. Bitte verstehen Sie alle, wenn ich die Sitzung jetzt unterbreche und Sie morgen abend um die gleiche Zeit wiedersehen möchte. Morgen abend müssen wir die Lösung haben. Bitte untermauern Sie die hier genannten Lösungsmöglichkeiten noch mit Zahlen und Konzepten. Priorität hat die schnellste Lösung. Ich danke Ihnen, meine Herren."

Ja, was ist das denn, soeben hatten wir doch die Lösung und den Schuldigen am Wickel, dachte Quester. Verblüfft sah er Bruns an, der schaute nachdenklich auf seine Unterlagen und dann zu Schelmer. Schelmer saß wieder, wie vorhin, ernst und regungslos an seinem Platz.

Alle anderen waren schon aufgestanden und verließen den Raum. Siefert und Schneider hatten sich ins Büro von Schneider zurückgezogen. Bruns ging zu Schelmer, setzte sich zu ihm und sagte:

„Sie haben eben das gesagt, was alle empfunden haben."

„Das waren nur 10 % von dem, was ich empfinde", sagte

Schelmer, „das Schwein hat uns doch auflaufen lassen, und nichts ist hier passiert.“

„Das sieht so aus, aber das kann ihm keiner nachweisen. Kommen Sie, Schelmer, das war nur die erste Runde, noch ist nichts verloren.“

Schelmer stand auf, stolze 1 Meter 97 ragten in den Raum. Mit seinen Pranken, anders konnte man seine Hände nicht bezeichnen, wischte er seine Unterlagen in seine Mappe.

Ein Hüne von Kerl, dachte Quester. Wenn ich Wenig wäre, würde ich mir den Mann noch einmal ganz genau ansehen. Schelmer war ein Mann, dessen Gutmütigkeit und Geduld geradezu sprichwörtlich waren. Wenn dann so einer so aus der Haut fährt, dann bedeutete das einiges. Er war bekannt für seine ausgewogene Art. Bruns war sichtlich berührt vom Verhalten seines besten Mannes.

Quester dachte an seine Verabredung mit Bernhard bei Harry und verabschiedete sich von den beiden. „Bleibt die Marschrichtung zweite Schicht?“

„Siehst du eine andere Möglichkeit?“

„Nein, alles andere ist langsamer und schlechter.“

„Bleiben wir bei den Sachaussagen, oder soll ich meine Argumente ändern?“

„Du hast gesagt, was richtig ist, und Wenig muß das lernen.“

„Alles okay, dann bis morgen.“ Quester wollte schon gehen, da kam Siefert von Schneider zurück.

„Bruns, wir möchten Sie gerne noch mal sprechen, geht das gleich?“

„Natürlich, Herr Siefert.“

„Also tschüß, Schelmer, und Kopf hoch, das wird schon!“ Quester wollte an Siefert vorbei, doch der hielt ihn fest.

„Das kriegen wir hin, Quester, machen Sie sich keine Sorgen. Halten Sie Ihre Linie! Übrigens, die Einführung des Key account managements ist entschieden. Jetzt fehlt noch der geeignete Mann. Was halten Sie übrigens von Schranders?“

„Ja, der hat wohl das geforderte Format und die Fähigkeiten."

„Finde ich auch, aber denken Sie noch mal darüber nach, schließlich ist es Ihre Entscheidung."

Nein, das ist Ihre Entscheidung, wiederholte Quester in Gedanken, und diesmal ist es eine gute Entscheidung.

„Sagen Sie mir morgen, wie Sie sich entschieden haben."

„Mach' ich." Quester verabschiedete sich.

„Na, wie war's", fragte Frau Gehrke, „in welche Richtung flogen die Fetzen?"

„Wenig hat noch viel zu wenig bekommen. Dieses Ferkel hat uns gelinkt."

„Hab' ich mir doch gedacht! Der hat Probleme mit seiner Krone, die beginnt zu rutschen. Er war hier vor Jahren der ungekrönte Herrscher. Schneider hat dem Mann viel Freiheit gegeben. Viele Produkte stammen von ihm. Er hat tatsächlich großen Anteil am Aufstieg dieses Unternehmens. Als Schneider dann Siefert holte, der das Marketing installierte, so profilierte Leute wie den Bruns und Schelmer fand, da ging's los. Da fing der Kleinkrieg an. Bruns ist auch ein völlig anderer Mensch als der Wenig. Wenig kämpft immer. Eigentlich müßte er bei den Erfolgen, die er hatte und hat, nicht kämpfen, sondern könnte souverän sein."

„Sie haben mal wieder recht, Frau Gehrke, so ist das wohl. Trotzdem will mir nicht in den Kopf, warum Schneider heute keine Entscheidung gefällt hat, obwohl die Lösung auf dem Tisch lag. Die zweite Schicht wäre es gewesen!"

„Herr Quester, Schneider ist ein Fuchs, der eine feine Nase hat. Der hat sicher etwas gerochen. Entscheidungsschwach ist er wirklich nicht."

„So sehe ich Schneider auch. Na, ich bin auf morgen gespannt."

„Brauchen Sie noch Unterlagen für morgen?"

„Ja, sagen Sie bitte Frau Fröhlich, ich benötige den Anteil von Einweg und Mehrweg und die genauen Bestellmengen unserer Kunden mit den Lieferterminen, die wir zugesagt haben."

„Frau Fröhlich läßt Sie übrigens herzlich grüßen, sie hat während der Sitzung die ganze Zeit Daumen gehalten."

„Um Himmelswillen, schon wieder ein stundenlanger Ausfall einer Arbeitskraft!"

„Herr Quester!"

„Gut, ich geh' ja schon."

„Guten Durst!"

„Sie werden mir langsam unheimlich, Frau Gehrke, woher wissen Sie schon wieder, was ich gleich tun werde?"

„Herr Anders hat angerufen und mich gebeten, Sie an den Termin zu erinnern. Er hätte da eine Sache, bei der Sie ihm helfen könnten."

„Also dann, was hält mich noch?"

„Diese Unterschrift hier."

„Ach ja, der Brief an Herrn Meier. Hat er meinen Terminvorschlag angenommen?"

„Ja, er kommt. Das hier ist die Bestätigung." „Prima, also tschüß."

Quester ging zu Fuß. Es war ja nicht weit zu Harry. Und da bekam man nur sehr schwer einen Parkplatz. Hole ich meinen Wagen eben nachher aus der Tiefgarage, dachte Quester.

6

„Hallo, Harry!“

„Hallo, Manfred, dasselbe wie letztes Jahr um die gleiche Zeit?“

„Woher weißt du, was ich an diesem Tag im letzten Jahr getrunken habe?“

„Diesen Tag werde ich nie vergessen. Da hast du mir das erste und einzige Mal 10 Pfennig Trinkgeld gegeben.“

„Harry, diesen Anfall von Verschwendungssucht habe ich gut überstanden.“

„Etwas zu gut, findest du nicht?“ stöhnte Harry gespielt betrübt.

„Komm, Harry, raff dich auf und schenk mir ein Pils ein!“

„Ein Pils für Dagobert!“ rief Harry. Beide lachten. „Er sitzt in eurer Ecke.“

„Hallo, Bernhard!“

„Grüß dich, Manfred. Na, kriselt es noch?“

„Meine liebe Heidemarie hat also geplaudert. Ja, es kriselt noch.“

Quester berichtete, wie es seine Art war, kurz, klar und präzise. Das Pils kam. Sie tranken und wischten sich genußvoll den Schaum aus den Schnurrbärten. Anders stellte noch ein paar Fragen nach genauen Formulierungen der Beteiligten, ließ sich Sitzpositionen, Körpersprache und Dialogfolgen beschreiben. „Das Ganze erinnert mich fatal an eine ähnliche Begebenheit in meinem Hause." Plötzlich zögerte er und sah zur Tür.

„Ist das nicht deine und meine Sekretärin? Hast du gewußt, daß die beiden sich kennen?"

„Nein."

Die beiden Damen steuerten auf einen Tisch zu, der in der anderen Ecke des Raumes stand. „Die beiden haben uns nicht gesehen oder wollten uns in Ruhe lassen."

„Was hältst du davon, wenn wir sie an unseren Tisch holen?"

„Wenn es dich nicht hindert, deine avisierte Frage zu stellen, und wenn wir über unsere Krisensitzung noch ein wenig reden können, sofort." Quester stand auf, ging zu den Damen und bat sie, an ihren Tisch zu kommen. Ein längerer Dialog entstand, man lachte und ging rüber zu Anders.

„Ich habe gesagt, wir spielen das verruchte Spiel ‚Chef geht mit Sekretärin aus', und stell dir vor, die Damen wollen mitspielen."

Anders stand auf, begrüßte die Damen, wie es seine Art war, herzlich, aber mit Würde und dieser seltenen Art, die Frauen mögen. Er war ganz Gentleman alter Schule, kombiniert mit zeitgemäßer lockerer, offener Art.

Eine gefährliche Mischung für einen bestimmten Frauentyp, dachte Quester, der die Begrüßung aufmerksam beobachtete. Harry stand schon am Tisch und servierte gekonnt, mit Butlermiene und steifem Rücken, was noch gar nicht bestellt war. Er kannte seine Gäste, ja er lebte mit seinen Gästen. Harry wäre ein guter Verkaufsleiter geworden. Einer, der führen kann. In seinem Lokal wird gelacht und gescherzt, und jeder Mitarbeiter tut anscheinend gern, was er tut. Harry weiß, es kommt nicht nur darauf an, was man tut, sondern viel mehr, wie man's macht. Einer von wenigen, die danach leben. Quester hörte gedankenverloren plötzlich seinen Namen. Frau Gehrke war's, die ihm zuprostete: „Sie werden sich bei all dem Nachdenken noch mal eine Gehirnwindung verbiegen, Herr Quester, dann hatte ich mal einen denkenden Chef."

„Dann kommen Sie zu mir, ich hab' noch einen denkenden Bereichsleiter, der eine gute Sekretärin braucht", sagte Anders.

„Das ist ja interessant, was ist das für einer, und was zahlt er?" Frau Gehrke kontrollierte mit einem Seitenblick, wie Quester auf ihre Fragen an Anders reagierte.

„Bernhard, nun langt es, Abwerbung wird mit drei Runden und einem Abendessen bestraft, und das ohne Bewährung. Wir haben ohnehin schon genug Ärger im Unternehmen, und jetzt willst du mir noch mein Gedächtnis, meinen Betriebsseismographen, meinen Seelenmasseur und meinen treuesten Soldaten nehmen. Pfui, schäm dich!"

„Hat er das nicht schön gesagt?", Frau Gehrke strahlte ihren Chef an. „Ich glaube, das nennt man Mitarbeitermotivation."

„Fall bloß nicht darauf rein", warnte Frau Burghard. „Die haben sich eben ganz geschickt die Bälle zugespielt. Der eine spielt den Abwerber, der andere den Entrüsteten, der um etwas ganz Wertvolles kämpft."

„Wir sind doch keine Burgschauspieler!" lachte Anders. Quester grinste breit. „Apropos Burgschauspieler, haben Sie noch etwas von unserer Krisensitzung gehört, Frau Gehrke?"

„Nein, ich hab' nur Herrn Schelmer gesehen, und so habe ich den noch nie gesehen. Wer mit ihm jetzt Streit anfängt, wünscht sich sicher noch monatelang, es nicht getan zu haben."

„Schelmer verstehe ich sehr gut", sagte Quester, „ich glaube, mir würde es ähnlich gehen, wenn mein Produkt, mein Baby, so in Gefahr wäre. Mir ginge es mindestens so dreckig wie dem armen Kerl. Das ist doch eine große Sauerei, was da läuft!"

„Aus welchem Grund war Schelmer Teilnehmer an dieser Sitzung? Warum wurden denn zwei Hierachieebenen eingeladen?" fragte Anders.

„Ich weiß das nicht genau", sagte Quester, „ich kann mir nur vorstellen, daß Siefert die Herren Schwarz, Wellert und Schelmer für die Krisensitzung als Fachleute brauchte oder zu brauchen glaubte. Er mußte damit allerdings ein Problem in Kauf nehmen, das jeder fürchtete, der Ergebnisse will."

„Emotionale Zuspitzungen sind in einer solchen Sitzung garantiert, weil sich der Geführte im Beisein seiner Führungskraft besonders ins Zeug legt. Er meint, Loyalität zeigen zu müssen: Damit wird allerdings die Stimmung immer gereizter und unnötig schwierig", meinte Anders.

„Ja, so war es auch. Der Dampf kam von den Abteilungsleitern", bestätigte Quester. „Aber sag mal, Bernhard, du wolltest doch vorhin mit einer Analyse beginnen? Ich wäre sehr daran interessiert, deine Meinung zu hören."

„Gut, Manfred, nur ist das immer schwierig, wenn man nicht selbst dabei war. Trotz deiner detailreichen Schilderungen ist vieles Spekulation, was ich jetzt sage. Du sagtest, der Produktionsleiter war bisher der Mann, der viele erfolgreiche Produkte kreiert hat, also eigentlich ein gutes Marketing betrieben hat. Man hat ihm in dieser Zeit sicher Bestätigung, Dank und Hochachtung entgegengebracht.

Jeder hat seine Bedeutung im Unternehmen gesehen und sich entsprechend respektvoll und bewundernd verhalten. Er war es, der das allein konnte, was das Unternehmen brauchte. Er war fast unentbehrlich und hat sich sicher bereits im Vorstand gesehen. Und in dieser Situation tritt der Marketingleiter seinen Job in eurem Unternehmen an! Ein guter Mann, wie du sagst. Einer, der nicht nur den Kopf, sondern auch das Gefühl für den Markt hat. Der zeigt plötzlich dem ganzen Unternehmen, daß auch ein anderer als der kreative Produktionsleiter Erfolg haben kann. Die Erfolge der Vergangenheit werden plötzlich relativiert, der Stern des Produktionsleiters beginnt zu sinken. In diesem Frühstadium der Entwicklung einer Störung in der Beziehung der beiden setzt der Profilierungskampf ein. Was ihr da in der Sitzung erlebt habt, war keine Sachdiskussion, es war eine Gespensterschlacht auf der Beziehungsebene, mit Sachargumenten ausgetragen. Marketingleiter und Produktionsleiter sind zur entscheidenden Auseinandersetzung angetreten. Es wurde immer über die Sache gesprochen, aber die Beziehung war gemeint. Der Schelmer hat den Nagel auf den Kopf getroffen. Mit einer hohen Wahrscheinlichkeit hat Wenig die Produktion der Einführungsmenge gebremst, um das Produkt in der Einführung sterben zu lassen. Alles deutet darauf hin. Ein Indiz ist die Produktion von Lagerbeständen von weniger wichtigen Produkten in dieser Zeit. Das zweite Indiz ist die 3-Monats-Argumentation für die neue Produktionsanlage und das dritte Indiz die Abwehrargumentation für die zweite Schicht, obwohl das die einzig richtige Lösung ist. Wenig will nach meiner Meinung den Absturz des Produktes, um Bruns zu schaden, um den Vorstandsposten nicht zu verspielen."

„Aber damit schadet er doch dem Unternehmen!", sagte Frau Gehrke entgeistert.

„Klar, aber wer soviel für das Unternehmen getan hat wie Herr Wenig, der meint, er könne dem Unternehmen auch mal schaden. Diese absurde Begründung ist rational und emotional sogar vom Konfliktauslöser selbst in seinem Inneren abgesichert. Er sieht die Berechtigung seines Tuns. Das ist zwar nicht logisch, aber psychologisch, und es läuft alles ohne irgendein schlechtes Gefühl des Betreibers ab. Im Gegenteil, er sieht sogar noch zusätzlich eine Art Recht auf Selbstverteidigung."

„Dann hätten wir in der Krisensitzung alles Mögliche an

Vorschlägen und Lösungen produzieren können, nichts davon hätte eine Chance gehabt, alles wäre unsinnig gewesen. Es sei denn, Schneider hätte einfach entschieden", meinte Quester. „Das hat er", fuhr Anders fort, „klugerweise vermieden, weil er meiner Meinung nach die Folgen gesehen hat. Sein Produktionsleiter, den er braucht und der das auch weiß, hätte ihm bewiesen, daß diese Anordnung nicht klappt. Es wäre eingetreten, was er gesagt hat, eine Charge der Ware wäre mit erheblichen Qualitätsmängeln in den Handel gegangen, und dann hätte man alles an Ware zurückziehen müssen, was bis dahin den Handel erreicht hat. Das Produkt wäre an diesem Imagemord gestorben."

„Da war also der Abbruch der Krisensitzung richtig", stellte Quester fest.

„Ja, wenn Beziehungsebenen gestört sind, hat die Sache keine Chance mehr", betonte Anders. „Genauso wie Schneider hätte ich auch gehandelt. Ich hätte auch Aufgaben verteilt, die meinen eigentlichen Grund für den Abbruch der Sitzung verschleiert hätten. Wie es hier auch geschehen ist. Schneider wollte unter vier Augen mit den Kampfhähnen reden. In der Krisensitzung waren Beziehungskonflikte nicht zu lösen. Die Gefahr von Entlarvungen vor anderen, die zu schweren Gesichtsverlusten, kaum zu reparierenden Verletzungen führen, ist bei einer Offenlegung der Beziehungskonflikte vor der Gruppe immer gegeben. Die Anwesenheit der anderen verstärkt jedes Wort. Gesichtsverluste wären die garantierte Folge."

Quester massierte nachdenklich sein Kinn. „Jetzt erinnere ich mich, Schneider hat sofort danach mit Bruns gesprochen."

„Das war wahrscheinlich das Gespräch Nummer eins, in dem er Bruns die Situation von Wenig darstellte und um Mithilfe gebeten hat. Anschließend wird er mit Wenig gesprochen haben, um ihm seine unveränderte Wertschätzung zu versichern. Der Ansehensverlust von Wenig ist das Problem –

und der drohende Ansehenszuwachs von Bruns die Gefahr, die Wenig für sich sieht und abwenden will. Wenn beide erkennen, daß das, was sie befürchten, nicht eintreffen wird, und das muß Schneider schaffen, dann entspannt sich die Situation, und das Problem löst sich“, analysierte Anders weiter. „Ja, und wenn diese Gespräche gelaufen sind, was passiert denn dann?“ fragte Frau Burghard, „dann ist das Problem doch noch nicht vom Tisch!“

„Nein, sicherlich nicht, aber die Voraussetzung für die Problemlösung ist verbessert – die angespannten Beziehungen der beiden sind soweit entspannt, daß unter sechs Augen eine gemeinsame Lösung gefunden werden kann, die Wenig wahrscheinlich in der Krisensitzung zwei mit Fakten begründet vorträgt.“

Anders strich sich langsam über sein Haar und starrte ins Bier, als wollte er dort den Ablauf der Krisensitzung finden.

„Danach“, fuhr Anders fort, „wird Schneider einen Reparaturbetrieb für die Beziehung seiner beiden besten Leute aufmachen. Einladungen zum Abendessen mit Ehefrauen, Theaterbesuche, Golfwochenenden und weitere Einzelgespräche. Das sind die Reparaturbetriebe für angeknackste Beziehungsebenen. Die Ehefrauen werden mit einbezogen, weil sie während des Konfliktes von ihren Männern emotional aufgeladen wurden. Sie könnten, würden sie nicht einbezogen, Beiträge zu einer Destabilisierung des Heilungsprozesses leisten.“

„Was heißt denn hier, seine beiden besten Leute. Schneider hat viele gute. Aber drei besonders gute. Und nur mit zweien hat er Probleme. Der Vertrieb arbeitet wunschgemäß“, unterbrach Quester gespielt empört.

„Stimmt, Manfred, entschuldige, ich würde dich auch einstellen.“

„Aber höchstens als Vorstandskollege, Bernhard, darunter läuft nichts“, lachte Quester.

„Ist das eine Bewerbung, darf ich dich ernst nehmen?" fragte Anders, ernst geworden.

„Gleich erkläre ich dieses interessante Meeting, in dem schon der zweite Abwerbungsversuch gestartet wurde, zur Krisensitzung", drohte Frau Gehrke. Alle lachten. Frau Burkhard schaute ihren Chef nachdenklich an.

„Ich hab' es ja schon immer gewußt, Topmanager würden exzellente Politiker abgeben!" Für Anders antwortete Quester.

„Na ja, auch nicht alle, nur schlecht wär's nicht, wenn wir ein paar mehr davon im Bundestag hätten. Von den Oberlehrern, die von der Wirtschaft soviel wissen wie einer, der behauptet, die Niagarafälle zu kennen, weil er mal eine Ansichtskarte davon gesehen hat, haben wir genug, mehr als genug. Aber Sie haben recht, der Topmanager der Zukunft muß sicher ein guter Alltagspsychologe sein, der Abläufe in der Kommunikation von einzelnen und Gruppen kennt, Wissen und Erfahrungen in diesen Bereichen gut miteinander verbindet."

„Richtig", unterstrich Anders, „aber dafür müssen einige Herren aus dem Olymp wieder mal runter in den Trainingsraum, den Schritt vom Trainingsverordner zum Trainingsteilnehmer machen, damit die Sensibilität für die psychologischen Abläufe im einzelnen und für die gruppendynamischen Prozesse in ihren Teams wieder wächst. Der Manager der Zukunft ist weniger Amtsinhaber als heute. Der läßt Nähe zu, überzeugt durch Identität von Forderung und Vorleben. Er hat gelernt, zu motivieren und Visionen zu formulieren. Der delegiert mehr, als es heute in diesen Etagen üblich ist, steuert mehr und paddelt weniger. Die Arbeit machen die anderen. Der Anteil an der Zielsetzung, der Anteil an der Wegfindung und die Übertragung von Verantwortung motiviert auch selbst die Kinder des Wertewandels, die, die primär gut leben wollen, hedonistisch veranlagt sind, die Arbeit nicht so lieben wie wir und oftmals auch mit der Karriere nichts am Hut haben. Es werden zukünftig immer mehr Teams, die im inneren interdisziplinär besetzt sind, zu führen sein. So etwas wie Units, die ganze Unternehmensteile durch die Zusammenarbeit von Verkäufern, Marketingfachleuten, Logistikern, Produktionern vereinen. Teams, die klar geführt sind, aber in sich die Fähigkeit besitzen, offen und zielgerichtet zu diskutieren. Jeder kann aus seinem Bereich heraus mehr beitragen, als die heutigen Bereichsorganisationen oder die Divisionsstrukturen es können, weil sie wie ein kleines Unternehmen arbeiten, der Produktmanager mit den Produktionern, mit den Logistikern, mit den Verkäufern spricht. Damit kommen alle zu einer gemeinsam getragenen Leistung. Verbunden durch die Solidarität. Sie sind bitte nicht zu verwechseln mit den ‚sich selbst steuernden Gruppen'. Diese Form der absoluten Selbstbestimmung wird immer wieder von den Theoretikern gewünscht, die glauben, Autoritäten könne man abschaffen, indem man ihnen das Amt nimmt. Wirkliche Autorität ist weder formell noch informell. Sie ist nicht übertragbar und nicht abschaffbar. Selbst eine sich selbst steuernde Gruppe hat also informelle Führer, also auch Autoritäten. Die Theorie der sich selbst steuernden Gruppen ignoriert außerdem die zweite Funktion eines Führers, die Funktion eines Anwalts für die Erreichung der Unternehmensziele.

Der Führer einer Gruppe muß sowohl die Bedürfnisse einer Gruppe und die Unternehmensziele, als auch den Gesamtverband Unternehmen sehen und die Unternehmensziele mit erreichen helfen. Die Bedürfnisse einer Gruppe und die Unternehmensziele sind nicht nur ab und zu divergent. In diesen kleinen Unternehmen im Unternehmen, den Units, spielt Motivation eine große Rolle. Der Bauch regiert zukünftig noch stärker als bisher. Die Führung wird immer weniger dirigistisch und nutzt immer mehr die Potentiale eines Teams. Über Motivation hat in seiner Zeit Antoine de Saint Exupéry folgendes sehr treffend formuliert:

‚Wenn du ein Schiff bauen willst, so trommle nicht die Männer zusammen, um Holz zu beschaffen und Werkzeuge vorzubereiten oder die Arbeit einzuteilen und Aufgaben zu vergeben, sondern lehre die Männer die Sehnsucht nach dem endlosen weiten Meer!'“

„Heute müßten wir diese Aussage wahrscheinlich ein bißchen verändern. Heute heißt das, und laß sie die Sehnsucht des großen weiten Meeres spüren und erleben'. Vielleicht hat das Exupéry aber auch mit ‚lehren' gemeint. Immer weniger sagen und anordnen, immer mehr erleben und erfahren lassen, das ist die Führungsphilosophie von morgen. Wobei die Kunst darin besteht, die Investition für das Erlebenlassen so niedrig wie möglich zu halten.“

„Das ist auch meine Meinung“, sagte Quester und setzte noch hinzu: „Die Zeit der patriarchalischen, autoritären Führer ist endgültig vorbei. Es wird trotzdem spürbar geführt, aber der Einfluß des einzelnen Mitarbeiters wächst. Verantwortlichkeiten werden neu verteilt. Die Führungskraft ähnelt immer mehr einem guten Coach, der Mitarbeiter fördern und entwickeln kann, ihnen den Freiraum zum motivierten Denken und Handeln gibt. Aber sag mal, Bernhard, du hattest doch eine Frage? Du solltest, nachdem du die Hintergründe unserer Krise so gut geschildert hast, wir deinen Exkurs in die Führungspsychologie der Zukunft mitmachen durften, nicht zu kurz kommen.“

„Oh, ja danke, Manfred, das hätte ich beinah vergessen. Mein Fall ist einer, bei dem ich besonders auf die Hilfe der Frauen hier am Tisch hoffe. Sie haben sicher mehr Einblick in die Psyche einer Frau, als wir Männer sie je haben könnten. Ich bin bisher immer der Meinung gewesen und bin es auch heute noch, daß Leistung nicht geschlechtsspezifisch ist. Wer das Geforderte leisten kann und will, kann in meinem Unternehmen Karriere machen. Ob Mann oder Frau, ist völlig egal. Den Unsinn Quotenfrau mach' ich genauso wenig mit wie die

Ausgrenzung der Frau bei Topführungspositionen. Diese Meinung teilt aber ein Bereichsleiter meines Unternehmens anscheinend nicht. Er hat was gegen Frauen in Führungspositionen und gegen eine im besonderen. Frau Grund ist Abteilungsleiterin in seinem Bereich und leitet den Bereich Verkaufsinnendienst. Er hat sie übrigens übernommen von seinem Vorgänger. Sie müßte mit ihm, meinem Leiter des Vertriebes, sehr eng zusammenarbeiten. Das ist jedoch überhaupt nicht der Fall. Verschärfend wirkt noch, daß der Vertriebsleiter ein Mann ist, der sehr genau ist und den kleinste Fehler, auch unbedeutende, unverhältnismäßig aufregen. Ein Perfektionist. Zwischen beiden hat sich in meiner Abwesenheit, ich mußte vier Wochen in den Staaten den Aufbau unserer Tochter begleiten, ein Miteinander entwickelt, das zwischen Sprachlosigkeit und kommunikativen Detonationen hin und her schwankt. Er war schon bei mir und hat mich informiert, daß er Frau Grund aufgrund nachweisbarer Fehler und wegen ihres Verhaltens entlassen will. Sie hat sich bei mir einen Termin für ein vertrauliches Gespräch geben lassen und dabei um Unterstützung gebeten. Ich bin überzeugt, sie kennt ihre Situation sehr gut. Außerdem hat sie auf mich einen sehr guten und kompetenten Eindruck gemacht. Mein Assistent berichtete mir, daß ihre Mitarbeiter sie sehr mögen und daß in der Abteilung motiviert gearbeitet wird. Der Außendienst steht natürlich unter dem Einfluß des Vertriebsleiters, aber auch hier sind keine Klagen über Frau Grund oder über die Leistung ihrer Abteilung zu hören. Von meinem Gespräch mit ihr weiß der Vertriebsleiter nichts. Ich muß im Moment verhindern, daß die Beziehung völlig zerbricht, und das würde sie, würde ich ihn von diesem Gespräch informieren."

„Ich glaube, dazu kann ich eine Menge sagen", begann Frau Gehrke, „bevor ich zu Herrn Quester kam, war ich in einem anderen Unternehmen tätig, in dem sich mir eine ähnliche Situation bot. Mein Chef ging, ein neuer kam, übernahm mich als seine Sekretärin. Das heißt, ich wurde ihm so vorgestellt. Von Anfang an hatte ich das Gefühl, abgelehnt zu sein. Irgendwie spürte ich in seinem Verhalten, daß er mich nicht mochte, Vorurteile hatte, voreingenommen war. Ich stellte plötzlich fest, daß ich einige Informationen nicht bekam, an einigen Sitzungen nicht mehr teilnahm. Meine Briefe, die Organisation, die ich für ihn übernahm, suchte er intensiv nach Fehlern ab und bauschte jeden gefundenen extrem auf. Gelobt wurde ich von ihm auch dann nicht, wenn ich mich sehr für ihn, den Neuen, eingesetzt hatte, viele Überstunden klaglos hinnahm. Einige Wochen ging das so, das Klima verschlechterte sich immer mehr. Ich wurde nervös, unkonzentriert und versuchte, das Klima durch besondere Aufmerksamkeit und konzentriertes Arbeiten zu verbessern. Aber eben, weil ich so überkonzentriert war, verkrampfte ich mich, und es passierten mir Fehler, die ich sonst nicht gemacht hätte. Er fand sie und rieb sie mir unter die Nase. Das wirkte sehr demotivierend auf mich. Ich verlor die Freude an der Arbeit, meine Einsatzbereitschaft erlahmte. Und auch das merkte er und servierte es mir sofort. Immer schneller geriet ich in diesen Teufelskreis Demotivation – unnötige Fehler – Kritik – Enttäuschung – Fehler – Kritik – Selbstzweifel – Fehler – Kritik hinein. Ich war nach acht Wochen fix und fertig und kannte mich selbst nicht mehr. Ich habe mir nichts mehr zugetraut und dann auch gekündigt. Heute weiß ich, warum das alles so lief. Er hat später seine Sekretärin aus seinem früheren Unternehmen nachgeholt. Möglich, daß er das gleich vorhatte und ich ein ‚Out-placement-Programm' erlebt habe. Möglich aber auch, daß er mich wirklich nicht mochte und er selbst Opfer von intuitiven Abläufen war, die wie ein Gesetz, wie ein Programm aus der negativen Kiste menschlicher Beziehungen ablief. Ich hab' damals die Hölle durchgemacht, Selbstzweifel, Wut, Enttäuschung, Demotivation, Verlust an Fähigkeiten, körperliche Schwierigkeiten. Ich war physisch wie psychisch am Ende."

„Warum hast du mit ihm nicht über die Zusammenarbeit, wie du sie erlebt hast, gesprochen?" fragte Frau Burghard.

„Das hätte ich gleich am Anfang tun sollen, später hatte ich keine Möglichkeit mehr. Ich sah keine mehr, ich war nicht mehr fähig dazu. Wenn so ein Teufelskreis erst einmal richtig läuft, ist es sehr schwer, allein rauszukommen, besonders für den Beteiligten oder besser gesagt für den Betroffenen."

„Und mit anderen, die dir hätten helfen können, hast du darüber auch nicht gesprochen?"

„Nein, ich bin pathologisch loyal und habe auch immer gedacht, da es ja eine neue Erfahrung war, das kriegst du selbst wieder in den Griff. Du mußt ihm nur beweisen, daß er sich irrt. Mich hat das damals besonders unvorbereitet getroffen, weil ich mich mit meinem früheren Chef so gut verstand. Das bewahrheitet für mich den Satz: ‚Wer sich nicht vorstellen kann, was ihn erwartet, wird voll erwischt.'"

„Darüber haben wir ja nie gesprochen, Frau Gehrke. Das höre ich ja jetzt das erste Mal", sagte Quester, sehr ernst, fast erschüttert, denn er sah sehr wohl, wie die anderen auch, wie Frau Gehrke diese Situation während der Erzählung noch einmal durchlebte. Sie war eine Spur blasser geworden und spielte nervös mit der Serviette.

„Darüber rede ich auch nicht so gern, das hatte ich schon sehr gut gebunkert. Aber als Sie, Herr Anders, den Fall schilderten, habe ich mir gedacht, vielleicht kann ich hier einer Frau helfen, die in einer ähnlichen Situation ist." Die Anspannung wich aus ihrem Gesicht. Sie setzte sich zurück und schaute ruhig in die schweigende Runde.

„Der Begriff Teufelskreis ist sehr treffend für diesen Zerfall einer menschlichen Beziehung, die Zerstörung von Engagement, Motivation, Identifikation und auch von Können und Fähigkeiten", meinte Anders. „Sie haben den Prozeß, in dem beide, Herr Ganzberg und Frau Grund, hocken, sehr genau mit der Schilderung Ihres Erlebnisses getroffen. Das ist es, das läuft zwischen beiden ab. Ein Teufelskreis."

„Wieviel Chancen gibst du dieser Beziehung überhaupt noch?" fragte Quester interessiert, denn das schien ihm die entscheidende Frage zu sein.

„Weiß ich wirklich nicht, ich weiß nur, daß ich beide behalten möchte, denn beide sind für den Betrieb wertvoll. Noch will ich nicht einsehen, den einen für den anderen opfern zu müssen. Um euch aber etwas ins Bild zu setzen, schildere ich mal ein Beispiel, das für die erreichte Entwicklung dieses Miteinanders spricht.

Eine Aufgabe von Frau Grund ist es, die Unterlagen für die Jahresgespräche mit dem Handel, für das Key account management und für die Führungskräfte meines Teams vorzubereiten. Das macht sie übrigens auch für mich, denn ich habe auch noch einige Vorbehaltskunden, die sich nur von mir betreuen lassen. Ich bin immer sehr zufrieden mit den Unterlagen gewesen. Immer war alles komplett, und jede Zahl stimmte. Nun lief eine Tagung, die Herr Ganzberg mit seinen Gebietsverkaufsleitern und dem Key account management einberufen hatte. Mein Assistent war dabei. Auf dieser Tagung hat Herr Ganzberg geschickt steuernd erarbeiten lassen, was seine Herren zusätzlich noch an Unterlagen für die Jahresgespräche benötigen. Da kam nun einiges zusammen. Wer eine Wunschliste aufmacht, erhält auch das Wünschenswerte genannt, was nicht unbedingt nötig ist. Frau Grund brach fast zusammen, als sie sah, was an Anforderungen auf ihrem Tisch landete. Ich hab' die Liste gesehen. Wenn das alles in einem Gespräch eingesetzt werden soll, dann müßten die Gespräche um drei Tage verlängert werden und die Handelspartner Tranquilizer schlucken, um diese Informationsflut durchstehen zu können. Natürlich hat Frau Grund Herrn Ganzberg daraufhin angesprochen und erhielt in Inhalt und Tonfall etwa folgende Antwort." Herr Anders setzte sich zurecht: „,Frau

Grund, Sie müssen nicht wissen, wie es heute in den Jahresgesprächen zugeht. Keiner nimmt Ihnen diese Unkenntnis übel. Wenig Verständnis habe ich allerdings, wenn Sie mit diesen geringen Kenntnissen, oder sagen wir besser Nichtkenntnissen, versuchen, unsere Anforderungen zu beurteilen. Was soll dabei herauskommen? Produzieren Sie das Gewünschte, mehr wollen wir nicht. Im übrigen, in der letzten Verkaufsstatistik fehlt wieder die Unterzeile mit den Schlüsseln; wie sollen meine Leute verstehen können, wenn sie nicht wissen, was die einzelnen Zahlen bedeuten? Jetzt gestatten Sie mir bitte, daß ich in mein 11-Uhr-Meeting gehe. Auf Wiedersehen, Frau Grund.' Frau Grund kam zu keinem weiteren Wort und wurde einfach stehengelassen."

„Himmel", sagte Frau Gehrke, „das ist vielleicht ein arroganter Pinsel. Die Tonart erinnert mich wieder an mein geschildertes Erlebnis, so sprach er damals zu mir, als ich mich noch gegen Herabsetzung, Ironie und Angriffe auf meine Arbeitsergebnisse wehrte, alles richtig machen wollte und viele Fehler beging."

„Also noch nicht in der Phase, als bei Ihnen schon alles kaputt war?" fragte Quester.

„Nein, da habe ich noch auf bessere Zeiten gehofft und etwas dafür tun wollen. Es läßt sich, wenn das der Stand der Dinge ist, für Frau Grund noch etwas tun", fuhr Frau Gehrke fort, „bei dem Ganzberg müßten Sie, denke ich, mal nach dem eigentlichen Grund für sein Verhalten buddeln. Wer sich so benimmt, hat häufig das Programm Angriff und Zerstörung eingeschaltet, weil das Programm Zuwendung nicht funktioniert oder nicht erwidert wurde." Anders schaute Frau Gehrke nachdenklich an.

„Klingt wie das Mittelstück einer Liebesschnulze", lachte Frau Burkhard, „beide, die sich doch so lieben, gehen, durch Mißverständnisse umgepolt, aufeinander los."

„Ich sag' doch, gut, daß wir unsere Sekretärinnen da haben.

Frauen haben einfach ein besseres, sicheres Gefühl für emotionale Abläufe. Frau Gehrke, Frau Burkhard, Sie haben eben meiner Meinung nach eine Punktlandung erreicht. Ich werde nicht nur mit Herrn Ganzberg sprechen, ich werde auch mit Frau Grund reden, um die Hintergründe zu erfahren und gewichten zu können."

Frau Gehrke freute sich über dieses Lob und wandte sich an Herrn Quester: „Herr Quester, ist es nicht möglich, daß Frau Grund mal mit unserer Frau Fröhlich spricht, um sich mit ihr auszutauschen, zumal doch auch Frau Fröhlich für Sie diese Unterlagen erstellt, die eben von Herrn Anders angesprochen wurden?"

„Gute Idee. Ich würde ihr sogar anbieten, daß sie mal mit mir mitfährt, um sich Kenntnisse über den Ablauf von Jahresgesprächen zu holen, bevor sie bei euch das gleiche tut. So kann sie doch dokumentieren, daß sie mehr Ahnung von den Jahresgesprächen hat, als man ihr unterstellt. Das überrascht und verändert schnell Vorurteile." Quester schaute zu Anders rüber, wie sein Angebot von ihm aufgenommen wurde.

„Harry, bring für uns alle ein Glas Champagner!" rief Anders und setzte fort, indem er die drei ansah, „ich möchte euch Dankeschön sagen, Dankeschön für die Tips und Hilfen."

„Na ja", sagte Quester, „der Champagner wird als Vorläufer eines echten Honorars gern angenommen. Ich buche uns ein paar Pluspunkte auf unser Konto, und wir setzen die dann später einmal ein, wenn wir dich wieder einmal um deine Hilfe bitten."

„Diese Honorare", meinte Anders, „zahle ich gern."

Harry kam mit dem Champagner. „Ihre Aperitifs, meine Herrschaften, haben Sie sich für das 6- oder das 8-Gänge-Menü entschieden?"

„Harry, du Aufschneider, verkauf deine Bulleten, die Eier im Glas und dein Schmalzbrot lieber wie immer. Versuch ja nicht, aus deiner gemütlichen Bierkneipe einen Gourmettempel zu machen! Du verlierst uns und viele andere Gäste und damit die Chance, ein paar Mark für deine Alterssicherung auf die hohe Kante zu legen." Anders grinste.

„Und ihr wollt Marketingfachleute sein?" Harry schaute alle kopfschüttelnd an, „ihr seid meine Gäste. Leute mit viel Geld", begann er seine Rede.

„Du", wandte sich Frau Burkhard zu Frau Gehrke, „der muß uns verwechseln."

„Nein, nein, ich meine Sie auch, denn Ihre Chefs müssen wissen, wieviel Sie wert sind und dementsprechend viel zahlen."

„Harry, machen Sie so weiter!" sagte Frau Burkhard.

„Bitte unterbrechen Sie mich nicht, Lady", sagte Harry, „wenn ihr zu mir kommt, zahlt ihr mit Kleingeld, wenn ihr in eure sonstigen Gourmetschuppen geht, zahlt ihr mit Hundertern, das gefällt mir nicht. Ich hab' die Gäste und überlasse anderen das Vermögen dieser Gäste. Würdet ihr das in eurer Firma tun? Ist das Marketing?"

„Harry, willst du uns hier auf eine Preiserhöhung vorbereiten, oder hast du zu lange im Feinschmeckerjournal geblättert?" fragte Quester mit gerunzelter Stirn.

„Nein, nein", meinte Harry, „ich mach' das jetzt anders, meine Angebote lauten jetzt so: Wie wär's mit einer handgemachten Bulette in einer Gourmetpfanne, am Tisch flambiert, mit Salaten der Saison gerahmt und mit französischem Walnußmostrich verfeinert. Das Ganze für 27,80 DM." Harry hatte sein Gesicht in vornehme Falten gelegt und schaute von einem zum anderen. „Na, wie ist die Nachfrage?"

„Gib mir lieber die kalte Bulette für 2,70 DM mit Löwensenf und auf einem Teller mit Gurke", bestellte Quester.

„Du Banause", Harry schwebte davon, nicht ohne noch einmal mißbilligend über die Schulter zu schauen.

„Harry ist ein Original, einer der wenigen und der letzten", meinte Anders. „Prost, trinken wir auf Harry!"

„So, jetzt muß ich gehen", sagte Anders, „bitte seid mir nicht böse, ich hab noch eine Golfpartie mit einem Kunden vor mir. Auf Wiedersehen, meine Damen,noch einmal herzlichen Dank. Tschüß Manfred, sagst du mir, wie bei euch die zweite Krisensitzung gelaufen ist? Und grüß Karin von mir. Natürlich werde ich euch alle darüber informieren, wie meine Gespräche mit Frau Grund und Herrn Ganzberg verlaufen sind. Ich komme dann sicher auch noch auf eure Angebote zurück. Harry, ich geb' dir diesen Schein, läßt du mich damit durch die Tür?"

„Sie ja, aber nicht mit dem Schein." Er zupfte den Schein aus den Händen von Anders. „Sehr großzügig, mein Herr, es ist mehr als genug."

Auch Quester wurde unruhig. „Ich muß auch gleich nach Hause, meine Damen, darf ich Sie noch nach Hause fahren? Wenn ich richtig informiert bin, wohnen Sie in der gleichen Gegend."

„Ja, das stimmt, und wir nehmen Ihr Angebot gerne an. Wir sind beide heute zu Fuß wegen der Gläschen, die wir trinken wollten."

Im Auto sagte Frau Gehrke: „Ich bin gespannt, ob die Sitzung morgen so ausgeht, wie Herr Anders es beschrieben hat."

„Es spricht einiges dafür", meinte Quester und dachte: Ich hoffe, Schneider schafft es, sonst habe ich einen Haufen Probleme. Schafft er es, ist mein Freund Bruns für alle sichtbar der Stärkere, und der Produktionsleiter darf wieder Hoffnung auf einen Platz im Vorstand haben. Das alles wäre so auch ganz in Ordnung, wenn da nicht die Frage wäre, ob Bruns oder ich Siefert im Vorstand ablösen. Ekliger Gedanke, mit einem Freund einen Wettlauf starten zu müssen, mit einem Freund, dessen Ausgangslage jetzt entscheidend verbessert wird. Hoffentlich spielt Siefert sauber und trickst nicht einen gegen den anderen aus. Gegen meinen Freund werde ich mich nicht wenden. Freundschaft zählt für mich mehr. Aber länger als ein Jahr werde ich hier in diesem Unternehmen auf die Entscheidung in keinem Fall warten.

Gedankenverloren lenkte Quester seinen Wagen durch den Verkehr.

„Hallo, Herr Quester, sind Sie wieder da? Furchtbar“, fuhr Frau Gehrke zu Frau Burghard gewandt fort, „wenn man einen Chef hat, der manchmal so tief in Gedanken versunken ist, daß er die Außenwelt vergißt.“

„Das kann meiner auch, aber das ist weitaus besser, als einen Oberflächensegler ertragen zu müssen.“

„Richtig, mehr als zufrieden sollten Sie sein, mit dem was Sie haben“, meinte Quester. „Herr Anders und ich, wir sind zwei Prachtexemplare der menschlichen Spezies und zwei Sonderausgaben des männlichen Geschlechts. Als Chefs sind wir erwiesenermaßen Sonderklasse und sollten eigentlich ausgezeichnet werden als die Inkarnation der Perfektion im Führungsverhalten.“

Die Damen saßen da mit offenem Mund. Wie versteinert.

„Es sieht gut aus, wenn Sie sprachlos sind“, meinte Quester.

Frau Gehrke war die erste, die sich erholte. „Das war stark.“

„Was heißt hier stark, das war zuviel. Das war die völlige Mißachtung der Realität, kombiniert mit pathologischem Selbstvertrauen.“ Alle lachten.

„Gut“, meinte Quester, „die 3 % Übertreibung nehme ich zurück.“

7

„Meine Herren, ich freue mich nicht, Sie in einer weiteren Krisensitzung, der zweiten in dieser Woche, wiederzusehen. Heute muß ein Ergebnis auf den Tisch, das für alle hier Anwesenden akzeptabel ist. Herr Wenig hatte mich gebeten, als erster eine Erklärung abgeben zu dürfen." Jetzt kommt's, dachte Quester, das ist der Schritt für die Entwicklung, die Bernhard vorausgesagt hat.

„Meine Herren, ich habe mich in der Zwischenzeit mit meinen Abteilungsleitern und Meistern zusammengesetzt. Zu einem späteren Zeitpunkt haben wir dann auch noch den Kollegen Reinert hinzugezogen. Ich will es kurz machen. Wir werden die zweite Schicht übermorgen beginnen, ohne daß wir Qualitätsmängel befürchten müssen. Einige Meister und Mitarbeiter der ersten Schicht haben sich bereit erklärt, die zweite Schicht mit den Aushilfen zu führen. Wir werden außerdem noch die Produktionszeit für das Produkt Galaxis in der ersten Schicht ausdehnen, damit die jetzt bestehende Fehlmenge aufgeholt werden kann. Die Lohnabfüllung haben wir nach eingehender Prüfung verworfen, weil hier viel Zeit für die Justierung unseres Partners benötigt worden wäre, die wir augenscheinlich nicht haben, und auch weil doch erhebliche Qualitätsmängel befürchtet werden müßten. Ich denke, daß die zweite Schicht der Beitrag der Produktion ist, den Sie erwartet haben." Herr Wenig schaute kurz in die Runde und dann zu Herrn Schneider.

Na, das ist eine Kehrtwendung, die anderen als Wenig das Genick gebrochen hätte. Hier wird doch offenbar, daß der gespielt hat und, was wahrscheinlicher ist, jemanden linken wollte, schoß es Quester durch den Kopf.

Bruns meldete sich zum Wort. „Ich freue mich, Herr Wenig, daß wir damit das Problem vom Tisch haben und wieder einmal bewiesen bekamen, wie flexibel unsere Produktion ist. Wenn wir die Planzahlen für Galaxis erreicht haben, lade ich Sie und Ihre Abteilungsleiter sowie die anwesenden Herren zum Galaxis-Abend auf meine Kosten ein."

Allgemeines Kopfnicken und zustimmendes, anerkennendes Gemurmel.

Das ist der Hammer, dachte Schelmer, das ist ein Lehrstück der Unternehmensführung, der Schneider ist schon ein Fuchs. Nur, wer nimmt mir die Folgen meiner Magenverstimmung, wer radiert die Stunden, mit Wut und Enttäuschung gefüllt, aus. Die Preise zahlen immer wir, dachte Schelmer, wir, die so dumm sind, uns intensiv mit allem zu identifizieren, die so dösig loyal sind und die den geraden Kurs immer für den richtigen halten, die Recht und Unrecht klar unterscheiden und für Unrecht Bestrafung erwarten. Mein Boß ist der Sieger, und ein paar Wochen weiter ist Wenig wahrscheinlich sogar der Retter von Galaxis. Oh Mann, mußt du noch lernen! Oder willst du das gar nicht? Schelmer schluckte, schaute auf und sah in die Runde. Alles erleichterte, aufgeräumte Gesichter. Galaxis ist gerettet, eigentlich solltest du auch froh sein. Aber wo ist die adäquate Antwort auf Wenigs unfaires Verhalten, auf sein Spiel mit Millionen des Unternehmens? War das plötzlich nur ein Nebenkriegsschauplatz, der unbeachtet blieb, weil das Ziel, die Rettung von Galaxis, höherwertig schien? Was hat das Schneider wohl gekostet? Ich muß unbedingt mit ihm sprechen, entschloß sich Schelmer.

„Meine Herren, Sie haben den Vorschlag von Herrn Wenig und die spontane Antwort von Herrn Bruns gehört. Hat einer von Ihnen noch Bedenken, daß wir damit das Problem nicht lösen?“ Herr Schneider schaute in die Runde. „Das ist nicht der Fall, dann bitte ich Sie die nötigen Maßnahmen einzuleiten. Ich freue mich, daß es in diesem Kreis wieder einmal gelungen ist, auch schwierige Probleme in gutem Einvernehmen zu lösen. Herr Quester, unterrichten Sie Herrn Siefert und mich bitte laufend über den weiteren Verlauf der Einführung. Bevor Sie gehen, meine Herren, meine Sekretärin hat noch ein paar Fläschchen Galaxis geöffnet.

Stoßen wir mit Galaxis auf den guten Weg von Galaxis an. Also dann, auf den Erfolg von Galaxis!“

Die Sitzung war schneller zu Ende, als Quester geglaubt hatte. Die Sensation war perfekt. Anders hatte recht behalten.

„Komm rein, Manfred, und schließ die Tür, ich kann mir vorstellen, daß du viele Fragen hast.“

„Du mußt Hellseher sein, Walter“, Quester lächelte Bruns vielsagend an. „Hat Schneider mit Druck, mit Zugeständnissen oder, wie es sonst seine Art ist, mit Motivation gearbeitet?“

„Schneider ist ein gewiefter Taktiker, wirklich ein Fuchs. Du hast ja noch mitbekommen, daß er zuerst mit mir gesprochen hat. Er hat zunächst etwas von der Firmengeschichte erzählt, wo das Unternehmen stand, als er es übernahm und wie es sich dann entwickelte. Wie er und Wenig neue Produktprogramme entwickelten und die Modernisierung des Unternehmens in allen Bereichen, aber besonders in der Produktion, betrieben. Toll, wie Schneider mein Vorurteil gegen Wenig langsam abbaute, Respekt aufbaute und Verständnis für die psychologische Situation dieses Mannes erreichte. Wenig hat große Angst. Schneider ist sein Übervater.

Den hat er zum Vorbild für sich gemacht, und deshalb fürchtete er, daß die Sympathien von ihm abgezogen und zu mir gelenkt würden, hätte ich weiter Erfolg. Das war ein Grund für seine Linkerei. Die zweite Seite war ähnlich schlimm für ihn. Er befürchtete, daß die ihm in Aussicht gestellte Vorstandsposition in Frage gestellt würde, wenn ich seine Erfolge weiterhin so relativiere. Das habe ich Schneiders Ausführungen deutlich entnehmen können. Schneider hat mich dann um Verständnis gebeten und mir signalisiert, daß ich um Wenig nicht herumkomme, daß ich derjenige sein müßte, der ihn nicht vor die Wahl stellen sollte, weil er auf keinen von uns beiden verzichten wolle. Ich müßte im übrigen der Flexiblere sein. Wenn ich Wenig seinen Profilierungsrahmen gönne, erreiche ich meine Ziele. Schneider gab mir zu verstehen, daß er schon werten könne, wer für welche Erfolge der Vater ist."

„Das habe ich mir gedacht, das war der Ansatzpunkt. Walter, weißt du auch, was er mit Wenig besprochen hat?" fragte Quester.

„Ich kann nur vermuten. Ich nehme an, er hat Wenig deutlich gemacht, daß seine Verdienste nicht vergessen sind, sein Vorstandsposten nicht gefährdet ist, sondern das Gegenteil eintritt, wenn er jetzt für die Problemlösung sorgt, sie aktiv betreibt. Das konnte ich dem sehr entspannten Sechs-Augen-Gespräch von Schneider, Wenig und mir entnehmen. Wir haben am Abend nach den beiden Einzelgesprächen noch ein Essen mit Schneider gehabt. Wenig ist ein exzellenter Gesprächspartner, der Junge weiß wirklich viel von Marketing. Aber so ist es, lernst du den Menschen kennen, lernst du Irrtümer kennen."

„Na, dann ist ja alles Friede, Freude, Flaschenbier. Und wie geht das jetzt weiter, Walter? Hat Schneider euch noch weitere persönliche Kontakte verordnet?"

„Woher weißt du das, es stimmt, wir haben uns gegenseitig eingeladen. Erst bei Schneider, dann bei Wenig und schließlich bei mir. Mit Damen."

„Der Alte schlägt die Pflöcke ein", meinte Quester, „ich kann mich ja nur freuen, wenn ihr euch vertragt, wenn es für den Vertrieb die beste Konstellation gibt. Stell dir unsere Zukunft vor – Marketing, Vertrieb und Produktion verfolgen vereint ein Ziel. Gnade unserer Konkurrenz!"

„Ich freue mich, daß die Weichen jetzt so gestellt sind. Dann ist Galaxis nicht unser letzter Erfolg."

„Also, Walter, auf geht's! Es bleibt also bei den Terminen. Meine Leute werden alles aus sich herausholen. Ich werde diese positive Nachricht sofort verbreiten." Man konnte Quester die ehrliche Freude ansehen.

„Ja, das bleibt alles wie geplant, Manfred, wir schaffen das schon." Bruns hielt ihm die Hand hin. Quester schlug ein. „Also dann, Walter. Wann sehen wir uns mal wieder beim Tennis?"

„Du, sei mir nicht böse", entschuldigte sich Bruns, „aber ich habe im Moment sehr viel zu tun, aber wenn ich wieder etwas Luft habe, melde ich mich."

„Mach das und denk an deine körperliche Fitneß, Walter!"

„Mach ich, Manfred", die letzten Worte von Bruns waren schon völlig geistesabwesend gesprochen. Beschissen, daß der einzige, der dir den Vorstandsposten streitig machen kann, dein Freund ist, dachte Bruns, als Quester die Tür schloß. Aber wenn das Leben so spielt – ich muß mitspielen. Meine Karriere darf nicht an Gefühlsduselei sterben.

Als Quester sein Büro betrat, lag eine sauber getippte Telefonliste auf seinem Schreibtisch. Frau Gehrke war nicht da. Also überflog Quester die Liste und langte nach dem Telefon. Er wählte Herrn Frisch von der Firma Uklas an, der Firma, in der sein Freund Anders Vorstandsvorsitzender war. Herr Frisch war dort Leiter des Key account managements, also im Besitz der Erfahrung, die Quester noch brauchte.

Er hatte Anders darum gebeten, einmal einen Kontakt zu ihm herzustellen, um vor dem Gespräch mit Siefert und Schranders noch einiges an Praxis zu inhalieren. Er vereinbarte mit Frisch einen Termin. Der zweite Name auf der Liste, der ihm sehr wichtig erschien, war Siefert, sein Boß. Er rief an.

„Siefert hier“, meldete sich Siefert diesmal selbst.

„Nanu“, sagte Quester, „wie kommt es, daß ich Sie sofort am Apparat habe?“

„Meine Sekretärin ist krank, und ich habe mir erlaubt, in Ihrer Abwesenheit Frau Gehrke zu bitten, mir ein wenig zu helfen. Sie ist allerdings im Moment auch abwesend, wie ich sehe. Können Sie meine Eigenmächtigkeit akzeptieren?“

„Welche Wahl habe ich, Herr Siefert?“, lachte Quester.

„Keine“, antwortete Siefert, „aber die Aussicht auf Dankbarkeit.“

„Ich komme darauf zurück“, sagte Quester.

„Gut, Herr Quester, tun Sie das. Ich hab' Sie übrigens anrufen lassen, um mit Ihnen einen Termin für die Einführung Ihres Key account managements zu vereinbaren. Danach sollten wir zwei weitere Termine fixieren und mit Schranders sprechen.“

Quester notierte die ihm von Siefert genannten Termine in seinem Kalender. Wieder mal typisch, dachte Quester und schaute in sein verwaistes Sekretariat. Der Siefert ist einer von den Unternehmensoffizieren, diesen Führungskräften, die sehr viel von Befehl und Gehorsam halten. Alles natürlich verpackt in Motivationswatte und Sprachzucker. Nur völlig durchsichtig für alle und deshalb eher verstärkend im negativen Sinne. Na ja, noch anderthalb Jahre, dann ist Siefert im Ruhestand. Quester arbeitete seine Telefonliste ab und stürzte sich auf die Post, die Berichte seiner GVLs und die hausinternen Mitteilungen. Das Telefon schrillte. Frau Gehrke war am Apparat. „Entschuldigen Sie, Herr Quester, Sie waren nicht zu erreichen, als mich der Hilferuf von Herrn Siefert ereilte. Ich bin hier im Sekretariat von Herrn Siefert. Frau Maier ist plötzlich erkrankt, und ich wurde gebeten, auszuhelfen.“

„Nur zu, lassen Sie mich nur allein, Sieferts Büro dort ist ja auch viel schöner, und dieser Herr ist ja auch Vorstandsmitglied“, spielte Quester den Beleidigten.

„Deshalb, damit Sie nicht sauer sind, rufe ich an. Ich komme gern um 16.00 Uhr wieder, soviel ist hier nicht zu tun. Kann ich Ihnen dann noch helfen?“

„Natürlich, Sie Engel, also bis 16.00 Uhr.“

Es wurde spät an diesem Abend. Quester konnte sich seine Arbeitswut nicht so richtig erklären. Als der Anfall vorüber war, war sein Tisch leer und Frau Gehrkes Block voll.

Als er gegen 21.00 Uhr sein Haus betrat, stürmte sein Sohn an ihm vorbei.

„Hallo, Papa, ich hab's eilig.“

Als wenn das nicht sichtbar wäre, dachte Quester. Niemand konnte sich im Laufen so perfekt anziehen wie sein Sohn. Morgens, wenn er es eilig hatte, begann er in seinem Zimmer mit der Unterhose, auf der Treppe schlupfte er in die Hose, im Wohnzimmer war er dann beim Hemd, im Flur beim Pullover, und durch die Haustür hüpfte er einbeinig, um seine Schuhe zuzubinden.

Wer hat denn den heute gebissen? dachte Quester. Das kann nur einer seiner VIPs sein, zu dem der unterwegs ist.

„Komm rein und staune deinem Sohn nicht hinterher, der hat 'ne Neue.“

„Um Gottes Willen, nicht schon wieder Liebeskummer!“

„Du hast noch etwas Zeit mit der Reparatur“, meinte seine Frau, „vor dem Liebeskummer kommt bekanntlich immer das Liebesglück.“

„Stimmt“, meinte Quester und nahm seine Frau in den Arm.

8

Die nächste Woche brachte viel Routine. Gegenwartsbewältigung, Papierkram, Schreibtischarbeit, bis auf die Tagung mit den GVLs, da konnte Quester mal wieder praktizieren, was er für zeitgemäßes Führungsverhalten hielt. „Eigentlich hab' ich's auch leicht, jetzt hab' ich die Leute dafür."

Er hatte Frau Fröhlich, seine Innendienstleiterin, wieder zur Vertriebstagung eingeladen. Es war für Quester eine Selbstverständlichkeit, daß sie daran teilnahm. Sie gehörte zum Team. Außerdem wollte er die in anderen Unternehmen häufig erkennbaren Fronten zwischen Außen- und Innendienst gar nicht erst aufkommen lassen. ‚Die da drinnen, wir hier draußen', war häufig der Beginn für ein unsinniges Gegeneinander, das meist mit Unkenntnis von den Problemen der anderen Seite beginnt. Mißverständnisse sind die Folge und unsinnige negative Urteile das Ergebnis. Das läuft bei mir nicht, hatte sich Quester geschworen.

Für diese Tagung hatte er Ziele gesetzt, die primär mit der Einführung von Galaxis zu tun hatten. Es war die erweiterte Zielsetzung, die sich nach dem ersten Durchgang für einen noch größeren Erfolg empfahl. Ehrgeizig, aber für ein gut eingespieltes, motiviertes Team nicht unmöglich.

1. Erarbeitung einer Konzeption für die Ausweitung der bisher erreichten Distribution auf alle Verbraucher und

Supermärkte bis zu einer Größe von 200 qm Verkaufsfläche in den alten Bundesländern.
2. Gleichzeitige Erfassung der umsatzstärksten Getränkeabholmärkte mit dem Mehrwegprogramm in diesem Absatzgebiet.
3. Erstellung aller vereinbarten Zweitplazierungen bis zum Einsatz der zweiten Schwerpunktwerbung in den klassischen Medien – ebenfalls in den alten Bundesländern.
4. Ausbau der begonnenen Distribution in den neuen Bundesländern auf den Wert-numerisch 70 %.

Diese erweiterte Zielsetzung hatte er wegen des ungewissen Ausgangs der Krisensitzung nicht vorher seinen Mitarbeitern mitgeteilt. Jetzt sah er angespannte, zum Teil auch skeptische Gesichter.

„Schwer zu schaffen", sagte einer. Die anderen nickten.

„Ich weiß", sagte Quester, „das ist ein Hammer. Deshalb benötige ich auch Ihre Hilfe. Ich weiß selbst nicht, wie das klappen soll. Aber ich weiß, daß dieser Vertrieb das im gesetzten Terminplan schaffen muß, wenn die Einführung optimal verlaufen soll. Wenn die Zweitplazierungen nicht bis zu dem Zeitpunkt stehen, an dem der höchste Werbedruck einsetzt, ist die Probierwelle nicht hoch genug, um einen hohen Prozentsatz von Nachkäufern zu erreichen. Wir brechen ein und müssen viel investieren, um verspielte Akzeptanz neu aufzubauen. Mehr als das Ziel und die Mittel für die Zielerreichung kann ich Ihnen nicht bieten. Ja, vielleicht gehört dazu noch die eben formulierte Berechtigung für diese Zielsetzung. Sie sind meine Fachleute, auf Sie setze ich.

Und nun noch ein Problem: Herr Siefert hielt es für absolut notwendig, daß ich heute Mittag bei ihm einen Termin wahrnehme. Ich bedauere das, aber es müssen wohl sehr wichtige Gründe vorliegen. Eine Wahl hatte ich nicht. Bitte haben Sie Verständnis, daß ich an der Erarbeitung der Konzeption nicht teilnehmen kann, aber heute Abend können Sie mir Ihr Konzept präsentieren. Ich verspreche Ihnen, die Entscheidung für unsere Vorgehensweise fällt noch hier."

„Gut, Herr Quester, dann sagen Sie uns doch bitte noch, ob ungewöhnliche Maßnahmen erlaubt sind und um wieviel wir das Einführungsbudget überziehen dürfen?"

„Ungewöhnliches ist erwünscht, ich glaube sogar notwendig, und der Budgetrahmen darf um 20 % überschritten werden. Mit Marketing habe ich gesprochen. Schelmer ist in dieser Hinsicht ausgesprochen flexibel. Er sieht ein, daß die gewünschten Mehrleistungen auch größere Forderungen des Handels verursachen."

„Gut, dann werden wir an die Arbeit gehen."

Fischer, der Meinungsbildner der Gruppe, begann, die Gruppe als erster zu ziehen, wie er das immer tat. Ein gutes Team, dachte Quester. Richtig gewonnen hat das Team erst nach einer Coachausbildung. Da sind sie noch einmal so richtig zusammengerückt, da haben sich Synergien gezeigt, die vorher nicht erkennbar waren. Heute gehen alle gekonnt mit Arbeitsmitteln und Medien um. Profilierungen stören den Problemlösungsprozeß nicht mehr, man unterstützt sich, die Idee des anderen wird sorgfältig durchdacht und dann verwandt, wenn sie mehr für die Zielerreichung bedeutet. Die Gruppe hat gelernt, von Ideen ohne Schwierigkeiten Abstand zu nehmen. Man hört sich gegenseitig konzentriert zu. Die Beziehungslinien der Gruppe sind störungsfrei – die Sachlösungen haben die besten Voraussetzungen.

Das Ergebnis wird gut, das wußte Quester jetzt schon. Vielleicht ganz gut, daß er zu Siefert mußte. Er kannte sich gut, seine überschäumende Aktivität hätte nur alle wieder zugedeckt. Seine Meinung, die des Bosses, wäre überproportional akzeptiert worden und hätte manche bessere Idee verdrängt.

„Frau Fröhlich, ich weiß, daß der Innendienst bei dieser Konzepterstellung durch Sie hervorragend vertreten ist. Lassen Sie sich nicht zu sehr von den Herren einspannen oder mit

Aufgaben zupacken!"

„Da habe ich bei diesen Männern keine Bedenken." „Herr Quester...", die Gebietsleiter sahen ihn gespielt beleidigt an, „Herr Siefert wartet."

Alle lachten. „Gut, dann ist ja alles klar."

„Tschüß denn, ja und viel Glück bei Ihrer Besprechung mit Siefert. Aufpassen, Boß!"

„Mach' ich, tschüß."

Diese Autobahnfahrerei ist nervtötend, langweilig und unproduktiv. Was könnte man alles in diesen Stunden tun. Quester wurde durch das Autotelefon aus seinen Gedanken gerissen. Frau Gehrke war dran:

„Herr Quester, Herr Bruns hat eben angefragt, ob er an der kommenden nationalen Außendiensttagung teilnehmen kann. Er hätte interessante Marketingaktivitäten zu präsentieren und benötigt dafür zwei Stunden. Er würde gern am Nachmittag präsentieren, weil er auch noch abends mit Ihnen und dem GVL ein wenig klönen möchte und deshalb auch übernachten würde. Ich muß Ihre Entscheidung jetzt haben, weil ich die Organisation abschließen muß."

„Okay", reagierte Quester spontan, „das kann uns nur recht sein, wenn der Marketingbereich informiert und die Nähe zum Außendienst sucht. Buchen Sie für ihn und seine Leute Zimmer, und planen Sie ihn ein für diesen Tag von 16.00 bis 18.00 Uhr. Ich kürze mein Programm."

„Mach' ich", sagte Frau Gehrke, „und gute Fahrt!" Sie zögerte etwas.

„Ist noch was?" fragte Quester, der dieses Zögern sofort gespürt hatte.

„Nein, ist schon gut", kam etwas zu unsicher aus dem Hörer, als daß es überhört werden konnte. „Passen Sie auf sich auf!"

„Danke, tschüß." Was sie wohl hat, Frau Gehrke ist doch sonst nicht so. Irgend etwas läuft hier anders als sonst, und mein kleiner Seismograph nimmt das schon wieder wahr. Nun, was bringt schon Raten, warten wir's ab. Mein Frühwarnsystem Gehrke wird zuverlässig arbeiten. Bruns macht sich, dachte Quester, als er von der Autobahn abfuhr und auf einen Parkplatz einbog. Das hat er bisher leider zu wenig getan. Das zeigt die gute Achse von Marketing und Vertrieb, und das hat sehr positive Wirkung auf die Männer seines Außendienstes. Noch einmal das Telefon:

„Quester hier."

„Anders hier."

„Mensch, Bernhard, wenn das nicht Gedankenübertragung ist. Ich stehe auf einem Parkplatz und wollte dich gerade anrufen."

„Ja Manfred, ich glaube das nennt man Telepathie oder wie auch immer. Mich freut es, dich gleich am Apparat zu haben. Ich brauche deinen Rat. Du erinnerst dich an den Fall Ganzberg/Grund?"

„Ja, du hast bei Harry von diesem Konflikt erzählt."

„Die Damen hatten recht. Ganzberg ist einmal bei Frau Grund abgeblitzt und übt jetzt mit einer Art Zermürbungstaktik Rache. Sie hat's mir, als ich's ihr als Information anbot, unter Tränen gestanden. Ganzberg hätte ich nie so eingeschätzt, aber wer kennt schon die beim Menschen am besten versteckten Seiten. Ich hab' ihn danach auch gesprochen. Der hat mir gesagt, daß sie hinter ihm her war, daß er sie aber abfahren ließ. Jetzt sagt er, er hält sie mit einer eher distanzierenden Art auf Abstand. Ich habe das Gefühl, er sagt die Unwahrheit, weil er Angst um seinen Job hat. Sie hat mir die Kündigung angeboten, die ich übrigens nicht angenommen habe. Ich habe bereits innerlich Urteile gefällt und bin aber unsicher, ob das so alles richtig ist. Bitte sag mir, wenn du in meiner zunächst nur gedachten Vorgehensweise Fehler siehst." „Mach' ich", sagte Quester und hörte weiter angespannt zu.

„In zwei Monaten läuft extern ein Seminar mit dem Thema

‚Konfliktmanagement für innerbetriebliche Konflikte'. Das habe ich für beide vorsorglich gebucht. Frau Grund wird in den nächsten Tagen drei Wochen in Urlaub gehen. In der Zeit werde ich von Ganzberg einiges verlangen, was Frau Grund vorher für ihn erledigt hat. So lernt er mal wieder ihren Wert als Mitarbeiterin kennen, ihre Arbeitskraft schätzen. Ihn schikke ich danach 14 Tage nach Frankreich zu einem Französisch-Crash-Kurs, den braucht er für seinen Job. Da sind dann hoffentlich auch ein paar Damen, so daß der Junggeselle Ganzberg Frau Grund vergißt, eventuell sogar eine andere kennenlernt. Ich bin davon überzeugt, daß er sie immer noch mag und durch seine Art versucht, das Gefühl für sie, ein Gefühl, das ohne Hoffnung ist, in sich zu zerstören. Danach werde ich mit jedem der beiden einzeln und später unter sechs Augen sprechen. Das Ergebnis dieser Gespräche macht alles möglich, auch eine Umsetzung. Was hältst du von diesem Ablauf?"

„Der mehrwöchige Abstand, die Überlegungs- und Nachdenkphase finde ich gut. Der tägliche Reiz ist weg, und die beiden können getrennt mit ungestörtem Verstand nachdenken. Das Seminar halte ich für unnötig, denn beide kennen ihr Problem, und mit Techniken kommen sie aus diesem emotionalen Konflikt nicht raus. Wenn du wissen willst, ob eine Zusammenarbeit überhaupt noch möglich ist, dann wäre eher ein Problemlösungsworkshop mit einem Thema, das beide als Mitarbeiter benötigt, moderiert von einem Externen, hilfreich. In dieser Zusammenarbeit wird sich schnell das noch vorhandene Potential für eine zukünftige Zusammenarbeit zeigen. Die Gespräche sind natürlich richtig, und außerdem kann die keiner so gut führen wie du. Aber sag mal, Bernhard, wäre es nicht besser, du befragst noch einmal die Psyche einer Frau? Du und ich, wir können auch nur bis zur Grenze unserer männlichen Möglichkeiten denken. Vielleicht hilft dir deine oder meine Sekretärin doch noch weiter."

„Ja, Manfred, das werde ich tun. Nur war mir dein Urteil auch wichtig. Den Hinweis mit dem Seminar kann ich gut akzeptieren. Das stimmt, ich werde das ändern. Du hast recht, Techniken können hier nicht helfen. Ich sag's doch immer wieder, es ist gut, mit dir zu sprechen."

„Danke gleichfalls, Bernhard. Ich wünsche dir noch einen erfolgreichen Tag. Ich bin auf dem Wege zu Siefert, der mich aus einer GVL-Tagung herausgeholt hat. Es sei ganz wichtig, hat er gesagt, mehr nicht, so daß ich wieder einmal im dunkeln tappe."

„Macht Siefert solche Sachen öfter? Das sieht aus wie Machtgehabe und geringe Wertschätzung für das Tun anderer."

„Siefert dürfte sich über die Wirkung seines Verhaltens überhaupt nicht klar sein, oder sein Ego braucht das eben. Das hat er jahrelang so gemacht und Bruns, unser Marketingleiter, akzeptiert derartige autoritäre Eruptionen auch viel besser als ich. Heute werde ich ihm auch, wenn der Grund für die Unterbrechung meiner Sitzung und für 400 km Fahrt nicht ausreicht, sagen, was ich davon halte."

„Tu es, aber achte auf deine Karriere, mach es mit Verstand und nicht mit Emotionen im Bauch!"

„Ich will's versuchen, Bernhard."

„Das Kaliber, das das Verhalten deines Vorgesetzten rechtfertigt, muß mindestens eine Krisensitzung sein. Ach ja, wie ist die letzte eigentlich ausgegangen?"

„Genau so, wie du es vorhergesagt hast, du Hellseher. Wenig hat die zweite Schicht angenommen und die erste Schicht für Galaxis ausgeweitet. Bruns hat ihm gedankt, Schelmer hat gestaunt, und ich habe wieder viel gelernt. Schneider hat übrigens bereits seinen Reparaturbetrieb eröffnet, die Abendessen mit und ohne Damen laufen."

„Herr Schneider ist wirklich ein guter Mann, aber paß jetzt ein bißchen auf. Siefert, Bruns, Wenig und Schneider haben jetzt viel Kontakt miteinander. du bist ein wenig aus dem Licht."

„Ich weiß, was du sagen willst, aber meine Freundschaft zu Bruns ist intakt. Der linkt nicht und hält mich sicher auf dem laufenden."

„Okay, dann wird es ja eine Entscheidung nach Leistung und Persönlichkeit, wenn es um den Vorstandsposten geht, und dann hast du ja gute Karten."

„Glaub' ich auch. Sag mal, ist es nicht mal wieder Zeit für ein Tennisdoppel mit unseren Damen?"

„Das ist es wirklich, Manfred, wie wär's am Samstag?"

„Schon reserviert, sagen wir 18.00 Uhr und anschließend ein nettes Essen in der Clubgaststätte?"

„Auch okay!"

„Prima, dann bis zum Samstag, tschüß, Bernhard."

„Tschüß, Manfred."

Jetzt wird es auch Zeit, dachte Quester, startete den Wagen und gab Gas. Im Unternehmen angekommen, hatte er noch eine halbe Stunde Zeit. Eine Tasse Kaffee, die Aufnahme der Gesprächsunterlagen fürs Key account management und ein Gespräch mit Frau Gehrke, das war's, was er jetzt brauchte. Er öffnete die Tür zu seinem Büro, Frau Gehrke strahlte, der Kaffee duftete, die Besprechungsakte lag bereits auf seinem Tisch. Perfekt, diese Frau.

„Herr Quester, Herr Siefert läßt Ihnen bestellen, daß er noch eine viertel Stunde länger beschäftigt ist. Ihre Sitzung beginnt also erst um 13.00 Uhr."

Quester nickte und sagte: „Kommt mir ganz gelegen. Kommen Sie, Frau Gehrke, trinken wir gleich eine Tasse Kaffee zusammen. Herr Anders wird Sie übrigens noch anrufen und Sie wegen des Konfliktes Ganzberg/Grund um Rat bitten. Er weiß ganz genau, daß auch sein Denken und Fühlen männliche Grenzen hat, und für die weibliche Psyche reicht das eben oft nicht."

„Ich helfe ihm ja gern, wenn ich kann."

„Übrigens ist das so, wie Sie vermutet haben, Frau Grund hat das bestätigt. Es ist doch zum Heulen, wir Menschen kennen im Bereich der nicht erwiderten Gefühle oder nicht erfüllten Wünsche nur Reaktionen wie leiden oder leiden lassen. Da müßte es eigentlich eine größere Bandbreite geben, finde ich."

„Na ja...", Frau Gehrke seufzte, beschäftigte sich intensiv mit ihrer Kaffeetasse, so als wollte sie die Sinnhaftigkeit der Konstruktion überprüfen. Schaute dann nachdenklich in die schwarze Brühe, völlig entrückt, Ort und Zeit und Quester vergessend.

Quester betrachtete Frau Gehrke das erste Mal in der Zusammenarbeit mit anderen Augen als mit den Augen des Vertriebschefs. Das fein geschnittene Gesicht mit den großen ausdrucksvollen Augen, die jetzt so ernst und sonst so fröhlich blicken konnten. Die langen blonden Haare, die ihr immer ein wenig blasses Gesicht einrahmten. Die tadellose Figur, geschmackvoll betont durch ihre zurückhaltende Kleidung. Mit diesem Charme, diesem Aussehen und diesem Verstand ist es ein Wunder, daß diese Frau allein lebt, dachte Quester. Unvermittelt sah Frau Gehrke auf und erwischte Quester bei seinen Betrachtungen. Sie schaute ihn ruhig an und lächelte dann schelmisch.

„Fertig mit dem Urteil, Herr Chef?"

Mit diesen paar Worten hatte sie die Distanz zwischen ihnen wieder hergestellt und ihm zu erkennen gegeben, daß sie eben gefühlt, was er gedacht hatte. Eine erstaunliche Frau, dachte Quester, räusperte sich, grinste und sagte:

„Ja, ich bin zufrieden mit meiner Sekretärin" und ging so auf die von ihr angebotene Ebene ein.

Über ihr Gesicht huschte ein Lächeln. Aber irgend etwas bedrückt sie, dachte er. Sie braucht sicher noch Zeit, um es mir zu sagen, laß sie also in Ruh!

„Herr Quester, die Unterlagen für die Einrichtung des Key account managements sind in der Mappe. Frau Maier kannte den Gesprächsgrund leider auch nicht. Deshalb nahm ich an, er wollte Sie zu diesem Thema sprechen. Wie ist denn die GVL-Tagung angelaufen?"

„Ach, über die Aufgabenstellung für das Distributionskonzept bin ich leider nicht hinausgekommen. Die Crew arbeitet jetzt intensiv und präsentiert mir das Ergebnis bei meiner Rückkehr."

„Ich bin überzeugt, das wird was Gutes, und gespannt bin ich, warum Sie nun die lange Autofahrt auf sich nehmen mußten."

„Ich auch, der Grund muß schon sehr gut sein, sonst werde ich deutlich sagen, was ich von seiner Art zu führen halte."

„Das klare Wort, das Questerwort." Frau Gehrke ballte eine Faust und schaute ihn gespielt entschlossen, seine kämpferische Mimik theatralisch nachahmend, an. „Wenn Sie doch nur ein wenig diplomatischer wären, Herr Quester! Andere sind da wesentlich geschickter und sagen nicht 10 % von dem, was sie denken, manchmal sogar das genaue Gegenteil, wenn es denn nutzt. Das biologische Problem der zwei Zungen ist längst gelöst. Selbstverständlich und ohne Skrupel erhält jeder, was er hören will, was ihm paßt und was er honoriert. Ich glaube, diese Charakterlosigkeit halten viele für Politik und noch mehr für intelligente Diplomatie. Die kriegen verbal locker hin, wovon Artisten träumen. Die 180-Grad-Wendung des Kopfes von vorn nach hinten, ohne Genickbruch."

Frau Gehrke sprach mit rotem Kopf und immer heftiger. So kenne ich sie ja gar nicht. Was ist mit dieser Frau passiert? dachte Quester.

„Sie haben ja recht, nur was bringt Sie so in Rage, Frau Gehrke? Das, was Sie da beschreiben, ist so. Sicher ist das eine der unerfreulichen Seiten des betrieblichen Alltags. Eine Karrierebegleitmusik, schräg und schrill."

„Kann sein, daß ich das eben nicht mehr so locker beobachten kann wie früher und daß es mich besonders dann trifft, wenn es Leute tun, die ich vorher völlig anders eingeschätzt habe."

„Wen meinen Sie jetzt?"

„Ich bin mir sicher, Herr Bruns ist Ihnen gegenüber nicht aufrichtig, das fühle ich. Der hat mit dieser schrillen Tonart zur Jagd auf Sie geblasen."

„Jetzt aber, Frau Gehrke, jetzt sehen Sie Gespenster. Mein Freund Bruns? Ausgeschlossen, wie lange kennen wir uns schon? Als Trainees haben wir nach dem Studium in der gleichen Firma begonnen. Wenn es irgendwo schwierig wurde, hat er mir, hab' ich ihm geholfen. Den Job bei uns hab' ich ihm besorgt. Ich hab' ihn gefördert und vor politischen Fallgruben bewahrt. Nee, Bruns ist nicht der Typ dafür, und er hat auch gar keinen Grund für Falschspielerei, Frau Gehrke. Da sind Sie auf ein ganz falsches Pferd gestiegen, wir, Bruns und ich, sind Freunde, Frau Gehrke!"

Quester klang leicht verärgert. Frau Gehrke schaute ihn prüfend an. Nein, mehr Informationen verträgt Quester im Moment nicht. Also werde ich ihm nicht sagen, daß Bruns seit einer Woche sofort, wenn er das Haus verläßt, zu mir kommt, mit mir spricht und sich mir eindeutig zu nähern versucht. Er wird mir nicht glauben, dieser anständige, unpolitische Trottel, daß Bruns versucht, mich außerdem als Sekretärin abzuwerben. Das macht kein Freund hinter dem Rücken seines Freundes; das und viele Äußerungen, die Bruns vorsichtig verpackt, aber deutlich erkennbar so nebenbei über ihn fallen läßt, auch nicht.

Die Atmosphäre zwischen beiden, Quester und Gehrke, war in diesem Moment gestört, das spürten beide. Sie bemühten sich, es den anderen nicht merken zu lassen, daß man es selbst sehr wohl fühlte.

Herr Quester schaute auf die Uhr und dann Frau Gehrke an.

„Gibt es das eigentlich, daß Seismographen sich auch irren können?"

„Ich hab' gehört, daß irren bei diesen Geräten nicht möglich ist, aber Ausfälle sind möglich. Aber dann spüren und melden sie gar nichts mehr." Sie schaute ihn ernst an. Unverbesserlich loyal, dieser Mensch, dachte sie, wenn der sich für einen entschieden hat, dann bleibt er dabei, bis er den Dolch im Rücken hat. Aber diesmal spiel' ich das Spiel mit, entschied Frau Gehrke, der Bruns wird sich wundern.

Das Telefon klingelte, Frau Gehrke nahm ab.

„Gehrke..."

„Ach, Frau Gehrke, hier Liebherr. Herr Bruns läßt fragen, wann Herr Quester von der Tagung wieder zurück ist. Er hätte gern einen Tennistermin mit ihm." Wenn dieses arme Mädchen wüßte, wie Bruns von ihr spricht, dachte Frau Gehrke.

Sie sagte der Sekretärin von Herrn Bruns, wann Herr Quester wieder aus der Tagung zurückkommen würde und versprach, mit Herrn Quester zu sprechen. Nachdem sie den Telefonhörer aufgelegt hatte, sagte sie, zu Quester gewandt: „Herr Bruns möchte mit Ihnen Tennis spielen, Herr Quester."

„Sag' ich doch, da ist nichts, Sie irren ganz sicher. Ich bin Freitag abend frei, geben Sie ihr den Termin, und jetzt muß ich zum Siefert. Tschüß, Frau Gehrke, und grübeln Sie weniger!"

Ich grübeln – du Schaf! Während sie gedanklich so antwortete, spürte sie, wie sehr sie ihn mochte.

9

Die Tür fiel hinter Quester ins Schloß, aber die Gedankenwelt von eben ging mit. Die Gehrke sieht Gespenster, dachte er und schüttelte den Kopf. Laß dich nicht irre machen, schön Kurs halten!

Auf dem Weg nach oben traf er Schelmer. Irgendwie hatten sich die beiden von Anfang an verstanden. Schelmer war so einer, den Quester sehr mochte, so ein Individualist, der aufrecht geht und gerade bleibt, auch dann, wenn er viel dafür zahlen muß. Die Art, wie er mit ‚Hierarchen' umgeht, ist, will man es freundlich ausdrücken, respektlos. Für ihn zählen nur die Leistung und der Charakter. Amtsinhaber, die keine natürliche Führungsautorität haben, kann er nicht leiden und läßt es sie auch spüren. Daß Schelmer auch ein exzellenter Fachmann ist, macht ihn trotz der offenen, oft unbequemen Art fast unangreifbar.

„Alles gut überstanden, Schelmer?"

„Ja, scheint ja alles repariert, Herr Quester. Unheimlich ist nur die plötzliche hyperpositive Stimmung zwischen Marketing und Produktion. Bruns und Wenig geben sich wie alte Freunde. Das ist so plötzlich und unnatürlich entstanden und erscheint mir mehr wie eine Waffenbrüderschaft gegen einen gemeinsamen Feind. Eine Art Solidarität mit kühl und rational kalkuliertem Hintergrund, eine Koalition auf Zeit. Ich hab' nur noch nicht erkannt, gegen wen das gehen soll." Er sah Quester nachdenklich an. „Plötzliche Kehrtwendungen sind mir immer suspekt, in dieser freundlichen Intensität höchst verdächtig." Seine riesigen Pranken machten eine wegwerfende Geste.

„Warten wir's ab", meinte Quester und schaute den Hünen an. Prima, daß es noch Menschen wie Schelmer gibt, Menschen, die man nicht kaufen kann. Unvermittelt reichte er Schelmer die Hand und sagte: „Tschüß, Herr Schelmer, ich freue mich auf die weitere Zusammenarbeit. Wir vom Vertrieb werden alles tun, damit Ihr Galaxis ein starkes Produkt wird, darauf können Sie sich immer verlassen!"

„Weiß ich", sagte Schelmer, „ich kenne doch Sie und Ihre Crew. Herr Quester, hätten Sie etwas dagegen, wenn ich heute abend auf ein Bier zu Ihnen in Ihr Tagungshotel komme? Ich fahre auf dem Weg zu unserer Agentur nach Norddeutschland genau in die Richtung."

„Sie sind herzlich willkommen, Schelmer. Wir freuen uns, wenn Sie das tun. Übrigens können Sie, wenn Sie gegen 19.00 Uhr da sind, gleich die Präsentation unserer erweiterten Vertriebskonzeption erleben. Die wurde in meiner Abwesenheit ausgearbeitet. So können Sie doch sehen, was wir aus Ihren Etatanteilen gemacht haben."

„Prima, ich bin da." Schelmer strahlte und freute sich, das konnte man dieser ehrlichen Haut deutlich ansehen. Er war immer gern mit dieser Vertriebscrew zusammen, die sich so gut verstand und in der alles sauber zuging.

„Tschüß", sagte Quester, „bis bald" und bog zum Vorstand ab.

Siefert begrüßte Quester freundlich, fast jovial väterlich. Quester ertappte sich bei der bewußt distanzierten Registrierung des Verhaltens von Siefert.

„Quester, ich wollte Sie sprechen, um mit Ihnen über unsere nach der Krisensitzung notwendige Vorgehensweise im Markt zu reden. Sie wissen wahrscheinlich, daß der Marketingbereich bei den klassischen Medien Terminvereinbarungen vorgenommen hat, die nicht verändert werden können. Sie müssen also mit Ihrem Außendienst termingenau auf die angestrebte erweiterte Distribution kommen, sonst geht der Stoß ins Leere."

„Wo liegt denn das Problem, Herr Siefert? Wenn Wenig uns die Ware gibt, schaffen wir sogar die Zweitplazierung termingerecht zusammen mit dem Einsatz der Werbedamen für die Verkostung in den Märkten. Meine Leute arbeiten im Moment das genaue Konzept der Vorgehensweise aus. Das war das Thema, aus dem Sie mich herausgeholt haben."

„Wieso Ihre Leute, Herr Quester, ich denke, das ist so wichtig, das sollten Sie allein erarbeiten. Sie haben doch als einziger den Überblick über den gesamten Markt und die Erfahrung bei solchen Einführungen. Was können Sie mit dem Papierchen anfangen, das da entsteht?"

„Herr Siefert, Frau Fröhlich und meine GVLs sind permanent über den Gesamtstand der Einführung von Galaxis informiert. Außerdem hat eine gute Gruppe immer mehr Kreativitätspotential als jeder einsame Denker, und schließlich ist ein von der Gruppe erarbeitetes Konzept immer mit hoher Indentifizierung versehen, wird also mit höherem Engagement umgesetzt. Alle Gruppenmitglieder haben übrigens langjährige Erfahrung aus den vielen Einführungen von Produkten unseres Hauses. Ja, und dann waren Sie es, der mich aus der Erstellung der Konzeption abgezogen hat."

„Herr Quester, Sie sind mir verantwortlich für die Zielerreichung im Vertrieb. Eine Führung von unten können wir uns nicht erlauben. Wenn die Fähigkeit und der Überblick fehlen, kann nichts konsequent und fachgerecht beurteilt und entschieden werden. Ich kenne doch die Qualität Ihrer Leute, Herr Quester, und das reicht einfach nicht!" Sieferts Ton wurde schärfer.

Quester sah das allen bekannte erste Warnsignal für aufkommende Erregung bei Siefert, die roten Ohrläppchen. Aufpassen, sonst rutschst du auch in eine Auseinandersetzung hinein, disziplinierte sich Quester. Ruhig formulierte er seine Antwort.

„Ich weiß sicher sehr gut, was meine Leute leisten können und was nicht, Herr Siefert. Das ist eine ausgezeichnete Crew. Denken Sie an die letzten Nielsendaten. Die Plazierung unseres ganzen Sortiments, gewichtet und numerisch, ist phantastisch. Die Umsätze stimmen, die Planzahlen sind übererfüllt. Die Gesamtaufwendungen für die Plazierung im Handel stehen in einem guten Verhältnis zum Ergebnis. Alles, was erreicht werden sollte, ist erreicht, weil sie auch damals Gelegenheit hatten, ihr eigenes Konzept zu schneidern und zu realisieren. In diesen Bereichen sind es die besseren Fachleute als Sie und ich. Das ist ihre Arbeit, Herr Siefert. Ich sehe meine Aufgabe in der Beurteilung von Problemlösungen, in der Entscheidung für das eine oder andere Konzept und in der zielorientierten Führung meiner Crew. Meine Verantwortung nehme ich wahr und entscheide entsprechend. Motivation, Ergebnisse, Engagement und Identifikation der Mannschaft sprechen für diese Vorgehensweise. Bisher haben Sie mir den Freiraum für meine Art zu führen gegeben, was ich sehr positiv finde. Soll sich das denn jetzt ändern?"

„Herr Quester, denken Sie daran, daß Ihr Beispiel Schule macht, nicht jeder Bereichsleiter kann und will so führen wie Sie. Die Mitarbeiter unterhalten sich, und erste Schwierigkeiten tauchen in anderen Bereichen auf. Immer mehr Mitsprache wird verlangt, und Sie werden dann häufig als leuchtendes Beispiel zitiert. Dieses Führen von unten, dieser Laissez-faire-Stil, darf nicht ansteckend wirken."

„Herr Siefert, jetzt sehen Sie mich verständnislos. Wenn Sie einen motivierenden, mitarbeiterbezogenen, partnerschaftlichen Führungsstil mit laissez faire bezeichnen, wenn Sie dafür

Begriffe wie Führung von unten finden, dann sehe ich eine ziemlich tragische Begriffsverwirrung und frage mich, durch was oder wen das erzeugt wurde. Bisher hatten wir derartige Gesprächsinhalte nie, und Ihr Urteil war auch in diesen Bereichen anders."

„Niemand hat hier bei mir etwas erzeugt, Herr Quester. Ich bin zu einem eigenen Urteil fähig. Ich kam darauf, weil mir Ihre Delegationsneigung zwar bekannt ist, ich aber nicht wußte, daß sie soweit geht. Sie delegieren ja sogar kreative Arbeit, sowas macht keiner hier im Haus. Gestern abend hatte ich mit Herrn Bruns, Herrn Wenig und Herrn Schneider ein Abendessen, wo ich hören konnte, wie Ihre beiden Kollegen arbeiten. Bruns erarbeitet die wichtigsten Konzepte selbst, delegiert lediglich die Umsetzung. Er kommt meiner Arbeitsweise und der von Herrn Wenig wesentlich näher als Sie."

„Das wundert mich aber sehr", sagte Quester.

„Denken Sie noch mal gut nach, Herr Quester, ob Ihr Stil zu unserem Haus paßt. Sie können doch nicht verlangen, daß sich das Haus Ihnen anpaßt. Wir alle bilden die Führungskultur und nicht Sie allein."

Ja wo bin ich denn hier!, dachte Quester, was läuft denn hier ab? Bruns arbeitet nicht anders als ich, warum erzählt der in der Runde so einen Unsinn?

„Herr Quester, ich hab' Sie auch geholt, um über das Key account management zu reden. Wie weit sind Sie mit Schranders? Ich höre, Sie haben den Maier nicht entlassen, sondern wollen ihn sogar zum Abteilungsleiter machen. Schranders hält das für einen eklatanten Fehler, und ich muß sagen, ich auch."

„Zu Ihrer ersten Frage: Die Terminierung zur Einführung eines Key account managements können wir halten, mit Schranders bin ich einverstanden. Nicht einverstanden bin ich mit dem Durchgriff, der hier im Falle Schranders durch Sie des öfteren passiert. Schranders ist mir unterstellt und sollte keine

Gelegenheit haben, sich immer direkt mit Ihnen zu unterhalten und seine Wünsche durchzubringen. Er ist immer schwerer zu führen, weil er glaubt, seine Ziele mit Ihnen direkt durchsetzen zu können, und was spricht denn gegen Maier?"

„Maier ist ein renitenter, anmaßender Mitarbeiter, der uns auch zukünftig noch einige Schwierigkeiten machen wird. Wie soll einer, der seine Vorgesetzten nicht anerkennt, selbst Vorgesetzter werden?"

„Ich bin froh, einen exzellenten Mann für unser Haus erhalten zu haben. Maier ist geradezu eine ideale Besetzung für die Abteilung Handelspromotion. Außerdem ist Maier lediglich anspruchsvoll und kuscht nicht nur, weil einer ihm vorgesetzt ist. Er denkt selbst und ist selbstbewußt. Natürlich verlangt er, so strukturiert, viel von seinem Chef. Mit Recht meine ich, schließlich will er etwas lernen, will er sehen, daß sein Chef vorlebt, was er von anderen verlangt, und das war bei Schranders leider oft nicht der Fall. Das häufige Übergehen seines Chefs zeigt das auch."

„Herr Quester, Schranders ist ein alter Freund von mir. Da ist ein intensiver Kontakt nicht auszuschließen. Ich sehe da wenig Möglichkeiten zur Veränderung. Nun sehen Sie das mal nicht zu eng, entschieden wird doch letztlich bei Ihnen. Ich höre gern, daß die Einführung unseres Key account managements termingerecht und wie geplant erreicht wird. Ich habe mit Herrn Schneider darüber gesprochen, und er unterstützt mich sehr, diese Veränderung unseres Vertriebes durchzuführen. Sie werden sicher, was die Position und die Dotierung des Key account managers betrifft, noch mit Schranders sprechen. Ich hab' ihm nur soviel zugesagt, daß er Ihnen direkt unterstellt wird, ein anderes Büro, eine Sekretärin, einen größeren Firmenwagen, ein eigenes Budget und eine höhere Dotierung erhält. Die Details besprechen Sie aber mit ihm, das ist ja Ihr Job."

„Damit haben Sie aber bereits wieder Weichen gestellt, das

wäre auch mein Job gewesen, Herr Siefert. Das nenne ich Durchgriff."

„Nicht schon wieder, Herr Quester. Unsere Ansichten gehen im Bereich Führen leider weit auseinander."

„Ja, anscheinend. Schade eigentlich."

„Herr Quester, lassen Sie mich zum Abschluß dieses Gespräches noch einen Hinweis geben. Herr Schneider wird den Vorstand nicht erweitern. Nach meinem Ausscheiden wird es weiter ein Vorstandsressort Vertrieb und Marketing geben. Herr Bruns und Sie stehen zur Wahl. Herr Schneider hat mich gebeten, den meiner Meinung nach besten Kandidaten für dieses Ressort vorzuschlagen. Im nächsten halben Jahr muß die Entscheidung fallen. Ich dachte, Herr Quester, das interessiert Sie, und ich sehe es als ein Gebot der Fairneß, es Ihnen zu sagen. Entschuldigen Sie, Herr Quester, aber ich muß jetzt zu Herrn Schneider. Ich wünsche mir, daß Sie mich in diesem Gespräch gut verstanden haben."

Quester durchlebte im Moment einen Gefühlssturm, der seine ganze Beherrschung benötigte. Würde er jetzt seinen Gefühlen folgen, würde er kündigen und dazu ein paar drastische Ansichten formulieren. Er nahm aber die dargebotene Hand von Siefert und akzeptierte zum x-ten Mal den Händedruck, der keiner war. Schlaff, wie leblos, lag die Hand von Siefert in seiner. Jedesmal das gleiche verdammt negative Gefühl – heute besonders stark. Quester drehte sich um und ging. Die Maier hätte er beinahe übersehen. Sie konnte ja schließlich nichts dafür, daß sie für Siefert arbeitete.

„Also tschüß, Frau Maier, und noch einen schönen Tag!" Quester ging in sein Büro und ließ sich in den Sessel fallen. Die Konzeption klatschte auf den Tisch. Was war denn das da eben? Ich muß mir unbedingt die Hände waschen und brauche einen starken Kaffee.

„Frau Gehrke, ich benötige dringend einen Kaffee."

„Läuft schon durch. Ich habe Ihr Gesicht gesehen und

wußte, Sie brauchen einen." Vorsichtig stellte sie kurze Zeit darauf die Kaffeetasse vor ihn hin und wollte den Raum wieder verlassen.

„Bleiben Sie bitte hier, ich muß jetzt mit jemandem über das reden, was da eben ablief. So ein Gespräch hab' ich mir im Traum nicht vorgestellt."

„Wäre ja sicher ein Alptraum geworden, nach Ihrem Gesicht zu urteilen." Quester berichtete detailliert, was er erlebt hatte, wie das Gespräch gelaufen war. Frau Gehrke schaute ihn erst sehr ernst und dann immer sorgenvoller an.

„Das ist schlimm, was Siefert vom Stapel ließ. Er will Sie disziplinieren, Ihren Führungsstil an den allgemeinen, mehr von gestern geprägten Führungsstil dieses Hauses anpassen – den Störenfried will man wieder einreihen. Das andere, eine ähnliche Vorgehensweise, wie Sie für richtig halten, wird dadurch übersehen, daß die anderen nicht öffentlich dazu stehen, darüber reden, sondern situationsabhängig vertreten, was opportun ist. Ihnen sieht man an, von Ihnen hört man, daß Sie das, was Sie tun, aus innerer Überzeugung tun und fest dahinter stehen. Das macht Sie sympathisch und gibt anderen eine klare Orientierung. Wenn die Formulierungen in diesem Gespräch so waren, wie Sie mir das eben schilderten, dann haben Sie alles andere als diplomatisch gehandelt. Siefert war sicher sauer nach diesem Gespräch, er hat nach seiner Meinung einen uneinsichtigen, wenig sensiblen Quester erlebt, der ihm Vorwürfe macht und ihm Fehler beweist. Sie waren so ganz anders, als er es erwartet hatte. Ganz schlimm für ihn ist sicher, daß Sie von Ihren Mitarbeitern gemocht werden und mit Ihrer Art zu führen Erfolg haben." Frau Gehrke atmete tief durch.

„Ich werde auch so bleiben", sagte Quester, „auch nach dieser eindeutigen Anpassungsaufforderung. Wenn es eine zukunftsorientierte Führungskultur gibt, dann ist es die partnerschaftliche, die dem Mitarbeiter Partizipation ermöglicht,

Emanzipation erlaubt, Verantwortung überträgt, Autonomie also in hohem Maße ermöglicht, Mitdenken und Mithandeln ermöglicht oder besser von ihm wünscht. Wer sich mit einbringen kann, seine Gedanken und Leistungen verwirklicht sieht, ist ganz anders motiviert, hat Freude an der Arbeit, weil er seinen Anteil am Erfolg erkennt. Warum haben es manche Führungskräfte so schwer, so zu führen, wie sie selbst geführt werden oder werden möchten?! Es reicht einfach nicht aus, sich von einem Professor der Psychologie, der völlig ohne Führungserfahrung ist, Führungsleitlinien schreiben zu lassen. Das macht der für viel Geld natürlich gern. Weil er aber so ohne Führungserfahrung ist, kann er auch keine Rücksicht darauf nehmen, kann er nicht darauf achten, daß das spätere Glanzpapierergebnis von seinen Auftraggebern auch vorgelebt werden kann. Führungsleitlinien sind Makulatur, wenn sie nicht vorgelebt werden, wenn man sie nur verordnet und nicht gewillt ist, sie vorzuleben. Siefert hat mir heute eine Lehrstunde im Thema ‚Wie mißachte ich gekonnt meine von mir verursachten Führungsleitlinien' gegeben. So etwas gibt es ja tatsächlich im Hause. Ich hab's mir verkniffen, ihm diese unter die Nase zu reiben."

Quester kam so richtig in Fahrt. „Da steht drin, daß Mitdenken und Mithandeln Werte des Unternehmens sind, die für alle gelten. Daß unsere Mitarbeiter und Führungskräfte im Sinne von Freiheit und Verantwortung den Spielraum erhalten, den Kreativität, verantwortungsbewußtes Handeln und ein hohes Maß an Selbständigkeit benötigen. Wo ist das bitte im Unternehmen zu finden, wenn es nach der Ansicht des Herrn Siefert geht?" Quester war erregt wie schon lange nicht mehr.

„Und noch eins, Frau Gehrke, ich werde mein positives Menschenbild behalten, auch wenn mich einzelne enttäuschen. Ich muß in meiner Position anderen vertrauen dürfen, sonst kann ich nur noch mißtrauen, dazwischen gibt es nichts.

Ich werde mich auf meine Freunde auch zukünftig verlassen, Freunde wie Bruns und Anders oder meine engsten Mitarbeiter wie Sie und meine Führungskräfte. Ich habe bei dieser meiner Position zum Menschen keine andere Wahl. Humanität und Produktivität sind anders, meine ich, nicht zu verbinden."

„Herr Quester, um Himmels willen, niemand will Sie ändern! Zumindest keiner, der an die Zukunft dieses Unternehmens denkt. Wenn Sie diese Position zu anderen verlassen würden, hätten Sie ein leeres Vorzimmer. Aber Sie müssen wissen, daß Sie für die ‚Flexibleren' manipulierbar sind, weil Sie so leicht zu berechnen sind. Wer einen geraden Kurs fährt, zeigt anderen genau, welche Position er wann einnimmt und ist damit angreifbar und verletzlich."

Quester hörte gar nicht mehr so richtig zu. Er war zu sehr mit dem, was er erlebt hatte, beschäftigt.

„Ganz furchtbar finde ich den Startschuß zum Wettlauf zwischen mir und Bruns. Das ist ein fieses Spiel, offen angesagt und mit dem Mäntelchen der Fairneß gekleidet."

„Wenn Sie bloß weniger arglos wären, Herr Quester, das war kein Startschuß, das war bereits ein Zwischenergebnis, und Sie liegen hinter Herrn Bruns. Warum sagt er Ihnen denn, daß Bruns anders, so wie er, denkt und handelt, warum betont er das Abendessen und die Gleichheit der Gedanken zwischen Wenig, Bruns und ihm?!"

Frau Gehrke, schoß es Quester durch den Kopf, hat viel mehr drauf, als man von einer Sekretärin verlangt. Sie könnte eine hervorragende Führungskraft werden.

„Schelmer, den ich auf dem Flur traf, hat mir gesagt, Wenig und Bruns tun so, als wären sie ein Herz und eine Seele. Er kann das gar nicht verstehen. Ich denke aber, daß es gut so ist, wenn beide sich jetzt gut verstehen, und kann nichts Merkwürdiges daran erkennen."

Frau Gehrke sah ihn prüfend an und schüttelte dann

langsam den Kopf. „Herr Quester“, sagte sie seltsam betont, „wachen Sie auf, da läuft etwas gegen Ihre persönlichen Interessen, und das, was da läuft, ist nicht gerade, sondern krumm und schief.“

„Sehe ich nicht so, Frau Gehrke.“

„Bitte, Herr Quester, sprechen Sie das einmal mit Herrn Anders durch!“ Das Telefon unterbrach.

„Gehrke, Sekretariat Quester.“

„Fröhlich. Frau Gehrke, wir wollten nur wissen, wann Herr Quester wieder bei uns ist. Wir sind in zwei Stunden fertig und können ihm dann unsere Konzeption präsentieren.“

„Gut. Er fährt sicher gleich los, so daß es gut paßt.“

„Prima. Sagen Sie ihm, er soll vorsichtig fahren, wir brauchen ihn noch.“

„Das ist richtig. Wir brauchen ihn noch. Das sollten Sie ihm nicht nur fürs Autofahren sagen, dieses ‚Passen Sie gut auf‘.“ Sprach's, legte den Hörer auf, stand auf und verließ merkwürdig eilig das Zimmer. Quester schaute ihr nachdenklich hinterher, angelte nach seiner Jacke, hängte sie lässig über die Schulter und verließ mit einem lauten „Tschüß, Frau Gehrke“ sein Büro durch die andere Tür. Es war auch gut so, sonst hätte er sich sicher gewundert, warum Frau Gehrke plötzlich ihr Make-up erneuern mußte.

10

Im Hotel lebte Quester wieder auf. Das war eine Konzeption! Konkrete Ziele, passende Maßnahmen, klare Terminierung, akzeptable Kosten. Und wie sie dahinterstanden! Quester korrigierte nicht einen Punkt. Das war eine Crew, das waren Menschen, für deren Freiraum er gerne weiterkämpfte. Jeder von ihnen wußte, daß zur Freiheit die Verantwortung gehört, und konnte gut damit umgehen. Sie arbeiteten alle, weil es ihnen Spaß machte, weil sie es zu ihrer Sache machen konnten. Das war nicht immer so. Der frühere Vertriebschef war ein kleiner Siefert, autoritär und selbstherrlich. Da wurde lediglich funktioniert, getan, was angeordnet wurde, ohne Motivation, mehr mit Frust im Bauch. Der Weg zur Freude am Tun, zum höheren Engagement war nicht leicht, und einige der GVLs schafften die Umstellung nicht mehr. Schranders, der sich für dieses Meeting entschuldigt hatte, gehörte eigentlich auch dazu. Seine eloquente Art und der große Bruder Siefert hatten ihn vor dem Schlimmsten bewahrt. Quester hatte damals jedem mindestens drei Chancen gegeben und ein halbes Jahr Umstellungszeit gewährt. Erst dann hatte er bei den Unverbesserlichen umgestellt, zurückgestuft und entlassen. Es dauerte danach noch ein Jahr, bis er das Vertrauen seiner Leute gewonnen hatte, bis sie hinter ihm standen, seine Art zu führen mit der entsprechenden Selbständigkeit beantworteten. Es war eine schwierige Zeit, aber nachdem es so gut geklappt hatte, hatte er bei Schneider einen dicken Stein im Brett. Schneider hielt, Gott sei Dank, sehr viel von der Art, wie Quester führte. Er führte selbst sehr partnerschaftlich, ergebnisorientiert und freiheitlich.

„Das funktioniert nicht nur, das überzeugt. Sie haben exzellente Arbeit geleistet, und diese auch noch gekonnt präsentiert. Ich lade Sie zu einem Abendessen Menue Surprise à la Quester ein. Da kommt ja auch schon das Glas Champagner. Auf Ihren Erfolg und auf unseren Erfolg im Markt!"

Schelmer, der sich von dem guten Klima in der Gruppe mitreißen ließ, lachte und sagte: „Ich habe noch nie so gern mein Budget überzogen. Für euch mache ich das immer wieder gern. Für diese Crew aktiviere ich sogar noch Bruns Reptilienfonds."

„Prost, Herr Schelmer. Wir tun gerne genau das gleiche für Sie", sagte Fischer, der Sprecher der Gruppe.

„Was war denn eigentlich so wichtig im Unternehmen? Was wollte denn Herr Siefert von Ihnen, dürfen Sie darüber sprechen, oder ist das geheim?" fragte Frau Fröhlich.

Quester zögerte ein wenig. Was sage ich, ohne meine Loyalität zu Siefert zu verletzen? „Es ging um die Konzeption des Key account managements und um die personelle Besetzung. Das mußte unbedingt heute sein, da Herr Siefert zu keinem anderen Zeitpunkt Gelegenheit hatte, darüber zu sprechen."

Quester mußte, als er auf den Tisch sah, an früher denken. Als Junge hatte er auch immer den Blickkontakt abbrechen müssen, wenn er nicht mehr die Wahrheit oder die ganze Wahrheit sagte. Sein ‚Alter' hatte diese Art der Körpersprache immer sehr gut mitbekommen und ihn zur Wahrheit aufgerufen. Als er wieder aufsah, schaute er in grinsende Gesichter. Quester dachte, die müssen meinen Vater kennen, und der muß geplaudert haben. „Zum Wohl, Herr Quester!" „Zum

Wohl, ihr Gauner!“

Schelmer fragte Frau Fröhlich laut: „Sagen Sie mal, Frau Fröhlich, wie geht eigentlich das Hohe Lied des braven Mannes? Heißt das nicht auf englisch ‚he is a jolly good fellow‘ oder so?“ Schelmer begann zu singen, und alle sangen mit. Es war ein schöner Abend, eine gute Alternative für das Gespräch mit Siefert. Quester schlief viel später als geplant, aber zufrieden ein.

Freitag abend. Quester traf Bruns bereits auf dem Weg in die Tennishalle.

„Hallo, Manfred!“

„Hallo, Walter!“

Die Hände trafen sich zum festen Druck. Zwei erfolgreiche Männer, die eine gute Zeit hinter sich hatten. Gemeinsame Jahre, gemeinsame Kämpfe. Sie hatten immer eine Achse gebildet, fest, verläßlich, unverbrüchlich. Sie waren sich auch sehr ähnlich, an der Praxis orientiert, pragmatisch, schnell in der Analyse und sicher im Urteil, Manager mit einer Erfolgsspur. Quester lachte, als er seinen Tennisschläger auf die Bank legte, um sich seinen Trainingsanzug auszuziehen.

„Jetzt, Walter, beginnt deine Lehrstunde zum Freundschaftspreis. Wer von uns verliert, zahlt das Bier, okay?“

„Klar doch, was soll ich auch sonst tun, ich habe doch kein Geld dabei. Du wirst also verlieren müssen. Tut mir leid für dich!“

Beide lachten und schlugen sich auf die Schultern. Quester war gut drauf.

Er hatte das Einführungskonzept mit seinem Team angefahren, und es lief termingerecht wie am Schnürchen. Außerdem hatte sein Sohn ein sehr gutes Zeugnis vorgelegt. Mental, grinste Quester in sich hinein, bin ich bärig drauf! Das zeigte sich auch im Spiel, er bürstete Bruns 6:1, 6:1 und 6:2 ab. Der Stimmungspegel von Bruns sackte immer tiefer. Quester zeigte ihm, wie groß der Platz war, und ließ ihn furchtbar laufen. Am Schluß stand Bruns da und tropfte wie nach einem Duschbad. Er schleuderte seinen Schläger von der Grundlinie ins Netz und fluchte. Quester ging auf ihn zu und sagte:

„Mensch, Walter, was ist denn los? Nimm doch das Spiel nicht so ernst. Du hattest heute Pech. Ich war eben so gut drauf wie sonst nie. Bei mir lief in letzter Zeit alles ganz prima."

„Ja?" sagte Bruns etwas gedehnt und schaute Quester forschend an.

„Ja, Walter, einfach alles."

„Na, dann ist dein Spiel ja heute wohl erklärt." Walter war offensichtlich durch diese Niederlage und besonders durch die Art der Niederlage stark getroffen, und dann war Manfred auch noch so furchtbar fröhlich.

„Das gibt eine furchtbare Revanche", drohte Bruns.

Quester lachte. „Du, ich habe gegen dich schon in ähnlicher Weise verloren, hast du das völlig vergessen? Aber ich nehme natürlich die Revanche an." Er legte den Arm um Bruns, und so gingen beide in die Duschkabine.

Beim Bier hatte sich Bruns dann wieder erholt. Er war ganz der alte, der schlagfertige und witzige Bruns, den Quester kannte.

„Übrigens, herzlichen Dank für die Zeit, die du mir auf deiner Außendiensttagung zur Verfügung gestellt hast!"

„Das ist doch selbstverständlich, Walter, wir freuen uns, wenn du kommst und uns zeigst, was Marketing in der Kiste hat. Wenn ich kurz vorher von dir noch das, was du vorstellst, erhalte, damit ich informiert bin, danke ich dir."

„Mache ich, Manfred. Da fällt mir etwas ein, worüber ich mit dir noch gar nicht gesprochen habe. Beim letzten Abendessen mit Schneider, Wenig und Siefert kamen wir darauf. Es wäre doch sehr günstig für die innere Annahme der Marketingaktion bei deinen Führungskräften, wenn wir einen Außendienstbeirat für das Checken und Verabschieden von Marketingaktionen einsetzen würden. Diese Möglichkeit der Mitarbeit des Außendienstes würde sicherlich sehr begrüßt werden. Der ganze Tisch war dieser Meinung, wie siehst du das denn?"

„Sofort positiv, prima! An wen hast du gedacht, wer soll da mitdenken?"

„Siefert hat sofort Schranders vorgeschlagen, und ich habe gemeint, die weitere Auswahl sollte man dir überlassen. Wenn Schranders Key account manager ist, ist es sicherlich richtig, daß er dabei ist. Die anderen nenne ich dir, wenn ich mit ihnen gesprochen habe."

„Sag mal Walter, da fällt mir etwas auf. Warum sprichst du solche Ideen nicht erst mit mir durch? Das hast du doch sonst auch gemacht!"

„Ach, Manfred, das war nur so eine spontane Idee aus einem Thema geboren, das wir da am Wickel hatten, außerdem kannte ich deine Meinung ja. Derartige Brücken zwischen Marketing und Vertrieb siehst du doch verständlicherweise gern, oder habe ich mich getäuscht?"

„Das ist richtig. Trotzdem wäre es mir recht, wenn wir beim bewährten Verfahren der vorherigen Abstimmung bleiben würden."

„Okay, Manfred."

„Sag mal, Walter, was macht denn dein Liebesleben, du alter Casanova?"

„Gemischt, Höhen und Tiefen. Leider zeigt mir die Dame, die ich gerne hätte, die kalte Schulter. Manfred, ich werde alt, ich muß unter die Haube. Meine ganze Klaviatur der besten Überzeugungs- und Verführungskünste habe ich eingesetzt, nichts hat gefruchtet, müde hat sie abgewinkt."

„Das muß wirklich schmerzen! Ist das nicht eine völlig neue Erfahrung für dich? So geht es aber jedem Liebling aller Frauen, wenn er älter wird."

„Das, was ich heute noch brauche, ist Spott. Mensch, Manfred, aufbauen mußt du mich! Na, vielleicht schafft das meine heutige Verabredung." Er schaute auf die Uhr. „Oh Mann, ich muß jetzt los. Tschüß, Manfred, es war mir überhaupt kein Vergnügen, aber es war mal wieder gut, mit dir zu reden." Sprach's und ging.

Quester fuhr gut gelaunt nach Hause. Walter war in Ordnung. Frau Gehrke sieht Gespenster, dachte er.

11

Frau Gehrke ertappte sich zunehmend dabei, unkonzentriert zu arbeiten. Immer wieder wanderten ihre Gedanken ab. Der drohende Konflikt, die fällige Entscheidung hatten ja auch für sie Konsequenzen.

Diesen Chef, diesen anständigen, sympathischen Dynamiker, diesen Chef mit den Schwächen, die alle auf der menschlich positiven Seite lagen, diesen Chef hätte sie gerne behalten. Dabei war es ihr völlig Wurst, ob sie nun Vorstandssekretärin wurde oder nicht. Ist es eigentlich ein Gesetz des menschlichen Handelns, dachte sie, daß Phasen des Verstehens und des bilderbuchartigen, modellhaften Miteinanders im Unternehmen nur eine kurze Lebensdauer haben können, um dann zu zerfallen und negativen Entwicklungen Platz zu machen? Haben Wiederholungen eine derartige Abnutzung, daß die Zeit des positiven Miteinanders so schnell vorbei sein muß? Einem plötzlichen Gedanken folgend griff sie in die Schublade und holte ein Buch über Unternehmenspsychologie heraus, sie hatte das irgendwann einmal für Herrn Quester bestellt. Er gab es ihr anschließend zum Lesen, und sie schmökerte, wenn er auf Reisen war, ab und zu darin herum. Sie erinnerte sich eben an einige Sätze im Prolog dieses Buches und suchte danach. Da war es:

‚Die Energien, die von einem zielgerichtet und kooperativ

arbeitenden Management ausgehen, kann man eigentlich nur ahnen. Selten erreichen Führungsebenen diese Qualität. Dort wo sie wirklich gelebt wird oder beobachtbar ist, hat sich das Management für den Weg des synergistischen Miteinanders und gegen den neutralisierenden Streit, gegen nutzlose Profilierung und zersetzende Machtkämpfe entschieden. Jedes Management hat diese Wahl immer wieder neu, denn keine Partnerschaft, kein Miteinander hat eine Bestandsgarantie, schon gar nicht in einem diffizilen, sozialen Gefüge, wie es das Unternehmen ist!‘

„Wie wahr…“, seufzte Frau Gehrke. Warum ist Kooperation und Konsens so schwer zu leben, und wenn man es lebt, warum ist es so schwer, diese Qualität des Miteinanders zu halten? Irgendwann packt es einen oder mehrere, irgendwann beginnt die Lust am Konflikt, irgendwann wird Konsens als langweilig begriffen, irgendwann stellt einer seine Interessen über das Gesamtinteresse. Das Telefon konnte sie bei ihren Gedanken nun gar nicht brauchen, aber es ließ ja keine Wahl. Das Klingeln schnitt brutal jeden Gedanken durch.

„Sekretariat Quester, Gehrke, guten Tag…“

„Anders, guten Tag, Frau Gehrke…“

„Ach, wie schön, daß Sie anrufen, Herr Anders! Ich hab' oft an Sie gedacht. Bei uns bewegt sich einiges, und nicht alles läuft positiv für Herrn Quester. Ich habe eine Bitte, sprechen Sie mit ihm, Sie sind sein Freund, auf Sie hört er. Er sieht nicht, was gegen ihn läuft, oder er will es nicht sehen. Er glaubt fest an seinen Freund Bruns, der meiner Meinung nach die Freundschaft längst aufgekündigt hat und verdeckt gegen ihn arbeitet.“

„Also doch! Ich hab' Quester bereits einmal gewarnt. In den Schneidergesprächen hat Bruns gute Darstellungsmöglichkeiten, unkontrolliert und unkorrigiert durch Quester. Schneider wird auf Dauer beeinflußbar, weil alle drei, Wenig, Bruns und Siefert, gleicher Meinung sind oder sich so darstellen. Gut,

Frau Gehrke, ich spreche mit Quester, wir sehen uns am Samstag abend."

„Prima..." Frau Gehrke fragte sich, ob der sensible Anders nicht bereits gemerkt hatte, daß sie mehr persönliche Aktien in diesem Spiel hatte, als für eine Sekretärin üblich war. Egal, Bruns brauchte seine Lehren.

„Herr Anders, noch etwas. Herr Bruns gibt sich sehr viel Mühe bei mir und versucht ernsthaft, mich hinter dem Rücken von Quester für sich zu gewinnen und auch als Sekretärin abzuwerben."

„So weit geht er schon! Mögen Sie ihn?"

„Im Gegenteil..."

„Möglich, daß er Sie mag. Wahrscheinlicher ist aber, daß er Quester schwächen will. Wenn Sie zu ihm gehen, wird Quester nach außen und nach innen geschwächt. Jeder wird sich seine Gedanken machen, und keiner wird dabei eine positive Begründung für Quester finden."

„So sehe ich das auch, Herr Anders, aber dabei beißt er auf Granit. Übrigens, das habe ich Herrn Quester auch nicht gesagt. Er wird mir das nicht glauben, verärgert reagieren, so fest ist er von der Fairneß seines Freundes überzeugt."

„Eine ungute Situation."

„Ich überlasse es Ihnen, ob Sie die Information gebrauchen wollen oder nicht."

„Ich werde mir das sehr gut überlegen. Ihnen danke ich vorweg, Frau Gehrke, Quester weiß ja gar nicht, was er da für einen Edelstein als Sekretärin hat."

„Hören Sie auf, Herr Anders, sonst werde ich noch rot!"

„Frau Gehrke, akzeptieren Sie einfach, was für Sie spricht, zum Größenwahn fehlt Ihnen sowieso jede Voraussetzung. Übrigens komme ich ohne Sie auch nicht weiter, jetzt brauche ich Ihre Hilfe."

„Geht es um den Konflikt Ganzberg/Grund? Herr Quester hat mir Ihren Anruf angekündigt."

„Um so besser, dann schildere ich Ihnen, was ich an neuen Informationen habe, was ich, was wir Männer uns als Konfliktlösung so gedacht haben. Ich brauche aber Ihre weibliche Psyche. Frau Burghard werde ich morgen auch befragen." Herr Anders schilderte sein Vorhaben, dann Stille in der Leitung. Zögernd begann Frau Gehrke:

„Wie lange, Herr Anders, ging die Auseinandersetzung, wie lange liegt also der Annäherungsversuch von Herrn Ganzberg zurück?"

„Frau Grund sagte mir, ein Jahr."

„Ein Jahr schon?! Dann ist die Gefahr gegeben, daß Herr Ganzberg die Bemühung um eine positive Verbindung bereits endgültig aufgegeben hat, sofern er nach der Absage überhaupt noch in der Lage war, sich zu bemühen. Frau Grund wird durch die vielen Attacken und darauffolgenden Verletzungen nur noch wenige Möglichkeiten besitzen, mit Herrn Ganzberg motiviert zusammenzuarbeiten. Ich denke mal an mein Verhältnis zu Bruns. Er ist auch über die Linie hinausgegangen, die noch eine Rückkehr zu einem besseren Miteinander ermöglicht. Ich habe ihn bereits verurteilt. Frau Grund muß ihre Aufgabe sehr mögen, gerne in Ihrem Unternehmen arbeiten oder, was am wahrscheinlichsten ist, sehr gern für Sie tätig sein. Ohne diese Anker wäre sie sicher längst weg. Auf einen Punkt gebracht, ich glaube nicht, daß hier noch viel zu retten ist. Schade, daß die beiden die Zerstörung ihrer Beziehung so perfekt unter der Decke halten konnten. Jetzt ist es, denke ich, zu spät. Das werden wohl die Gespräche, die Sie trotzdem unbedingt führen sollten, als Ergebnis haben. Wir stehen oft zu schnell am Grab einer menschlichen Beziehung, und diese beiden können wir, fürchte ich, nur noch bedauern."

„Das empfinde ich genauso, Frau Gehrke, aber davon ist wohl auch in diesem Fall auszugehen. Wir, Quester und ich, haben mit unserer männlichen Logik wieder den Zeitfaktor und diesen ‚point of no return' übersehen. Dankeschön für die

Hinweise, Frau Gehrke! Sollten meine Gespräche nichts ergeben, werde ich über eine Versetzung von Frau Grund oder Herrn Ganzberg, also über eine betriebliche Trennung der beiden, nachdenken. Alles was möglich ist, um die beiden für mein Unternehmen zu erhalten, werde ich tun. Frau Gehrke, Sie haben mir sehr geholfen. Ich werde das jetzt bei meinem Freund Quester auch tun."

„Frau Fröhlich ist übrigens gerne bereit, mit Frau Grund zu sprechen. Auch die anderen Maßnahmen sind durchführbar, die wir einmal durchdacht haben, um Frau Grund mit mehr Erfahrungen zu versehen."

„Prima, dann entscheiden wir das nach den Gesprächen mit den beiden."

12

Schneider schaute Siefert überrascht an.

„Was hat Quester gesagt? Wir führen zu autoritär? Ihm paßt unsere Führungskultur nicht?"

„So ist es. Das war ein sehr unangenehmes Gespräch. Er wägt seine Worte zu wenig ab, ist nicht selbstkritisch genug."

„Typisch Quester", lachte Schneider, „einer unserer besten Leute, klar, konsequent und direkt, einer, der aus seinem Herzen keine Mördergrube macht, ein Vertriebsmann, wie man ihn sich vorstellt. Warum hat er denn so emotional reagiert?"

„Vielleicht ist ihm sein Erfolg zu Kopf gestiegen, vielleicht hat er durch die zu große Nähe zu seinen Mitarbeitern vergessen, daß es seine Aufgabe ist, seine Ziele zu erreichen, Anwalt des Unternehmens gegenüber seinen Mitarbeitern zu sein", säuerte Siefert.

„Also, das wundert mich jetzt. Wie kommen Sie zu diesem Schluß? Ich mag den Quester sehr gern, der ist so, wie ich früher mal war, ein Draufgänger. Ich sag' Ihnen Siefert, so müssen Vertriebsleute sein, das ist eine Zwischenstufe für einen erfahrenen, abwägenden Topmanager. Also, ich denke, Sie sollten dieses Gespräch nicht überbewerten."

„Ja gut, Herr Schneider, so einfach ist das auch nicht. Solche Auftritte muß er sich abgewöhnen, wenn er hier einmal

Vorstand werden will."

„Vielleicht auch nicht, Siefert, vielleicht auch nicht. Vielleicht brauchen wir so einen Unangepaßten, einen, der uns ab und zu aus dem eingefahrenen Gleis schubst, die Meinung sagt. Siefert, denken Sie mal darüber nach, wie waren Sie eigentlich vor 20 Jahren?"

Siefert lächelte mühevoll. „Ja, vielleicht haben Sie recht. Ich werde darüber nachdenken."

Herr Schneider brachte Siefert zur Tür. Siefert eilte durch den Flur. „Ich muß unbedingt mit Bruns sprechen", murmelte er.

13

Wer Anders in die Tennishalle schreiten sah, konnte nicht ahnen, wie schnell der 53jährige noch auf den Beinen sein konnte. Staksig, gerade wie ein Lineal, machte er immer den Eindruck eines englichen Gentlemans, eines Lords, der gerade sein ‚castle' verläßt, um fast ungebeugt in den Rolls zu steigen.

Seine Frau Corinna paßte gut zu ihm, fand Quester. Eine starke Frau, eine ebenbürtige Partnerin für diesen Mann. Karin, die neben ihm ging, gab ihm einen Klaps mit ihrem Schläger.

„Wach auf, Manfred, denk nicht so viel alleine!"

„Bin ja schon wieder da, Schatz, mußt du mich denn immer ertappen..." Er legte den Arm um seine Frau.

„Wer spielt mit wem?" fragte Anders.

„Warum nicht wie immer?", antwortete Karin.

„Okay, komm Corinna, jetzt zeigen wir den beiden mal, was ‚serve and volley' im Doppel heißt", antwortete Anders.

„Müssen wir euch lieben, oder dürfen wir gewinnen? Ab welchem Ergebnis seid ihr uns böse?" rief Quester von der Grundlinie.

„Hör dir den Spötter an, Corinna, ich glaube, wir sollten unsere beschlossene Rücksichtnahme überprüfen."

Der erste Ball kam, Quester begann mit dem Warmspielen,

dann entwickelte sich ein Spiel, das die Bauchmuskeln der beiden Parteien heftig bearbeitete. Alle vier lachten Tränen. Anders konnte nach einem Stopball, den er gerade noch erlief, nicht mehr stoppen und kippte langsam über das Netz. Das geschah fast zeitlupenartig, weil er mit seinen Armen verzweifelt dagegen ruderte. So lag dann auf der einen Seite der Oberkörper und auf der anderen Seite der Unterkörper über dem Netz. Die Komik des Geschehens riß die drei anderen so mit, daß sie ihn durch ihr Lachen, ansteckten und daran hinderten, ohne fremde Hilfe wieder hochzukommen.

Ein paar Spielzüge weiter, spielte Anders den Ball genau zwischen Quester und Karin. Beide holten aus, zogen durch und trafen jeweils die Kehrseite des anderen. Spätestens ab diesem Zeitpunkt packte alle die Lust an der Komik, und sie begannen, bewußt zu blödeln. Die angrenzenden Spielfelder wurden von dem Lachen der vier angesteckt, man vergaß, selbst zu spielen und schaute den vieren zu, die, jetzt richtig in Fahrt gekommen, neben gekonnten Schlagfolgen jeden möglichen Blödsinn trieben. Man vergaß völlig zu zählen, nach zwei Stunden war jeder der Meinung, daß dieses Spiel in die Geschichte der Halle, überhaupt des Tennis, einzugehen hatte.

„Wir haben", meinte Quester, „im Spezialbereich des fröhlichen Doppels Welttennis geboten."

„Stimmt", meinte Anders, „es war eine dem Tennis sehr ähnliche Weltklasseleistung."

„Wer das anders sieht", sagte Karin fröhlich, „ist ein depressiver ‚Nosports'."

„Ein übler Ignorant, ein Blinder...", fügte Corinna hinzu.

Man war sich einig und verließ aufgekratzt die Halle. In der Gastwirtschaft der Tennishalle wurden sie vom Wirt herzlich begrüßt. Seine Frau Britta kam eilig zur Gruppe.

„Also, sowas hab' ich noch nie gesehen. Ich hab' ja schon viel unter dem Oberbegriff ‚Tennis' erlebt, aber das war die

Spitze. Was war denn heute mit euch los?"

„Wir sind einfach gut drauf", meinten die vier wie aus einem Mund. Britta lachte.

„Das ist wohl untertrieben. Schade, daß ich keine Videokamera da hatte, den Film hätte ich verkaufen können."

„Die will mit uns Geld machen...", entrüstete sich Corinna.

„Britta, bring uns mal das Übliche zu trinken und viermal euren berühmten Spezialtoast!"

Der Flachs blühte auch während des Essens. Die fröhlichen vier fühlten sich pudelwohl.

Es war bereits 21.00 Uhr geworden, als Anders die Damen fragte: „Ich habe noch ein Thema, das ich gern mit Manfred besprechen möchte. Ein Thema beruflicher Natur, und ich kann gut verstehen, wenn ihr nach diesen schönen Stunden aus dieser Welt nicht aussteigen bzw. umsteigen wollt in unseren beruflichen Bereich.....", er kam nicht weiter. Der Protest der Damen erstickte jedes weitere Wort.

„Was mein Mann tut oder was man mit ihm macht, geht mich doch wohl auch etwas an, oder?"

„Das fehlt noch", ergänzte Corinna, „daß die Herren Geheimnisse vor uns haben. Ich glaube, das nennt man den Ausschluß des einen aus der Welt des anderen. Das führt zur Entfremdung und schließlich zum Bruch einer Beziehung. Bernhard, gestehe, wer ist die andere?"

„Ist ja gut", lachte Bernhard, „war ja nur gut gemeint. Wir wollten euch nicht langweilen. Also, Manfred, wie war dein Gespräch mit Siefert?"

Quester setzte sich im Stuhl zurecht, holte tief Luft und ließ sie gleich wieder hörbar entweichen, dann berichtete er. Bernhard schaute ihn forschend an, dann verfinsterte sich sein Blick, ab und zu schüttelte er den Kopf.

„Siefert hat in diesem Gespräch einen häufigen Führungsfehler gemacht", begann er. „Er hat versucht dich zu disziplinieren, und das gleich mit der Androhung von Sanktionen.

Er hat kein Verständnis erzeugt oder mit Argumenten überzeugt. Bei deiner Persönlichkeitsstruktur ist dieser Versuch, dich zu ändern, untauglich. Er hat Begründungen mit subjektiver Stellungnahme und mit Drohungen verwechselt. Siefert hängt dazu noch in einem für seine Generation typischen Irrtum fest. Bevor er abtritt, versucht er noch, seinen Nachfolger auf die Gleise zu setzen, die er verläßt, weil seiner Meinung nach jeder andere Weg eine Gefährdung des Erfolges des Unternehmens darstellen würde, weil er als Vater dieses Konzeptes an seinem Konzept hängt, sein ‚Baby' also nicht sterben sehen möchte.

Manfred, dieser Mann baut eine Negativposition gegen dich auf und sucht bewußt nach Legitimationen. Er liegt dir nicht, du liegst ihm nicht, seine Art steht gegen viele deiner inneren Positionen, dein Normwertsystem steht gegen seines, das völlig andere Werte kennt. Die Kollision unterschiedlicher Werte und Wertvorstellungen ist unausweichlich, wenn keiner sein Wertesystem verläßt; einer der häufigsten Gründe für Konflikte. Wir kennen die Schlösser zu den Türen, die uns zum besseren Miteinander führen. Wir besitzen auch die Schlüssel, oder wir wissen zumindest, wo wir sie finden können. Einige müssen wir erst noch feilen. Auch das ist uns möglich, wenn wir wollen. Oft können wir allerdings, durch innere Sperren blockiert, nicht nach den Schlüsseln greifen. Wir begreifen eine Anpassung an das Wertesystem des anderen als Aufgabe des eigenen; du hast auch den Schlüssel für ein besseres Miteinander mit Siefert, aber du bist durch deine Werte, durch den entsprechenden Konflikt, geblockt. Durch deine Art, deine Werte nach außen zu formulieren, bist du außerdem noch in der Beweglichkeit limitiert. Es geht häufig ja gar nicht darum, ob wir unsere Werte leben dürfen oder nicht, es geht bei diesen Konflikten darum, wie wir mit den Werten anderer im Dialog umgehen. Da entstehen die Verhärtungen. Wie steht eigentlich Schneider zu dir, was hält er von deiner

Leistung, deiner Person?"

„Ich glaube, er mag mich. Meine bzw. unsere Vertriebsleistung hat er öffentlich anerkannt."

„Gut, dann sieht das ja noch nicht so übel aus. Siefert ‚übersetzt' dich sicher bereits bei Schneider, und nun kommt es sehr darauf an, wie Schneider darauf reagiert. Welche Rolle spielt Bruns in diesem Spiel?"

„Bruns ist okay, ein verläßlicher Freund. Natürlich wird er seine Chancen nutzen, aber fair, davon bin ich überzeugt."

„Was macht dich da so sicher?"

„Du, unsere Partnerschaft hat eine gute Vergangenheit! Wir haben uns gegenseitig oft geholfen. Auch damals standen wir oft im Wettbewerb, nicht so stark wie jetzt, aber trotzdem, Walter ist nicht link. Das war er nicht und wird er auch nicht sein."

„Was sagt eigentlich Frau Gehrke zu dieser Entwicklung? Ich schätze ihr Urteil sehr hoch ein. Sie hat ein sicheres Gefühl und ist sehr gut in der Analyse. Im Fall Ganzberg/Grund hat sie mir sehr geholfen. Du hast ein Goldstück als Sekretärin."

„Weiß ich, aber jetzt irrt sie sich. Sie warnt mich vor Bruns, sie mag ihn nicht und sieht Gespenster."

„Du, wirf nicht gleich weg, was sie dir an Informationen bietet, bleib offen und aufmerksam und lerne das Undenkbare denken! Du lernst einen Menschen erst kennen, wenn du ihm im Wege stehst."

„Bernhard, ich muß vertrauen oder mißtrauen. Das, was vom Vertrauen wegführt, ist nicht lebenswert für mich."

„Das stimmt, das kenne ich von meinem Mann. Er fällt tief, wenn er enttäuscht wird, weil er nicht langsam mit absteigen kann. Pathologisch loyal, grundanständig, fair und ehrlich. Eine katastrophale Mischung für politische, diplomatische Vorgehensweisen."

Viel Zuwendung und Wärme sprach aus Karins Worten. Sie sah ihren Mann von der Seite an und ließ ihren Kopf auf seine

Schulter sinken. „Wäre er anders, würde ich ihn sicher nicht so lieben."

„Unser Patient scheint ernsthaft, fast unheilbar erkrankt zu sein. Seine Warnanlage hat Totalausfall", spottete Corinna.

„Du sagst da was im Spaß, was höchstwahrscheinlich richtig ist. Diese eben von Karin beschriebene Mischung kann jeder dumme, skrupellose kleine Gauner gut nutzen. Aber mißverstehe mich nicht, Manfred, dieses Handikap für deine Karriere, diese Skrupel, sind deine Stärke im Menschlichen. Ich werde jetzt nicht weiter in dich dringen. Du wirst wissen, ob und wann du dich darüber mit uns unterhalten willst. Wähl aber dann den Zeitpunkt so, daß es noch Zweck hat, wir noch etwas für dich tun können. Ich bin nicht so überzeugt von der unerschütterlichen Freundschaft, die Bruns für dich empfindet, aber du kennst ihn ja besser."

„Finde ich auch", meinte Karin. „Manfred kennt ihn am besten, er muß wissen, was er tut."

Quester nickte. „Danke, Bernhard. Karin sagte eben genau das, was ich empfinde. Ein Freund muß bei mir die Freundschaft aufkündigen, von sich aus zerstören, was mich mit ihm verbindet, wenn ich etwas anders sehen soll."

So ist es wohl, hoffentlich bleibt dir dieser Fall erspart, du hast das nicht verdient, dachte Bernhard.

14

Die Präsentation der Marketingabteilung vor dem Außendienst war ein voller Erfolg. Bruns zog mit seinen Leuten alle Register. Der dramaturgische Aufbau der Präsentation ging weit über die reine Informationsvermittlung hinaus. Die Präsentation ging direkt in den Bauch, hatte den für die Überzeugung von Außendienstmitarbeitern besonders notwendigen emotionalen Unterhaltungswert. Es wurde in dichter Folge geklopft, gelacht und anerkennend genickt.

Der Mann, der sehr viel zur allgemeinen Begeisterung beitrug, war Schelmer. Er hatte, weil er war wie die Verkäufer vor ihm, weil er so denken und fühlen konnte wie sie, weil er Vertriebserfahrung hatte, die Präsentation lebendig mit Bild und Ton aufgebaut. Die Musik, die in den Bauch ging, seine souveräne Art, die Präsentation mit passenden Worten zu begleiten, die benutzten Bilder, der ansteigende Spannungsbogen, alles das zeichnete die gekonnte Präsentation aus. Schelmer hatte meisterlich gemixt. Seine hünenhafte Erscheinung und sein trockener Humor taten noch ein übriges. Bruns wurde als die gedankliche Autorität anerkannt, er führte durch die zweistündige Veranstaltung. Quester hielt sich zurück und freute sich über das Können seiner Kollegen und über die positive Reaktion, die sie bei seinen Außendienstmitarbeitern erreichten. Nach der Präsentation der zukünftigen Marketingphilosophie, der geplanten und fertigen Kampagnen für einzelne Produkte und ganze Produktprogramme, war der Beifall groß. Quester unterstützte am Schluß beide, Bruns und Schelmer, mit anerkennenden Worten und betonte, wie gut und tragfähig doch die Achse von Vertrieb und Marketing sei. Die Motivation dieses Außendienstes ist so, wie sie für eine erfolgreiche Arbeit sein muß, dachte Quester.

Die Bar brummte nach der Veranstaltung entsprechend. Marketing hatte eingeladen. Auch das hatte Bruns nicht vergessen. Beide, Bruns und Schelmer, waren umlagert und tranken und lachten.

„Der Kanditat hat 93 % der Stimmen erreicht. Das ähnelt ja hier einer Wahlveranstaltung", sagte der Gebietsleiter Fischer, der über ein feines Gespür verfügte.

„Der Bruns ist ja auch ein exzellenter Mann", hakte Schranders ein, der die Worte mitbekommen hatte, weil er in der Nähe stand. „Ich wollte, wir hätten mehr davon."

„Haben wir", sagte Fischer. „Quester halte ich für den besseren Mann, wenn wir den nicht hätten, wären wir nicht annähernd so erfolgreich."

„Ja, gut, so kann man das auch sehen. Meiner Meinung nach ist Quester zu direkt, zu undiplomatisch, um mehr für uns durchzusetzen."

„Du kannst aber auch sagen klar, gerecht, fair, verläßlich und glaubwürdig. Das schätzen wir, seine Mitarbeiter, besonders und der größte Teil der Führungskräfte unseres Hauses auch, von den Gesprächspartnern im Handel ganz zu schweigen."

„Klar, Quester ist ein guter Mann, aber kann er mit seiner direkten Art genug für uns, seinen Vertrieb, erreichen?" setzte Schranders nach.

„Wenn ich richtig informiert bin, Schranders, hat er viel für dich erreicht. Bist du nicht Key account manager geworden?"

„Na ja, da hat er wohl eher offene Türen beim Siefert

eingerannt, als daß er sich einsetzen mußte."

„Du solltest dich weniger auf Siefert stützen. Wenn Quester nicht so fair wäre, hätte er dir schon längst auf die Finger gehauen. Du nutzt seine Fairneß meiner Meinung nach ganz schön aus. Wer umgeht ihn denn immer wieder und spricht direkt mit Siefert? Das findet keiner von uns gut. Berücksichtigst du eigentlich dabei, daß Quester noch da ist, wenn Siefert bereits Rentner ist?"

„Ich weiß gar nicht, was du willst, Quester kann mir nichts vorwerfen, meine Zahlen stimmen."

„Neben deinen Verkaufszahlen, die eigentlich mal genauer untersucht werden müßten, gibt es noch mehr, was beim Menschen zählt. Darüber denk mal etwas länger nach, Schranders!"

„Sag mal, was ist denn los, Fischer? Wie redest du mit mir?"

„Wie schon lange mal jemand mit dir hätte reden sollen! Hast du dich mal um die Meinung deiner Kollegen und deiner Mitarbeiter über dich gekümmert? Weißt du, wieviel Überlebenschancen du als Key account manager hast, wenn du mit uns nicht bald eine gute partnerschaftliche Zusammenarbeit suchst?"

„Willst du mir drohen, Fischer?"

„Das ist wieder so typisch für dich; wenn du mal Wahrheiten und Unbequemes hörst, machst du eine Drohung, eine falsche Meinung, eine Unterstellung oder eine Verdrehung von Tatsachen daraus. Nicht eine Spur von Selbstkritik."

„Komm, Fischer, häng das nicht alles so hoch auf, trinken wir lieber einen zusammen!"

„Ja, trink du einen, aber allein. Ich will einmal zu Maier, unserem zukünftigen Abteilungsleiter Handelspromotion. Ein guter Mann übrigens, aber wem sag' ich das. Du kennst ihn ja. Er war doch der Mann, den du immer als den letzten Typ geschildert hast, oder?"

Schranders machte ein Gesicht, als hätte er in eine Zitrone

gebissen. Er setzte sein Bier ab und verzog sich auf seinen Barhocker. Den Fischer hatte er sich gemerkt, ganz genau, jedes Wort und Quester auch. Die Entscheidung mit Maier war eine reine Provokation, ein Führungsfehler erster Güte. Wie stand er denn jetzt da? Schranders reckte den Kopf, suchte nach seinen Leuten. Die anderen GVLs standen mit ihren Männern zusammen, redeten und lachten, er saß hier allein. Vergiß sie, dachte er, sie sind nicht mehr wichtig für dich. Er schaute auf die Uhr, es war Zeit für den Anruf, den Siefert von ihm wünschte. Siefert wollte schließlich wissen, wie die Tagung lief und wie Bruns bei den Außendienstmitarbeitern angekommen war. Schranders trank aus und ging auf sein Zimmer.

Der harte Kern des Außendienstes saß noch in der Bar. Es war ein Uhr. Bruns gehörte dazu, Schelmer und die GVLs und auch Schranders. Quester hatte sich verabschiedet, er fühlte eine Erkältung kommen und wollte früher ins Bett.

„Wenn wir zukünftig Erfolg haben wollen, brauchen wir einen bissigen Außendienst, der dem Wettbewerb noch wirksamer begegnen kann und der auf den Handel und seine Möglichkeiten noch besser eingeht. Ich habe das Gefühl, in Zukunft brauchen wir noch mehr Mittel, vielleicht mehr Werbekostenzuschuß oder gezieltere Handelspromotion, um erfolgreich zu sein. Die Zeiten werden nicht leichter, aber ich denke, ihr habt auch für die neuen Aufgabenstellungen der Zukunft ein passendes Strategiekonzept."

„Noch nicht, aber das erarbeiten wir nach einem Szenario in Kürze gemeinsam. Da ist sogar schon ein Termin fixiert."

„Da würde ich gern dabei sein", sagte Bruns und setzte schnell hinzu: „Ich würde auch einen Experten mitbringen, der die Zukunft des Handels schlüssig erläutern und euer Szenario überprüfen kann."

„Gute Idee", meinte einer der GVLs, „dann kommen Sie doch zu dem Termin. Quester hat sicher nichts dagegen."

„Glaube ich auch nicht, im Gegenteil, er würde sich sicher freuen."

„Wen haben Sie denn da als Experten?" schaltete sich Fischer ein.

„Ich habe da an Hermanns gedacht, aber es kann auch ein anderer sein."

„Suchen Sie lieber mal weiter", meinte Fischer, „der Hermanns ist ausgelutscht, der bringt seit Jahren nichts Neues mehr, da ist jeder der hier Anwesenden besser. Die äußerst dümmlichen Prognosen hört sich in der Branche seit Jahren keiner mehr an. Wer hat Ihnen denn den verkauft?"

Bruns schaute Fischer stirnrunzelnd und etwas irritiert an. „Kennen Sie einen besseren?"

„Klar, aber wer da wirklich was drauf hat, das weiß Quester noch besser. Der steht mit diesen ‚Auguren' im engsten Kontakt. In den obersten Handelsetagen finden Sie übrigens auch viele, die über den eigenen Tellerrand hinausschauen können. Jetzt müssen Sie nur noch wissen, wen die als Berater haben."

„Gut", lachte Bruns, „ich habe verstanden. Den Experten besorgt ihr, dann sorge ich für die schöne Umgebung und das besondere Hotel."

„Okay", sagte ein anderer, „sprechen Sie mit unserem Boß. Wir freuen uns, wenn Marketing mitdenkt und mitzahlt."

Fischer lachte auch mit und meinte: „Das sollten Sie zur Gewohnheit werden lassen!"

„Okay", sagte Bruns und schaute Fischer an. „Herr Fischer, ich habe über eine Idee mit Quester gesprochen, für die ich Sie gerne gewinnen würde. Für die Marketingaktionen, die auf den Handel zielen, benötigen wir mehr Praxis, eine genauere Abstimmung im Vorfeld zu einem Zeitpunkt, der noch Änderungen zuläßt. Ich kam dabei auf einen Außendienstbeirat, der mit besonders erfahrenen GVLs besetzt ist. Würden Sie da mitmachen?"

„Ich kenne diese Idee, die stammt doch von Schelmer, oder? Der hat mich vor zwei Monaten angesprochen, ich habe damals sofort ja gesagt, ihm aber auch gesagt, daß das jeder meiner Kollegen machen könnte. Wie kommt es zu dieser Duplizität der Ideen, Herr Bruns?“

„Das weiß ich jetzt auch nicht. Ich weiß nur, daß Schelmer ein sehr guter Mitarbeiter ist, der selbst zu denken pflegt.“ Bruns beeilte sich, seine Schlappe zuzudecken. „Übrigens, mit Schranders habe ich auch gesprochen, der macht auch mit.“

Schade, dachte Fischer, daß Schelmer im Moment nicht da war. Fischer verbiß sich eine sarkastische Bemerkung, als er den Namen Schranders hörte. Eigentlich ein Grund abzusagen. Meetings mit diesem Speichellecker Schranders waren für ihn immer eine schlimme Tortur gewesen.

„Also, Hauptsache Sie sind dabei, Fischer“, sagte Bruns. „Kommen Sie, trinken wir einen drauf!“

„Nee danke, mir reicht's, morgen muß ich Auto fahren, und zwar ganz früh, und da möchte ich ohne Restalkohol sein. Also, noch viel Spaß!“ Fischer rutschte vom Hocker und ließ Bruns allein an der Bar zurück.

Schranders schaute um die Ecke und steuerte sofort auf Bruns zu. „Das war heute eine echte Show, endlich war mal was los auf einer Vertriebstagung!“ Bruns schaute zur Seite und lachte. „Na, sonst ist auf euren Vertriebstagungen ja wohl auch keine Beerdigungsstimmung zu spüren, oder?“

„Das nicht, aber heute war das eine andere Qualität“, meinte Schranders. Bruns kannte den Charakter dieses Mannes, aber er wußte, daß dieser Mann für ihn wichtig war. Das war sein Fenster und sein Mikrofon im Vertrieb. Schranders würde für ihn alles tun. Siefert hatte ihn im Griff, denn er kannte so ein paar Leichen in Schranders Keller. Schranders wäre längst nicht mehr im Unternehmen, wenn Siefert es gewollt hätte. Er hatte sich aber entschieden, aus Schranders einen ‚nützlichen‘ Mann zu machen und das auch blendend geschafft. Schranders hatte schon seit langem kein Rückgrat mehr. Er war total ‚flexibel'.

Beide unterhielten sich noch lange in der Bar, jeder von beiden wußte, daß er für den anderen zukünftig nützlich sein würde. Das reichte, wie so oft, auch hier für eine Achse, für ein Bündnis.

15

Schneider stand auf und verließ seinen Schreibtisch, um auf Quester zuzugehen. Ehrliche Freude stand ihm im Gesicht. Er streckte seine Hand aus und drückte die Hand von Quester fest. Beide sahen sich lächelnd in die Augen, während ihre Hände die gegenseitige Wertschätzung, die Sympathie, die beide für einander empfanden, in des Wortes bester Bedeutung ausdrückten.

„Kommen Sie, Quester, nehmen Sie Platz. Frau Eberhardt, uns dürstet!" Schneider war gut gelaunt, und wie immer in solcher Stimmung, wirkte er am stärksten.

Ein Mann mit Ausstrahlung. Das ist einer, dachte Quester, mit dem man sich leicht identifizieren kann, ein echtes Vorbild als Mensch und Manager.

Schneider setzte die Tasse ab. „Quester, ich hab' Sie rufen lassen, weil ich mit Ihnen etwas vorhabe. Haben Sie davon gehört, daß wir die Firma Liebig gekauft haben?"

„Ja", sagte Quester, „habe ich. Wenn das stimmt, was ich weiß, haben Sie nicht nur eine Fabrik gekauft, sondern einen Teil des Marktes. Mit dem Sortiment von Liebig sind wir stärker geworden. Wie lange läuft das eigentlich schon?"

„Seit drei Monaten sind wir dran. Seit dieser Zeit verhandle ich. Eine Analyse bei Liebig hat eine gesunde Struktur gezeigt. Seit acht Wochen kenne ich auch die wichtigsten Führungskräfte des Unternehmens. Wir wollen die Firma Liebig selbständig am Markt weiter bestehen lassen. Die finanzielle Ausstattung ist da, und die Marken ziehen noch gut. Höchstwahrscheinlich bauen wir das Unternehmen sogar aus. Wenn Sie das für richtig halten, Quester."

„Wieso ich?"

„Ja Sie, Sie sind der einzige in unserer Crew, der das Format hat, neben seiner jetzigen Aufgabe dieses Unternehmen mitzuführen. Natürlich haben Sie dort einen Geschäftsführer als Ansprechpartner. Sie sind lediglich mein verantwortliches Bindeglied zu Liebig. Mit Ihnen bespricht er die Investitionen, die er vorhat, Sie übertragen Vertriebs-Know-how, und Sie bringen die etwas verlotterte Führungscrew wieder in Schwung. Wahrscheinlich müssen Sie auch einen neuen Geschäftsführer suchen. Das alles geht natürlich nur, wenn Sie bald Vorstandsmitglied werden. Um aber politisch keine Dummheit zu machen, werde ich Sie zunächst zum stellvertretenden Vorstandsmitglied ernennen. So können Sie sich über die Führung dieses Unternehmens gut für den Vorstand empfehlen. Nach Sieferts Ausscheiden rücken Sie dann nach. Was halten Sie von meinem Angebot?"

„Ich bin zunächst einmal sprachlos."

„Das gibt es bei Ihnen auch, Quester?"

„Doch, das gibt es auch. Zunächst bedanke ich mich sehr für das Vertrauen. Ich freue mich sehr darüber. Bitte geben Sie mir aber einen Tag Bedenkzeit."

„Ich gebe Ihnen eine ganze Woche, wenn Sie danach zusagen."

„So ist das also!" Beide grinsten sich an, als hätten sie gerade gemeinsam ein Pferd geklaut.

„Die Führungscrew von Liebig ist übrigens ernsthaft erkrankt."

„Wie erkrankt?" Quester sah Schneider verständnislos an.

„In meiner Tätigkeit als Manager habe ich eine Reihe von

Erkrankungen einzelner Führungskräfte und ganzer Mannschaften erlebt. Erkrankungen mit schlimmen Auswirkungen auf das Unternehmen. Jedes Mal haben wir externe ‚Ärzte', manchmal neue Führungskräfte, manchmal ganz neue Teams und manchmal auch ganz neue Topmanager gebraucht. Sie wissen, Quester, der Fisch fängt immer am Kopf an zu stinken."

„Ja, das ist wohl so."

„In einem Unternehmen, das ich als Sanierer übernahm, waren fast alle Krankheitsbilder von Führungskrankheiten zu beobachten. Da gab es den Demotivierten. Er war nicht wie jeder einmal demotiviert, dieser Mann war es immer. Er achtete auf jede Möglichkeit, seinen Frust zu pflegen, nahm sie sofort wahr und war fast permanent beleidigt. Wie eine tibetanische Gebetsmühle betete er immer wieder alle Fehlverhalten des Unternehmens, seiner Führungskräfte und Kollegen herunter, die die Ursachen seines Gefühls, das gar nicht anders sein konnte, waren. Ich hatte den Eindruck, daß es ihm überhaupt nicht paßte, als wir konsequent den Teil seiner Begründungen abstellten, die er mit Recht immer wieder aufführte. Ein Mann, der nie verstand, daß die Medaille des Lebens immer zwei Seiten hat, eine erwünschte und eine unerwünschte. Eine, die man haben will und eine, die man einfach mitbekommt. Die Therapie des Demotivierten ist schwierig. Das zusätzliche Problem ist, daß er auch andere häufig noch ansteckt. Hier hilft oft nur noch eine Therapie beim Psychotherapeuten oder die klare Ansprache mit dem Satz: Love it, change it or leave it.

Ein wenig verwandt mit der Demotivation ist der andere Typ von Erkrankungen, die Multiple Schwarzseherei. Die Erkrankung äußert sich mit folgenden Symptomen: ‚Das wird nie klappen! Das haben wir schon einmal versucht, und das ist furchtbar in die Hose gegangen! Die Mittel reichen nie!' Usw. Diese negativen Prognosen produziert die erkrankte Führungskraft in dichter, immer schnellerer Folge und nimmt so sich und auch oft anderen den Schwung für den neuen Versuch, für den Start von Konzepten."

„Davon kenne ich auch einige. Aber Sie sprechen immer von Erkrankungen, sind das nicht Charaktermerkmale, ist das nicht mehr als nur Verhaltensoberfläche?"

„Es beginnt mit einer Erkrankung wie ein Schnupfen. Äußere Umstände wie Mißerfolg, Fehlverhalten von anderen Führungskräften oder Ausgrenzungen verschlimmern dann den Zustand, bis ein circulus vitiosus beginnt und den Erkrankten in seiner Ansicht immer wieder bestätigt, bis er extreme Positionen einnimmt und seine Leistung in sich zusammenfällt. Die Schuld sucht er dann bei äußeren Umständen oder bei anderen."

„Wenn ich so nachdenke", meinte Quester, „dann fallen mir auch einige Krankheiten ein, die mir als Führendem besondere Schwierigkeiten machen. Da ist zum Beispiel die ‚Vergangenheitsglorifizierung'. Einer in meiner Mannschaft erzählt gern mit leuchtenden Augen von früher und wie sie damals alle Erfolg hatten und wieviel besser es doch damals generell war. Geschichten, die häufig zu Märchen werden, weil der Abstand zur damaligen Realität zu groß ist. Die Augen werden stumpf, und das Gesicht verfällt zusehends, wenn er über seine Gegenwart spricht. Angst ist erkennbar, wenn er die Zukunft präsentiert bekommt. Einer, der Angst hat vor jeder neuen Zielsetzung. Einer, der sich bestraft fühlt für seinen Fleiß von gestern, bestraft durch die zusätzliche Forderung von morgen. Es ist sehr schwer, diesen Mann an seine Kraft und an seine noch vorhandenen Möglichkeiten zu erinnern, ihm den Schwung wiederzugeben, den er braucht, um andere mitzureißen. Das geht, meine ich, und da läuft bei einem meiner Bezirksvertreter gerade so ein Prozeß durch den Selbstbeweis, der in der erfolgreichen Lösung spezieller Sonderaufgaben liegt. Sie sind für ihn besonders gut lösbar durch den Rückgriff auf Verhaltensweisen, die in der Vergangenheit auch erfolgreich waren. So gewinnt er langsam wieder Selbstvertrauen.

Eine zweite auffällige Veränderung im Führungsverhalten, die ich beobachten konnte, nenne ich mal die ‚Erst-dann-Lähmung'. Erst wenn das passiert, erst wenn das die anderen erledigt haben, dann kann ich wieder aktiv werden. Eigene Inaktivität wird begründet mit den Hürden, die andere zunächst zu beseitigen haben. Das sind Hürdenfinder unter den Führungskräften und keine Wegsucher, wie wir sie brauchen. In der Firma Steinert & Co., in der ich vorher war, gab es einen Chefwechsel in der oberen Etage. Alle Führungskräfte begannen, ich nehme mich nicht aus, intensiv darüber nachzudenken, was für einen Mann man benötigte. Die Gerüchteküche kochte. Alles starrte nach oben wie die Maus auf die Schlange. Der ganze Führungskreis schien wie gelähmt. Erst wenn das Problem, das uns alle nicht wirklich bei unserer gegenwärtigen Arbeit hinderte, gelöst, erst wenn die Führungsspitze neu besetzt ist, dann können wir, bildeten wir uns ein, wirklich wieder arbeiten. Wie eine Herde ohne Leitbulle benahmen wir uns. Unbegründet, denn führungslos waren wir damals nicht. Eine gute Interimslösung hatte es nämlich gegeben."

„Ein Beispiel, das ich auch einmal erlebt habe", meinte Schneider, „so ein Zustand darf nicht lange dauern, sonst werden Positionen im Markt vergeben, die viel Geld kosten oder nicht mehr zurückerobert werden können. Da müssen die Familie, der Aufsichtsrat, die Anteilseigner klare Worte sprechen, sonst ist die Lähmung weiter wirksam.

Ein Zustand, der der Lähmung ähnlich ist, ist die Ängstlichkeit einer Führungskraft. Diese Erkrankung reduziert Entscheidungsfreude, Initiative, Mut und Einsatzbereitschaft. Die Angst vor Konsequenzen, die sich aus gemachten Fehlern ergeben, wird so groß, daß Analysen ausgedehnt werden, viele Meetings einberufen werden, um alle, die als spätere Ankläger auftreten könnten, miteinzubeziehen. Manche Bettlaken werden naßgeschwitzt, viele Absicherungen werden betrieben, bis eine Entscheidung fällt, die oft auch nur zu einem faulen Kompromiß entartet, der für den Markt meist zu spät kommt. Ängstliche Führungskräfte müssen durch externe und interne Hilfen ihr Selbstbewußtsein wieder aufbauen. Jobsicherung muß hier besonders deutlich betrieben werden. Wer Angst um seinen Job hat, kann nicht überzeugt arbeiten. Autoritäre Führer haben häufig ängstliche Führungskräfte, sie erzeugen sie.

Wie würden Sie die Erkrankung des Verhaltens einer Führungskraft bezeichnen, die sich so äußert: ‚Ich kann nicht in Urlaub fahren. Wenn ich hier raus bin, läuft nichts mehr.' Oder: ‚Wenn ihr mich nicht hättet, dann wär' hier schon alles zusammengebrochen.' Ein deutliches Symptom dieser Erkrankung ist auch die Aussage: ‚Wenn man sich hier nicht um alles kümmert, dann klappt aber auch überhaupt nichts.'"

„Ich würde dieses Krankheitsbild ‚Egozentrik' nennen. Einer der Unverzichtbaren, einer der Unersetzlichen sprach in Ihren Beispielen. Was der Ängstliche zuwenig an Selbstbewußtsein hat, hat dieser zuviel. Die kleinen Herrscher unter den Führungskräften mit einer eindeutigen Schlagseite zur Sachkompetenz sind am anfälligsten für die Krankheit ‚Egozentrik'. Meine bisherige Lebenserfahrung sagt mir, daß diese Krankheit nicht ganz heilbar ist, aber zu mildern ist sie. Wenn diese Führungskraft durch die sie führenden Manager und durch externe Seminare erfährt, wie befriedigend die partnerschaftliche Führung von Gruppen sein kann, wie sie diese Führung viel freier für die eigene Imagepflege macht, dann ist Besserung möglich und den Mitarbeitern geholfen."

„Mensch, Herr Quester, wir sitzen hier wie die alten Weisen und unterhalten uns über andere, als wären wir auf dem Wege durch eine neue Abteilung des Wachsfigurenkabinetts von Madame Tussaud, Abteilung Führungskräfte, Unterabteilung

Führungskrankheiten."

„Ja", lachte auch Quester, „nur habe ich in dieser halben Stunde wieder mehr gelernt als in den vergangenen vier Wochen. Und wie ich Sie kenne, Herr Schneider, haben Sie dieses Thema nicht ohne Überlegung angeschnitten. Ist es richtig, daß Sie mich auf die Führungscrew von Liebig vorbereiten wollten?"

„Gut, Quester, richtig! Sie haben mich verstanden." Schneider schaute Quester forschend an.

„Immer noch interessiert, oder brauchen Sie für eine Absage keine Bedenkzeit mehr?"

„Im Gegenteil. Jetzt wird es immer interessanter für mich. Sie kennen mich gut, Sie wissen, daß mich derartige Ausgangslagen immer interessiert haben."

Schneider grinste. Questers Augen wurden zu Schlitzen.

„Sagen Sie mal, Herr Schneider, haben Sie mich eben manipuliert? Genauso ein Gefühl muß man haben, wenn man plötzlich merkt, gekonnt und fast unbemerkt beeinflußt worden zu sein."

„Dann ist es doch keine echte Manipulation, die setzt doch voraus, daß andere unbemerkt zu fremden Nutzen beeinflußt werden. Ich werde", meinte er lachend, „auch schon alt. Vor Jahren hätten Sie mich noch nicht erwischt."

In den Augen von Schneider hockte der Schalk, und Quester konnte nicht anders, er mußte diesen Mann einfach mögen. Ein feiner Kerl, alles war klar an ihm, ein sympathischer alter Fuchs mit jungem Herzen.

„Also, Herr Quester, bevor Sie jetzt gehen und Ihre Entscheidung fällen noch eine wichtige Beobachtung bei dieser Liebig-Führungscrew: Alle sind infiziert von einem Virus. ‚Communikatio-Tuberkulosis' könnte die Krankheit heißen. Sie sprechen nur noch wenig miteinander, aber schreiben ordnerweise Aktennotizen. Wenn Sie die Aufgabe übernehmen wollen, Quester, müssen Sie als erstes diesen Produktivitätskiller Nummer eins ‚Kommunikationsschwindsucht' beseitigen. Gerüchte, Unterstellungen, Mißverständnisse sind die Folgeerscheinung dieser Erkrankung."

„Herzlichen Dank! Die anderen Motivatoren hätten eigentlich schon gereicht."

Quester verabschiedete sich. Schneider schaute ihm nach. Mein bester Mann, dachte er. Klar, daß Siefert mit dem Charakter dieses Mannes und mit seiner Kraft, seiner Leistung und seiner Intelligenz Schwierigkeiten hat. Na ja, so lange er dieses Unternehmen führt, hat Siefert keine Chance, seinen Favoriten Bruns in den Vorstand zu bringen.

16

Endlich Wochenende, dachte Quester, als er nach Hause fuhr. Zu Hause sprang er die Treppe zu seinem ältesten Sohn hoch. Den sah er leider nur wenig, denn sein Studium ergänzte er durch eine ganze Reihe von zusätzlichen Aktivitäten. „Hallo!" begrüßten sich beide.

„Computerei ist wieder angesagt."

„Klar doch. Kennst du schon die neuesten Manta-Witze? Paß mal auf, ich lass' sie einmal ausdrucken."

Klaus melkte eine Mailbox und ließ 15 Manta-Witze ausdrucken. Vater und Sohn saßen auf der Bettkante und lasen und lachten.

„Was machste denn, wenn ich dir so ein Gerät, so einen Manta, schenke?"

„Nachdem ich diese Beleidigung verkraftet habe, verkaufe ich die Keule und tausche meinen alten Diesel gegen einen neuen ein", antwortete sein Sohn.

„Wie läuft das Studium?"

„Na ja, manchmal frage ich mich schon, warum ich die Vorlesungen besuche, ich kann auch zu Hause schlafen."

„Junge, halte durch, auch wenn manche Professoren sich alle Mühe geben, dich einzuschläfern. Vor den modernen Wissensvermittlungsmethoden konnten sich die Unis immer noch erfolgreich bewahren. Wer vorliest, erreicht auch bei interessierten Hörern nur 20 % Gedächtniswirkung."

„Das scheint schon seit Jahren auszureichen, um die Intelligenz unseres Landes auf das notwendige Niveau zu bringen. Manchmal haben wir wirklich den Eindruck, wir lernen trotz und nicht wegen der vorsintflutlich vermittelten Information. Anderes Thema, Alter, mein Auto braucht was."

„Was?"

„Antriebswelle rechts."

„Wieviel?"

„Zweihunderfünfzig Mark."

„Hundert."

„Zuwenig, ich bin ein armer Student ohne BAföG."

„Aber mit Monatsscheck."

„Klar, aber der reicht nicht für plötzliche Anschläge auf meine Notreserven."

„Gut, wieviel?"

„Alles."

„Zuviel, Hundertfünfundzwanzig."

„Einhundertfünfzig."

„Geier!"

„Dagobert!"

„Hier, aber halte die andere Antriebswelle in Ehren, du Formel-Eins-Pilot mit Heizöl-Ferrari!"

„Du, Alter, ich steck' da nicht drin! Vielleicht mußt du bald noch mal löhnen."

„Die Verhandlung wird schwieriger, feilschen hilft da nicht mehr."

„Wie würdest du die Verhandlung dann führen, um zu überzeugen?"

„Ich werde dir noch Tips geben, um anschließend zu zahlen! Als Opfer meiner von mir selbst erarbeiteten Argumentationen! Nichts, das läuft nicht."

Die Tür ging auf, Siggi kam herein, schwer atmend vom Treppensteigen.

„Ne Zwei, Papa, zehn Mark!“ keuchte er.

„Ja, ist denn hier heute Zahltag, und ich bin die Bank? Erst mal herzlichen Glückwunsch! Wo warst du denn so gut?“

„Englisch.“

„Na, das ist gut, so muß das sein. Die zehn Mark, mein Sohn, und weiter so!“

„Langsam, ich will dich ja schließlich nicht arm machen, außerdem geht das alles von der Erbmasse ab.“

„Stimmt, nur habe ich noch so viele Notgroschen, daß du dein Abi mit 1,0 machen könntest.“

„Igitt!“

„Interessant“, meinte Klaus, „dann ist wohl die zweite Halbachse doch gesichert.“

„Bei euch muß man aufpassen wie bei Kartenhaien.“

Sie sprachen beide gleichzeitig mit gespielter Entrüstung:

„Wir sind die ehrlichsten Häute dieser Welt.“

„Stimmt“, sagte Quester und verließ das Zimmer mit der Bemerkung „Mir ist schleierhaft, wo ihr dieses Streben nach irdischen Gütern herhabt.“

„Karin, du mußt bei unseren beiden etwas falsch gemacht haben. Immer wenn ich aus deren Zimmer komme, habe ich materielle Verluste erlitten.“

„Ich verstehe das, aber ich billige es nicht. Du stehst doch bald mittellos da, und für mich ist nichts mehr übrig. Mein Hausfrauenlohn wäre heute fällig. Aber laß mal, ich überweise sowieso jeden Monat genügend auf mein Konto.“

„Hilfe, ich werde ausgeplündert! Kommt, jetzt ist alles egal, ich lade euch zum Essen ein. Jetzt verjubeln wir meine letzten hundert Mark. Morgen mache ich meine Spesenabrechnung und tanke Geld neu auf. Kein Widerspruch!“ Alle hatten gerade Zeit; es war lange her, daß sie zusammen zum Essen waren.

Quester dachte, als sie zum Auto gingen: Wenn ich diese Familie nicht hätte, ich wäre nur die Hälfte wert. Meine emotionale Tankstelle, wo die Energien entstehen, die ich im Berufsleben brauche.

Karin war eine Frau, die seine häufige Abwesenheit gut verschmerzen konnte, die sich freute, wenn er kam, aber kein Theater machte, wenn er ging. Es kam wohl doch nicht darauf an, wie oft man zu Hause ist, sondern wie man zu Hause ist. Eigentlich konnte er doch so richtig zufrieden sein, und er war es auch.

17

„Du, Corinna", sagte Anders zu seiner Frau, „der Selmar scheint es zu packen. Der hat auf dem Führungstraining viel gelernt. Er weiß jetzt, wie nachteilig es ist, alles selbst machen zu wollen. Jetzt will er unbedingt auf ein Ziel- und Zeitmanagement-Seminar. Ich habe es natürlich sofort akzeptiert."

„Manchmal brauchen Menschen nur einen entscheidenden Impuls, und sie begreifen ihre Situation."

„Manchmal schaffen es auch viele Hinweise nicht. Denk an Quester! Manfred will oder kann seine Situation nicht erkennen, er schlägt alle Warnungen in den Wind. Das ist sehr menschlich, sehr sympathisch, aber für ihn von weittragender Bedeutung. Ich spüre und ahne, wie ihn das mitnehmen wird, was er an menschlicher Enttäuschung erleben muß, und das unabhängig davon, ob er nun Opfer wird oder nicht."

„Wie eine Gesetzmäßigkeit ohne Änderungschance. Ist das nicht seltsam, Bernhard?"

„Seltsam ist sicher ein guter Ausdruck dafür. Diese Abläufe sind so irrational, daß sie fast wieder logisch wirken. Da hockt nun einer fest an sein Wertesystem gekettet und kann oder will nicht sehen, was andere ihm nehmen. Vielleicht ahnt er, aber jede Gewißheit tötet er ab, weil nicht sein darf, was aus seiner Sicht nicht okay ist."

„Das einzige, was wir tun können, ist weiter warnen und für

eine weiche Landung bei seinem Fall sorgen."

„Das werde ich sicher tun."

„So handelst du als Freund auch nicht anders, als dein Wertesystem es dir vorschreibt. Du könntest ja auch sagen, er muß hart fallen, damit er für sein Leben lernt und immunisiert wird gegen diese emotionalen Auslieferungsprozesse, oder?"

„Nun, das hat etwas für sich. Ich handle auch nach Normen und Werten. Dieses Normwertsystem bestimmt bei uns allen unser Verhalten. Der Wertewandel, der 1965 seinen Anfang hatte, hat Werte abgelöst und neuen Werten Bedeutung gegeben. Die Erhaltungswerte Disziplin, Gehorsam, Unterordnung, Enthaltsamkeit sind im Sinken begriffen. Steigend sind die Werte Emanzipation, Autonomie, Selbstverwirklichung, Partizipation, Hedonismus. Siefert, der Vorgesetzte von Quester, ist zum Beispiel geprägt von den alten Werten und findet sich bei den Menschen, die von neuen Werten gesteuert werden, nicht zurecht. Er stemmt sich gegen eine Entwicklung, die er nicht aufhalten kann. Corinna, du weißt, warum du diese Abneigung gegen unseren Nachbarn hast. Der hat eine völlig andere Priorität in seinem Normwertsystem als du. Er ist so karrieregeil, daß er seine Familie ruiniert. Obwohl er sieht, daß auch noch das Letzte in Scherben geht, strampelt er weiter nach oben. Du aber setzt die Familie ganz oben an und verurteilst sein Verhalten, das deine höchsten Werte verletzt."

„Das ist aber auch ein furchtbarer Mensch!"

„Genau, eben hörtest du deinen Normwert."

„Wenn doch alles, was so gut erklärbar ist, auch so gut änderbar wäre!" entgegnete Corinna.

„Das Leben wäre halb so schwer, aber auch halb so schön", meinte Anders, nahm seine Frau in den Arm und flüsterte ihr etwas ins Ohr. Als Antwort kuschelte sie sich fest in seine Arme.

18

Bruns rieb sein Kinn und zeigte sich betroffen. „Wenn ich es Ihnen sage“, meinte Siefert, „mit Zurückhaltung ist da nichts mehr zu machen. Damit schaffen Sie den Einstieg in den Vorstand nicht. Schneider wird Quester mit der Fernlenkung von Liebig beauftragen. Quester wird das meiner Meinung nach gut schaffen und sich für den Vorstand empfehlen. Einmal stellvertretendes Vorstandsmitglied geworden, hat es bei uns bisher jeder in den Vorstand geschafft. Lassen Sie sich auf allen Ebenen, ich betone auf allen Ebenen, etwas einfallen, sonst ist die Tür zum Vorstand in diesem Unternehmen zu.“

Bruns schaute Siefert an. „Und ich habe Ihre Unterstützung auch dann, wenn es haarig wird?“

„Die und die von Schranders auch. Durch Schranders sind Sie über alle Schritte Questers gut informiert. Schade, daß Ihre Gehrke-Aktion nicht geklappt hat, dann hätten Sie alle Informationen.“ „Vielleicht läßt sich hier eine kleine Legende knüpfen. Es genügt bereits, wenn andere glauben, er hat etwas mit der Gehrke. Schneider hat so etwas überhaupt nicht gern.“

Bruns dachte nach und schaute Siefert an. „Ich danke Ihnen, Herr Siefert. Ich lass' mir etwas einfallen und informiere Sie über meine Schritte vorher und nachher.“

„Gut, dann kann ich flankierend arbeiten.“

Bruns stand auf, nahm den toten Vogel, diese kraftlose Hand Sieferts, in seine, drückte kurz, aber nicht kräftig zu und ging.

Siefert schaute ihm nach. Nur mit dem kann ich meinen Beratervertrag durchbringen. Nach meinem Ausstieg aus dem Vorstand möchte ich noch mindestens zwei Jahre als Berater tätig werden. Bei Quester als Vorstandsmitglied für Marketing und Vertrieb habe ich damit keine Chance. Bruns muß ihn mir geben, weil ich zuviel von seinen kommenden Spielen weiß. Als Schweigegeld einen Beratervertrag, nicht schlecht. Es läuft, dachte Siefert, wie es laufen muß, wenn ich dranbleiben will. Dann greifen wir doch mal in die Kiste der Gerüchte. Die Gehrke muß noch mal bei mir aushelfen, und dann erwische ich sie, ob es passiert oder nicht, bei einem vertrauten Telefongespräch mit Quester. Garantiert wirksam bei Schneider, der doch so voller Prinzipien in diesem Bereich ist.

Quester saß zusammen mit Frau Fröhlich und Frau Gehrke in einem Meeting mit seinen GVLs. Die Einführungskampagne von Galaxis war das Thema. Quester ging die Checkpoints durch, die zeitlich nach Erfüllungsplan dran waren, und fragte sofort bei einer Zieldivergenz nach Korrekturmaßnahmen. Seine Mitarbeiter kannten dieses Vorgehen und hatten sich entsprechend vorbereitet. Ergebnisorientiertes Führen, Führen nach Zielen oder auch Management by objectives, wie immer man es nennt, seine Mitarbeiter arbeiteten nach vereinbarten Zielen mit hoher Eigenverantwortung und extrem hoher Motivation. Es war ihr Ziel, ihr Weg, ihr Erfolg oder Mißerfolg. Quester wußte, daß seinen Mitarbeitern das Eigentum am Erfolg erhalten bleiben mußte, um die volle Leistung erbringen zu können. Auch jetzt während der Sitzung kamen die Problemlösungen von seinen Mitarbeitern und nicht von ihm. Er koordinierte, entschied, wenn die Kompetenzen seiner Mitarbeiter überschritten waren und motivierte zu kreativen Prozessen, wenn eine Lösung nicht überzeugte, also, er führte.

Es war nicht leicht gewesen, dahin zu kommen. Zuerst wollten auch seine Mitarbeiter von ihm wissen, was sie tun sollten. Wie bei ihrem früheren Boß erschienen sie zum Meeting mit der Einstellung ‚Ich sag' ihm mein Problem, und er löst es für mich'. Diese Einstellung, die ihren Ursprung wohl bei Jesus und seinen Wunderheilungen hat, wich erst ganz langsam der Einstellung ‚Mein Problem löse ich selber, der Boß entscheidet nur dann, wenn meine Kompetenzen überschritten sind, sonst tue ich auch das selbst und informiere ihn nur'. Diese Verselbständigung des Mitarbeiters nach der Herstellung des entsprechenden Reifeprozesses im Bereich Wissen, Können, Bewußtsein und der Selbstorganisation ist vergleichbar mit einem Ablösungsprozeß. Ein Mensch wird aus seiner Abhängigkeit in die Selbständigkeit entlassen. Das verlangt von dem Boß die stärkste Veränderung. Keiner von denen, die es selbst können, fragt ihn mehr, keiner von den alten Mitarbeitern will noch seinen Rat, nur noch die Neuen sind dankbar für die Weitergabe von Know-how. Er muß sich jetzt darüber freuen, daß vieles ohne ihn läuft, seine Erfolgserlebnisse sind beim erfolgreichen Mitarbeiter zu finden, bei der erfolgreichen Crew und nicht bei der permanenten Bestätigung seiner Unverzichtbarkeit durch fragende und ratsuchende Mitarbeiter, die ihn täglich brauchen. Nicht nur bei Muttern ist das zu lang andauernde Gluckenverhalten erlebbar. Auch Führungskräfte ‚bebrüten' häufig noch Mitarbeiter, die längst der Ausbildungsrolle entschlüpft sind. Die brüten nicht nur Eier, sondern auch noch gut gefiederte Hähnchen und Hühnchen. Nestflucht ist dann das einzige, was übrigbleibt. Die Suche nach der Möglichkeit, woanders frei zu arbeiten, wird zu einem Verlust für das Team. Quester hatte es mit seinen Mitarbeitern geschafft. Er hatte seinen Mitarbeitern die Selbständigkeit gegeben, die sie brauchten, damit sie gerne mit ihm weiter zusammenarbeiteten.

Die Stimmung war gut, denn die Ziele waren erreicht und erreichbar. Der Produktmanager Schelmer hatte durch Umschichtung der Mittel Spielraum für weitere Listungen, also für zusätzliche Distrubitionen, gegeben. Schelmer hatte erkannt, wie wichtig die Distrubition für ihn und seinen Erfolg war. Wenn die Überall-Erhältlichkeit nicht erreicht wurde, dann nutzte auch kein Werbedruck.

Diese suchenden Verbraucher, die bei Neueinführungen eigentlich nur im Kopf optimistischer Marketingleute zu finden sind, werden im Markt immer wieder gesucht, aber selten gefunden. Frau Gehrke notierte die Beschlüsse und Entscheidungen, die schnell nach kurzer Darstellung von Problemlösungen durch den Verantwortlichen und, wenn nötig, nach kurzer Diskussion im Kreis fielen. Die Produktivität war hoch. Das lag auch an der Methode. Die Zielsetzung war auf einem für alle sichtbaren Flipchart notiert. Jeder konnte sich immer wieder auf die Ziele des Meetings zurückholen. Das Verfahren zur Zielerreichung war am Anfang diskutiert, zeitlich kalkuliert und verabschiedet. Auch das wurde fixiert und auf einem Flipchartblatt neben die Zielsetzung gehängt. Jeder hielt sich kurz und nahm Rücksicht auf den anderen. Man profilierte sich nicht mit Redeschwall und Weitschweifigkeit, sondern mit kurzen und knappen Problemlösungen, Vorgehensweisen, Ausgangslagen und Ergebnissen. Das sind Sitzungen mit höchster Effizienz, dachte Frau Gehrke. Keine Quatschbuden, Laberforen oder One-man-Show-Veranstaltungen. Die Gesprächsanteile von Quester waren sehr viel niedriger als die seiner einzelnen Leute. Eine Freude, so ein Meeting.

Nach der straff geführten Erledigung der Tagesordnungspunkte schloß Quester den offiziellen Teil und das Protokoll. Jetzt hatte man noch anderthalb Stunden für das Ausklingen. Es wurde erzählt, gelacht. Jeder wußte eine Story vom Markt.

Plötzlich stand Fischer auf und schaute sich um in die erstaunten Gesichter der Kollegen und wandte sich dann an Quester. „Boß“, begann er, „Sie haben, so trommelte die Buschtrommel unseres Hauses, eine neue Aufgabe zusätzlich zu Ihrer Aufgabe als Vertriebschef erhalten. Sie sollen das Unternehmen Liebig führen. Stimmt das?“

Quester nickte erstaunt.

„Woher wissen Sie das denn schon wieder?“

„Von den geheimen Informanten unseres Hauses, die selbstverständlich ungenannt bleiben wollen. Wir gratulieren Ihnen, denn das ist ja wohl die Trittleiter für den Einstieg in den Vorstand. Ich muß sagen, Herr Schneider hat eine gute Hand bei der Wahl seiner zukünftigen Kollegen.“

Alle klopften, standen auf und hoben ihr Glas. Sah man genau hin, dann zögerte Schranders ein wenig, aber dann arrangierte er sich mit der Situation und erreichte wieder Burgschauspielerqualitäten. Ein Chamäleon erster Güte und völlig ohne störenden Charakter, hätte Anders gesagt, hätte er den Mann beobachten können.

19

Frau Maier übergab die fälligen Arbeiten an Frau Gehrke. „Ich werde an den finnischen Seen an Sie denken, Frau Gehrke. Prima, daß Sie mir helfen, Herr Siefert braucht eine ordnende Hand. Ich glaube, ich hätte mich nicht erholen können, wenn Sie mein Sekretariat nicht mitmachen würden."

„Das ist doch selbstverständlich, Frau Maier. Ich wünsche Ihnen gute Erholung. Wo geht es denn genau hin?"

Die Tür ging auf und die Antwort von Frau Maier in den ersten Sätzen von Siefert unter. „Das freut mich ja, daß Sie mir helfen, Frau Gehrke. Frau Maier verläßt mich einfach und hätte aus mir einen beruflichen Strohwitwer gemacht, hätte ich Ihre Hilfe nicht bekommen. Danke!"

Siefert streckte beide Hände aus, so als wolle er Frau Gehrke in die Arme nehmen, überlegte es sich jedoch innerhalb von Sekunden anders, ließ die Hände wieder sinken und verbeugte sich nur. „Gott sei Dank!" seufzte Frau Gehrke unhörbar. Diesen Mann mochte sie nicht. Schleimig, glitschig, egoistisch, alles fiel ihr ein, nur keine positiven Begriffe. Siefert war eine Art Gummibaum, er wuchs mit den Hindernissen, an ihnen, paßte sich an, wie es gebraucht wurde. Frau Gehrke rief sich zur Ordnung: Du mußt mit ihm jetzt drei Wochen arbeiten. Sie wußte nur zu gut von der Bedeutung des Satzes ‚Was in Dir ist, ist auch außerhalb von Dir'. Sie wußte, daß

Siefert die Empfindlichkeit und Empfindsamkeit eines Spielers hatte und seine flinken Augen auch das kleinste Detail erfaßten. „Es ist selbstverständlich, daß ich Frau Maier und Ihnen helfe." Sieh da, meldete sich ihr Inneres, du hast nicht ohne Grund diese Reihenfolge der Namen gewählt – aufpassen! Frau Maier verabschiedete sich, und Frau Gehrke setzte sich an den Schreibtisch, rückte den Computer zurück, ordnete Telefon und Schreibutensilien auf Griffweite.

„Bitte rufen Sie Herrn Bruns an, er möchte gleich zu mir kommen."

„Natürlich, Herr Bruns, sofort!"

Herr Bruns war in einer Minute da. „Ja, was sehe ich denn da, Frau Gehrke im Vorstandssekretariat, gut sieht das aus! Sie sollten sich daran gewöhnen. Finden Sie nicht, daß Ihre Tätigkeit hier ein Grund zum Feiern wäre? Im Ernst, Frau Gehrke, ich würde mich sehr freuen, wenn Sie mit mir heute abend oder auch morgen essen gehen würden. Nun geben Sie Ihrem Herzen einen Stoß!"

„Herr Bruns, meine Doppelbelastung empfinde ich nicht als Grund zum Feiern. Heute abend und in den kommenden vier Wochen bin ich sicher ziemlich kaputt, denn Herr Quester soll unter dieser Vertretung nicht leiden."

„Man müßte Quester heißen", meinte Bruns und lächelte sie an. „Für meinen Freund setzen Sie sich außerordentlich ein. Ich wollte, ich hätte eine solche Sekretärin!"

„Frau Liebherr ist eine sehr tüchtige Kraft und ein sehr netter Mensch, da gibt es doch eigentlich nichts, was Sie an einer solchen Sekretärin vermissen könnten!"

„Da fehlt's an Format, an Persönlichkeit, Frau Gehrke, und davon haben Sie reichlich, so viel, daß es mir, und das wissen Sie sehr gut, nicht nur um die Sekretärin Gehrke geht."

„Herr Siefert, Herr Bruns ist jetzt da."

„Er soll reinkommen."

Bruns nahm die kalte Dusche, lächelte sein typisches

Lächeln etwas weniger gewinnend als sonst und ging zu Herrn Siefert. „Ich habe verstanden, aber ich gebe nicht auf“, murmelte er über die Schulter hinweg und schloß sorgfältig die Tür.

Jetzt möchte ich, dachte Frau Gehrke, doch einmal Mäuschen sein, jetzt wird es sicher interessant. Damit lag sie ziemlich richtig. Es wurde interessant! Siefert sah Herrn Bruns an. Bruns begann: „Mit Frau Gehrke hat's ja gut geklappt.“

„Ja, das Gerücht ‚Quester und Gehrke‘ werde ich in Kürze verbreiten, ich brauche nur noch ein Indiz, das für ein Gerücht ausreicht. Wie sieht es mit Ihnen aus, haben Sie ein Konzept?“

„Ja, ich glaube, ich weiß, wie wir Schneider zum Meinungsumschwung kriegen. Zunächst verstärke ich den Kontakt mit dem Außendienst, um bei den Leuten von Quester eine noch größere Akzeptanz zu erreichen. Dann lasse ich Schranders Ansatzpunkte für den Identifikationsverlust und für Loyalitätsschwierigkeiten Questers sammeln. Wer hinter dem Rücken seiner Vorgesetzten arbeitet, der macht es auch mit einem anderen, zum Beispiel mit Herrn Schneider. Ihre Hilfe benötige ich bei Liebig. Der dortige Geschäftsführer hat besonders große Angst um seinen Job. Wenn Sie ihm erzählen, daß Quester kaltschnäuzig, also völlig ohne Rücksicht auf Menschliches vorgeht, wird er seine Führungskräfte um sich scharen und Widerstand leisten. Der Erfolg Questers wird bei Liebig unwahrscheinlich, und damit stürzt der Stern Questers auch bei Schneider. Darüber hinaus verfolge ich die Einführung von Galaxis genau und werde das Verhältnis von WKZ und erreichten Distrubitionen genauer vergleichen. Es ist wahrscheinlich, daß eine Etatüberschreitung erfolgt. Ein Ansatzpunkt für die Argumentation, daß Erfolg erkauft wurde und nicht verkäuferisch begründet ist.“

„Da müssen Sie aber auch auf die Reaktion der GVLs achten, die sind bis auf Schranders auf Questers Seite und reagieren naturgemäß sauer, wenn man ihnen die erreichten

Erfolge im nachhinein abspricht. Ansonsten sehe ich gute Ansatzpunkte für Ihre Strategie."

„Verstehen Sie mich richtig, Herr Bruns. Ich habe nichts gegen Herrn Quester, ich will Ihnen nur helfen, die Sympathiesäule Questers bei Schneider auszugleichen, auf Ihr Maß zu bringen. Sie sind für mich der bessere, flexiblere Mann. Die Zukunft dieses Hauses darf nicht von Prinzipien gebremst werden. Der Markt verlangt mehr Beweglichkeit, eine flexible Anpassung und eine straffe Führung der Mitarbeiter. Quester führt nicht, er läßt laufen, und das ist gegen jede Erfahrung."

Bruns hörte konzentriert zu. ‚Edelmut ist es nicht und Ethik auch nicht, was dich steuert', sagte er gedanklich zu Siefert. ‚Aber uns verbindet der Begriff Nützlichkeit. Dich brauche ich, und deshalb bist du nützlich für mich.'

„Natürlich möchte ich Ihnen auch künftig mit Rat und Tat weiter zur Seite stehen. Manchen versteckten, aber erfolgreichen Weg kenne ich im Vorstand sehr genau. Wir sollten uns bereits jetzt klar darüber sein, daß Sie von einem zweijährigen Beratervertrag, den das Haus, den Sie mit mir abschließen, sehr profitieren. Über meine externe Tätigkeit für das Unternehmen nach meinem Ausscheiden sollten wir uns jetzt einmal unterhalten."

Das ist also der Preis, schoß es Bruns durch den Kopf, so mußt du zahlen. Zwei weitere Jahre Mitsprache will er also.

„Eine sehr gute Idee, Herr Siefert. Sicher benötige ich als Vorstandsmitglied Ihre Erfahrung in der Zukunft besonders. Sie haben Verbindungen nach innen und außen, die ich nicht habe, und Ihre große Erfahrung im Marketing und vor allem in der Vertriebsführung ist für mich sehr wertvoll. Ich sage Ihnen bereits jetzt zu, daß der Vertrag zu Ihren Bedingungen durchgeht. Ob ich das Geld nun an andere Berater zahle oder ob es ein Informierter, der sich in unserem Haus gut auskennt und für den ein Qualitätsunterschied klar spricht, bekommt, das ist keine Frage."

„Gut“, meinte Siefert, „der Punkt ist geklärt. Ich werde selbstverständlich zu einem entsprechenden Zeitpunkt mit Schneider sprechen und den Vertrag dort verkaufen, aber so wie ich Herrn Schneider kenne, fragt er Sie, was Sie davon halten. Ihre Meinung ist dann ausschlaggebend für ihn.“

„Er hört, was ich eben gesagt habe“, sagte Bruns.

„Gut. Nur sollte auch das klar sein: Wenn Sie trotz allem den Sprung in den Vorstand nicht schaffen, dann muß man, lieber Bruns, Ihre Aussage, was den Beratervertrag betrifft, auch so hören.“

Donnerwetter, jetzt klickt die nächste Sicherheitsleine am Halteseil. Siefert läßt nichts aus, das ist ein ausgebuffter Hund!

„Auch das ist klar, Herr Siefert, ich rechne natürlich nicht damit, aber wenn es so kommen sollte, ändert das nichts an meiner Meinung, die sich auf Überzeugung gründet.“

Siefert lächelte entspannt. „Dann sollten wir starten, Bruns, ich bin überzeugt, wir schaffen es. Für das Unternehmen müssen wir alles tun, auch den Favoritensturz, wenn es nicht anders geht. Wir starten hier eine gerechte Sache.“

„Ich sehe auch die sachlichen Gründe“, sagte Bruns.

„Gut, dann werde ich Frau Gehrke eine Notiz diktieren, die ein Gesprächsergebnis fixiert, das ungefähr so heißt: Die Marketingmaßnahmen für die Einführung von Galaxis laufen planmäßig. Eine Verstärkung der Werbung in klassischen Medien ist nicht mehr nötig. Die Zielerreichung des Marketingbereiches ist gesichert. Herr Bruns betont die gute Zusammenarbeit mit Herrn Quester.“

„Daran ist nichts falsch“, sagte Bruns, lachte und ging. Im Vorzimmer grüßte er noch einmal Frau Gehrke, die kühl erwiderte.

„Frau Gehrke, kommen Sie bitte mit dem Block zu mir!“ Herr Siefert diktierte das Gesprächsergebnis und verabschiedete sich von Frau Gehrke mit den Worten: „Ich muß heute früher gehen, Herr Schneider hat den Vorstand zum Abendessen geladen. Ich nehme an, er will uns seine Absicht, Herrn Quester zum stellvertretenden Vorstandsmitglied zu befördern, bekanntgeben. Der Aufsichtsrat hat die Entscheidung Schneiders bereits akzeptiert."

„Auf Wiedersehen, Herr Siefert", sagte Frau Gehrke, sich bewußt einer Meinungsäußerung enthaltend.

„Wir sehen uns morgen, die Termine sind in Ordnung, Sie können also jetzt wieder zu Herrn Quester gehen."

„Gut, Herr Siefert, dann bis morgen."

Warum hat er mir das bloß mit dem Aufsichtsrat erzählt, dachte Frau Gehrke. Ich fühle mich hier nicht wohl, weil mir mein Gefühl sagt, daß hier Falschheit, Scheinheiligkeit und Unfairneß von den Wänden tropft. Sie nahm ihre Sachen und ging zu Quester.

20

„Da ist sie ja, die Arme. Wenn Sie die Gewerkschaft erwischt, Frau Gehrke, dann werden Sie als Ausgebeutete vermarktet und für die nächste 25-Stundenwochen-Kampagne als Beweis für kapitalistische Brutalität gebraucht."

„Was ich jetzt nicht brauchen kann, ist Spott. Ich saß da eben im Vorzimmer von Herrn Siefert und habe, als Herr Bruns bei Herrn Siefert war, immer wieder an einen Satz gedacht, den ich mal irgendwann aufgeschnappt habe. Der heißt: ‚Man muß nicht das Licht eines anderen ausblasen, um das eigene leuchten zu lassen.' Ich bin mir nicht mehr sicher, ob dieser Satz stimmt. Manchmal glaube ich, daß Schwache das doch müssen, weil sonst das Glimmen ihres Dochtes nicht neben der Flamme des Starken erkannt wird."

„Frau Gehrke, bitte denken Sie mal in aller Ruhe über die sich selbst erfüllende Prophezeiung nach. Erleben Sie nicht im Moment, was Sie erleben wollen oder wollten? Sehen Sie nicht schon, ohne es zu wollen, in Bruns das bedrohliche Gespenst des skrupellosen Managers, der sogar Freundschaften schlachtet? Bei Siefert mögen Sie ja recht haben, das ist so einer, der alles macht, um seine Ziele zu erreichen, das weiß ich, aber bei Bruns irren Sie sich ganz bestimmt."

Ja war denn dieser Mann total vernagelt? War der denn völlig blind und taub? Mit Andeutungen war hier nichts mehr zu machen, da nützte nur noch die Schocktherapie.

„Herr Quester, Herr Bruns versucht, mich als Sekretärin abzuwerben. Er hat auch versucht, bei mir persönlich zu landen. Außerdem spricht er sehr negativ über andere und auch über Sie. Macht das ein Freund?"

„Sie sind also die, die ihn hat abfahren lassen! Er erzählte mir beim Tennis von einer Frau, die er sehr schätzt und bei der er keine Chancen zu haben scheint. Warum eigentlich nicht, Frau Gehrke? Herr Bruns ist ein feiner Kerl, sieht gut aus und macht sicher weiter Karriere. Das Abwerbespiel ist sicher ein weiterer Beweis dafür, daß er Sie sehr schätzt."

Bei diesen Worten schossen Frau Gehrke die Tränen in die Augen. „Ist das wirklich alles, was Ihnen einfällt, wenn Sie hören, jemand versucht, Ihnen die Sekretärin abzuwerben, um Ihnen zu schaden? Macht es Sie nicht nachdenklich, wenn sich Herr Bruns plötzlich um Ihren Außendienst kümmert, um sich zu profilieren? Finden Sie es nicht merkwürdig, daß Ihr Herr Schranders mehr mit Bruns spricht als mit Ihnen? Herr Gott nochmal, macht es Sie denn überhaupt nicht stutzig, wenn Bruns bei Siefert und Schneider anders spricht, als er handelt? Glauben Sie wirklich nicht, daß ich fair von unfair unterscheiden kann, Spiel und Realität auseinander halten kann? Sind Sie wirklich so naiv, daß Sie nicht erkennen, wer es gut und wer es nicht gut mit Ihnen meint? Sie glauben noch an Ihre unerschütterliche Freundschaft mit einem Herrn Bruns, wenn der Sie bereits ausgetrickst hat. Sind Sie denn wirklich blind und taub?"

Frau Gehrke sprach immer lauter und heftiger. Sie war zornig und verzweifelt zugleich. Tränen rannen über ihre Wangen. Jetzt war ihr alles egal. Durch diesen Panzer an Gutgläubigkeit und Nibelungentreue Questers mußte sie durch.

„Wenn Sie nicht langsam aufwachen, dann gehe ich. Ihren Freund Bruns werde ich persönlich wie geschäftlich nie akzeptieren. In mir läuten sämtliche Alarmglocken, wenn ich diesen Mann nur sehe. Da ist Falschheit gepaart mit Skrupellosigkeit, und das alles fein verpackt mit einem gekonnten Freundschaftsgehabe. Ich kündige, Herr Quester, denn ich will die ganze Tragödie, die da noch vor Ihnen liegt, nicht mit Ihnen erleben. Und Sie werden sie erleben, wenn Sie nicht aufwachen!"

Oh Gott, wie schwer fallen dir diese Worte, sagte sich Frau Gehrke. Das ist überhaupt nicht das, was du willst. Sie drehte sich abrupt um und wollte den Raum mit schnellen Schritten verlassen.

„Bitte bleiben Sie hier, Frau Gehrke!" Quester erhob sich langsam und ging auf sie zu. „Ich habe nicht gewußt, wie sehr ich und andere Sie verletzt haben. Bitte vergessen Sie, was ich da vorhin gesagt habe. Ich brauche Sie sehr und will Sie um keinen Preis verlieren!"

Bei diesen Worten wurde Frau Gehrke von einem Weinkrampf geschüttelt. Quester nahm seine Sekretärin in den Arm, um sie zu beruhigen. Sie gab einem persönlichen Gefühlsausbruch nach und ließ den Kopf an seine Schulter sinken. Wie bei dem Bruch eines Staudammes brachen jetzt die aufgestauten Emotionen aus ihr heraus, sie weinte sich leer. Quester hielt sie vorsichtig in seinem Arm, beide waren sich sehr nah, so nah, wie sich Menschen sein können, die sich sehr schätzen, sehr mögen, intensiv befreundet sind, ohne es jemals so wie in diesem Moment gespürt zu haben.

In dieser Sekunde öffnete sich die Tür und Siefert stand im Türrahmen. Beinahe hätte er, statt Betroffenheit zu zeigen, offene Freude geäußert. Aber der alte Routinier hatte sich nach der ersten Sekunde wieder im Griff.

„Ich störe wohl, Herr Quester? Sie haben mir ganz sicher einiges zu erklären. So hätte ich Sie nicht eingeschätzt. Es geht mich ja nichts an, was Sie privat treiben, aber in der Firma kann ich das nicht dulden. Frau Gehrke, ich denke, Sie sollten über Konsequenzen nachdenken!"

Beide starrten Siefert fassungslos an, schauten sich an und wieder Siefert, der sich umdrehte, um den Raum zu verlassen.

„Moment!“ rief Quester und rannte Siefert hinterher. „Sie sitzen da einem Mißverständnis auf. Lassen Sie mich erklären, was passiert ist.“

„Herr Quester, ich habe gute Augen, und die haben mir viel erklärt. Ich weiß jetzt, warum Frau Gehrke sich so für Sie einsetzt und warum die Dame Sie so häufig auf Ihren Dienstreisen begleitet hat.“

„Herr Siefert, nun hören Sie mich erst einmal an, bevor Sie sich in Ihren Vorurteilen vergraben!“

„Herr Quester, erklären Sie lieber alles Herrn Schneider. Mir reicht, was ich gesehen habe.“

Quester sah Herrn Siefert prüfend an, drehte sich dann abrupt um und ging in sein Büro zurück. Dort lehnte Frau Gehrke bleich und völlig geschafft an seinem Schreibtisch.

„Herr Quester, ich kündige,“ sagte sie leise.

„Nichts dergleichen tun Sie, das genau will er doch, denn nur so hat er seinen Beweis für seine Sicht. Sie bleiben! Wenn, dann gehen wir beide, aber bis dahin wird's hier noch lebhaft. Wenn er den Fehler macht, das Schneider zu erzählen, mach' ich ihm Feuer unter seinem Stuhl. Wenn er tatsächlich verbreitet, was er nur aus der Situation geschlossen hat, wird er sich wünschen, das nie gesagt zu haben. Jetzt werden wir aktiv, Frau Gehrke, aber bevor ich überhaupt etwas tue, eine Frage an Sie, wieso sind Sie, was Bruns betrifft, so sicher?“

„Ich fühle es intensiv und höre, wie er von seiner Sekretärin spricht. Wer einem gegenüber unfair ist, ist auch anderen gegenüber unfair, diese Charaktereigenschaft ist meiner Meinung nach durchgängig. Zwischen Spiel und Ernst kann ich übrigens gut unterscheiden, und er meint es ernst mit der Abwerberei. Bruns will Sie schwächen. Wenn ich zu ihm gehe, wird doch jeder im Betrieb fragen, warum geht die weg von Quester? Ich glaube, niemand kommt auf eine positive Antwort, und das will er erreichen."

Quester dachte nach. Diese Frau ist völlig ohne Falschheit, das fühlte er ganz sicher. Ihre Gefühlssicherheit kannte er. Aber das ist doch alles nicht wahr, was ich hier erlebe. Kann sich denn ein Mensch so ändern?

„Frau Gehrke, ich werde mit Herrn Schneider sprechen und Bruns beobachten."

Gott sei Dank, er hat die Position des Ungläubigen, Naiven aufgegeben. „Entschuldigen Sie, ich sehe scheußlich aus, ich muß etwas für mein Gesicht tun." Sie lächelte wieder, noch ein wenig unter Tränen, aber eher glücklich als unglücklich. Sie ahnte, was da noch alles auf sie zukommen würde. Wenn Quester wollte, dann würde sie das mit ihm durchstehen, da war sie ganz sicher.

21

Quester fuhr völlig aufgewühlt und geistesabwesend nach Hause. Kaum war er angekommen, sprang er in seinen Trainingsanzug und lief zwei Stunden durch den Wald. Seine Frau wußte, daß er sich mit etwas sehr Wichtigem beschäftigte und hatte nicht gefragt. Sie wußte, wenn er soweit war, sich wieder gefangen hatte, würde er mit ihr sprechen. Ja, und dann saßen sie beide nebeneinander, und er erzählte ihr, was geschehen war. Mit dem sicheren Instinkt einer Frau wußte sie sofort, daß es so war, wie Quester es berichtete, daß Siefert sah, was er sehen wollte und daß kein Jota Wahrheit an Sieferts Geschichte war.

„Siefert will dir schaden, sonst hätte er anders reagiert. Die Situation muß ihm sehr gelegen gekommen sein, sonst hätte er mit euch gesprochen. Du mußt mit Schneider sprechen, ich bin sicher, er glaubt dir und Frau Gehrke."

„Es kommt, denke ich, sehr darauf an, was Siefert in der Zwischenzeit tut."

„Du sagst, Schneider kommt erst in drei Tagen zurück, in diesen drei Tagen kann viel passieren. Wenn Siefert seine ‚Information ausstreut', dann wird es besonders für Frau Gehrke schwierig."

„Stimmt", sagte er, „und ich kann überhaupt nichts tun. Das einzig Positive, was ich entdecken kann, ist, daß ich sofort weiß, wenn Informationen dieser Art auftauchen, von wem sie kommen."

Beide dachten intensiv nach, aber es wollte beiden nicht gelingen, eine wirksame Abwehrstrategie zu entwickeln, zumal schwer einzuschätzen war, wie weit Siefert gehen würde.

Das Telefon klingelte. Anders war am Apparat. An der Stimme von Quester, die sonst immer fröhlich und positiv klang, erkannte Anders sofort, daß seinen Freund etwas sehr beschäftigte.

„Manfred, was ist los mit dir, du klingst so anders."

„Bernhard, das läßt sich schlecht am Telefon besprechen."

„Gut, ich komme schnell rüber, darf ich Corinna mitbringen?"

„Natürlich, was ist das für eine Frage? Sie ist immer herzlich willkommen. Prima, daß ihr kommt!"

Eine halbe Stunde später standen beide an der Tür.

„Kommt rein, ihr zwei lichten Erscheinungen im allgemeinen Dunkel!" Quester war dabei, seinen Humor wieder zu entdecken.

„So schlimm?" fragte Anders und schaute Quester prüfend an.

„Weiß ich nicht ganz genau, aber einfach ist die Situation, in die ich Dickschädel hineingeraten bin, nicht." Quester erzählte ihm den Ablauf des Tages und wie leid ihm Frau Gehrke getan hatte, wie weit sie gegangen war, um ihn aufzurütteln. Als er die Situation schilderte, in die Siefert hineingeplatzt war, und dann Sieferts Reaktion beschrieb, verengten sich die Augen von Anders. Corinna kam ihm zuvor.

„In den Liebesromanen schafft das doch immer nur die Ehefrau oder die Verlobte, in solche Situationen hineinzuplatzen." Aber niemand konnte so richtig über Corinnas Scherz lachen.

„Die Situation ist nicht einfach", begann Anders, „Siefert

hat jetzt einen Knüppel, mit dem er den ungeliebten Vorstandsbewerber schlagen kann, um seinen für ihn nützlichen Kandidaten durchzubringen. Du mußt eine hohe Glaubwürdigkeit bei Schneider haben, wenn du da heil rauskommen willst. Das Dumme ist nur, etwas bleibt immer hängen. Frau Gehrke wird es am stärksten spüren. In einer Welt mit sinkender Moral steigt die Zahl der Moralapostel in gleichem Maße an. Wer nicht erwischt wurde, also nicht Angeklagter ist, ist Ankläger, wer die Aufmerksamkeit auf einen anderen lenkt, lenkt sie von sich ab. Zwischen Vorurteil, Urteil und Verurteilung liegen Papierwände, Manfred. Du, da liegt eine schwierige Situation vor dir, wenn diese Entwicklung bei euch so weitergeht. Du wirst ein sich bekämpfendes Management in deiner Firma erleben, so eine Art Bootsbesatzung, die Löcher in den Bootsboden bohrt, um jeweils dem anderen zu schaden."

„Ich fürchte, du hast recht. Vor wenigen Tagen schien alles noch so positiv zu laufen, schienen Konflikte gelöst zu sein. Schon beginnen neue Schwierigkeiten. Sag mal Bernhard, hast du schon mal eine Führungscrew gesehen, außer deiner natürlich, die über Jahre hinaus Synergien erzeugt und einen beschlossenen Kurs konsequent verfolgt?" Aus irgendeinem Grund, den Quester selbst nicht richtig kannte, wollte er nicht länger Mittelpunkt des Denkens dieser Gruppe sein und lenkte auf das generelle Thema ab.

„Ja, das gibt es. Da muß nur einer an der Spitze stehen, der die Crew klug zusammengestellt hat, das Gruppensoziogramm immer im Auge. Die Menschen, die zusammenarbeiten sollen, müssen zusammenpassen. Von der Persönlichkeit her dürfen es nicht alles ‚Platzhirsche' sein, sondern auch Menschen, deren Führungsanspruch mit ihrer Position gestillt ist. Menschen, die nur noch exzellente Arbeit machen wollen."

„Also gibt es klare Merkmale, an denen man eine Erfolgscrew erkennen kann. Laß mich mal unsere Crew checken, nenn bitte die Merkmale, Bernhard, die du als wichtig erlebt hast."

„Gut, mache ich gern.

Punkt eins heißt bei mir: Die Führungscrew verbindet Vertrauen und gegenseitige Wertschätzung. Offenheit und Ehrlichkeit prägen die Kommunikation. Man kann dem anderen den Rücken zudrehen, und keine Aussage ändert sich. Blitz und Donner ist auch hier zuhause, aber wenn die Beziehungsebene, die Gefühlsbindung, ungestört ist, ist auch die Versöhnungsbereitschaft hoch. Diese Crew kennt die Bedeutung der Beziehungsebene und tut viel für die Erhaltung des Grundkonsenses.

Das zweite wichtige Merkmal heißt: Die Führungscrew besteht aus Wegsuchern und nicht aus Hürdenfindern. Auch in dieser Hinsicht sind sie Vorbild für ihre Mitarbeiter. Generell leben sie vor, wozu sie sich in der Unternehmenskultur und in den Führungsleitlinien verpflichtet haben. Ich sag' dir das, was ich als Erfolgsmerkmal kennengelernt habe, ohne die Merkmale nach Prioritäten zu ordnen. Fehlt eines, gerät das Ganze in Schwierigkeiten, deshalb ist die Priorität wenig entscheidend.

Ein anderes wichtiges Merkmal ist: Das Unternehmen hat eine klare Unternehmensstrategie, eine Philosophie, Führungsleitlinien und einen Verhaltenscodex, der das Miteinander innerhalb der Führungscrew regelt. Diese wichtigen Wegweiser begrenzen den Spielraum subjektiver Auslegungen und geben klare Orientierung. Jede neue Führungkraft, jeder neue Mitarbeiter weiß, worauf er sich in diesem Unternehmen einläßt. Das Wertesystem ist für jeden lesbar und verständlich formuliert. Entscheidend ist auch, daß die Führungskräfte hinter ihrem Unternehmen stehen, loyal sind, sich identifizieren und mit hohem Engagement arbeiten. Das ist aber nur möglich, wenn ihnen diese Loyalität auch vom Unternehmen entgegengebracht wird. Dazu gehören Begriffe wie Jobsicherung und Wertschätzung. Loyalität prägt im übrigen selbstverständlich auch das Miteinander von Führungkraft und Mitarbeitern. Was ich dir hier genannt habe, Manfred, sind meiner Meinung nach keine Besonderheiten, sondern eher Selbstverständlichkeiten.

Bei einer Erfolgscrew glaubt kein Bereich innerhalb des Unternehmens, er sei besser oder wichtiger als der andere. Jeder arbeitet in einer Erfolgscrew kooperativ für die gemeinsamen Ziele, und diese Ziele sind Marktziele. Alle Führungskräfte arbeiten markt- und kundenorientiert, egal, in welchem Bereich sie eingesetzt sind. Und dieses Denken vermitteln sie auch ihren Mitarbeitern.

Die Beschäftigung mit sich selbst begreifen sie als Gefährdung des alles bestimmenden Markterfolges. Jeder dieser Führungskräfte hat Anteil an der Zielsetzung, an der Wegfindung und besitzt Verantwortung und ausreichend Kompetenz für Entscheidungen. Dadurch ist es möglich, im gemeinsamen Erfolg einen klaren eigenen Anteil auszumachen. Genauso, mit Freiheit und Verantwortung, führt diese Crew ihre Mitarbeiter. Sie ist in der Lage zu delegieren. Eine gute Selbstorganisation läßt den Führungskräften die Zeit für Gespräche mit ihren Mitarbeitern, so daß der Reifegrad der Mitarbeiter gefördert und entwickelt werden kann, bis Aufgaben mit voller Verantwortung für die Durchführung übertragen werden können. Auf diese Art und Weise haben die Mitarbeiter Freiraum zum Denken und Handeln, und ihre Führungskräfte können wirklich führen. Die Meetings dieser Führungskräfte, und das ist ein eindeutiges Erkennungsmerkmal von Effizienz, werden nach klaren, vorher vereinbarten Zielen straff geführt, durchgeführt und mit klaren Ergebnissen abgeschlossen. Ein organisierter Gedankenaustausch ermöglicht das Lernen von der Erfolgserfahrung des anderen. Natürlich gibt es auch in dieser Führungsmannschaft Konflikte. Es wäre seltsam, wenn es nicht so wäre, denn wo Menschen sind, gestalten Gefühle mit, lebt das Irrationale. Nur wissen diese Führungskräfte, wie man Konflikte verhindert. Und wenn sie denn schon entstanden sind, wissen sie, wie man sie schnell und rückstandsfrei lösen kann. Sie haben das trainiert. Zukünftig trainiert generell nur noch eine natürliche Betriebsfamilie – also ich zum Beispiel mit meinem Vorstandskollegen, oder meine Vorstandskollegen jeweils mit ihren Bereichsleitern. Berührungsängste gibt es in diesen Teams nicht mehr. Man hat begriffen, daß der Alltag des Teams mit den Führern gestaltet wird. Man kann deshalb im Training nicht so tun, als wäre die Realität anders, als könne man immer getrennt trainieren und das gleiche erreichen.

Auf den Punkt gebracht: Diese Führungskräfte sind keine Amtsinhaber, sondern Autoritäten mit menschlicher und fachlicher Kompetenz, Manager, die von anderen im Verhalten nur das verlangen, was sie selbst zu leisten gewillt und in der Lage sind. Das sind die erfolgreichen Führungskräfte der Zukunft. Die anderen sind veraltete Erscheinungen, Fossilien einer vergangenen Zeit, Vorordner oder Organisatoren, aber nicht Führer. Ich bin sicher, Macht reicht zukünftig noch weniger aus, um an der Macht zu bleiben."

„Bernhard, ich bin völlig deiner Meinung. Vergleiche ich deine Erfolgsmerkmale mit dem Standort unserer Führungscrew, so schlittern wir durch das Ausscheiden eines Vorstandsmitgliedes, durch den gewollten Wettbewerb der zwei Bewerber, durch die folgende Lagerbildung bei den Mitarbeitern in einen Zerreißprozeß, der viele deiner beschriebenen Erfolgsmerkmale kostet, viel Kraft und Aufmerksamkeit im Unternehmen bindet. Genau die Kraft, die wir gerade jetzt im Markt gut gebrauchen könnten. Hoffentlich erlebe ich nicht den Beweis, daß ein Unternehmen wie wir nicht wegen, sondern trotz der Führungskräfte erfolgreich sein kann. Eine beschissene Situation!"

„Ich wünsche dir das ganz sicher nicht. Die Weichen scheinen allerdings für den Kampf der Platzhirsche bereits gestellt", meinte Anders.

Die Frauen hatten bisher sehr aufmerksam zugehört. Ihnen waren die generellen Auswirkungen eher zweitrangig. Sie dachten mehr an die direkt Betroffenen.

Karin fragte Corinna: „Was würdest du tun, wenn du jetzt Frau Gehrke wärst?"

„Ich würde zu Schneider gehen und um ein Gespräch bitten. In diesem Gespräch würde ich alles auf den Tisch legen, was ich weiß, vermute und meine. Außerdem würde ich klar sagen, daß ich kündigen werde, wenn zu befürchten ist, daß diese Situation Manfred oder dem Unternehmen schaden würde. Nur so würde ich die Entscheidung in Schneiders Hände legen. Das täte ich sofort nach der Rückkehr von Schneider, denn er sollte vorinformiert in das Gespräch mit Siefert gehen. Danach wäre dann dein Gespräch mit Schneider fällig, Manfred. Dieses Gespräch würde ich mit einem anderen Sachthema beginnen, um Schneiders Verhalten vorher abzuprüfen. Schneider wird dich dann sicher von allein darauf ansprechen."

„Das ist eine Vorgehensweise, die mir einleuchtet", meinte Karin.

„Berhard, wie siehst du das?" fragte Quester.

„Wenn es mit der nötigen Gelassenheit passiert, ist es sicherlich eine Möglichkeit. Sonst neige ich eher dazu abzuwarten, denn Schuldeingeständnisse haben häufig eilige Füße. Warte lieber einen Tag ab und überzeuge Frau Gehrke davon, erst am zweiten Tag nach Schneiders Rückkehr mit ihm zu sprechen. Laßt ruhig Siefert den Vortritt, besser, ihr kennt die Melodie schon, nach der dann euer Text zu laufen hat."

„Okay, das scheint mir besser zu sein", sagte Karin und nickte. „Nicht immer ist das, was die erste Emotion sagt, richtig. Ich gehöre zu denen, die immer gleich loslaufen würden, um sich damit vielleicht erst verdächtig zu machen."

22

Während Quester von seinen Freunden beraten wurde, sprachen Siefert und Bruns über ihre Ziele und das bereits Erreichte. „Was wir wollten, ist ganz ohne unsere Lenkung geschehen. Ich habe Quester und Frau Gehrke in inniger Umarmung in ihrem Büro erwischt. Er versuchte, mir die Situation zu erklären, aber das war so schön eindeutig, daß ich mir das natürlich nicht mehr hab' nehmen lassen. Ein Glücksfall, Herr Bruns!"

„Ich kenne Quester in dieser Beziehung genau, das ist eigentlich überhaupt nicht seine Art. Aber sei es, wie es sei, es paßt."

„Richtig, Herr Bruns, jetzt geht's darum, es wirkungsvoll zu verwerten, und das werden wir beim nächsten Essen bei Schneider tun. Folgende Vorgehensweise schlage ich vor: Ich werde betroffen von meinem Erlebnis berichten und von den wahren Charakteren reden. Sie werden anschließend äußern, daß Sie Herrn Quester anders kennen und es sich hier Ihrer Meinung nach um ein Mißverständnis handeln muß. Daraufhin werde ich mit noch mehr Betroffenheit von den Indizien sprechen, die ich bisher zurückgehalten habe, von den Reisen Questers mit Frau Gehrke, von der Teilnahme der Gehrke an Tagungen und Meetings, von ihrem fast kämpferischen Einsatz für Quester. Sie werden daraufhin Ihren Standpunkt noch einmal betonen. Schneider wird schnell mißtrauisch und darf keine Allianz vermuten. Außerdem wirkt die dialektische Form der Veränderung von Meinungen mit folgenden Worten weit besser, Stufe eins: ‚Ich kenne ihn anders.' Stufe zwei: ‚Ich habe ihn bisher anders gesehen.' Stufe drei: ‚Ich wundere mich, daß er das tut.' Stufe vier: ‚Das hat er früher nicht gemacht.' Ähnlich wie in der Rede von Marc Anton an das römische Volk ist das der Weg der langsamen, aber konsequenten Art einer Verurteilung."

Du bist ein ziemlich abgefeimter Schurke, dachte Bruns. Ich muß aufpassen und ihn und seine Denk- und Verhaltensweise genau studieren, sonst kann ich mich nicht wehren, wenn ich dran bin. Uns verbindet die Solidarität von Schurken. Was hilft es, anders lassen sich meine Ziele eben nicht erreichen, und wenn ich gewonnen habe, fragt keiner mehr nach den Mitteln, die eingesetzt wurden.

„Herr Bruns", weckte ihn Siefert aus seinen Gedanken, „haben Sie mit dem Geschäftsführer von Liebig gesprochen?"

„Hab' ich. Ein schwacher Typ und sehr ängstlich, also wie für unser Vorhaben gemacht. Ich hab' ihm etwas von der kompromißlosen Erfolgsorientierung unseres Hauses gesagt und von den harten Bandagen, die unser Vertriebsboß nach außen und nach innen einsetzten mußte, um den Erfolg zu erreichen und zu halten. Schranders war mit und hat anschließend noch mit dem Geschäftsführer gesprochen. Unter dem Siegel der Verschwiegenheit hat er einiges aus den Anfängen von Quester erzählt. Die geschilderten Rückstufungen und Entlassungen haben den gewünschten Eindruck erreicht. Das blieb nicht ohne Wirkung. Schranders berichtete mir anschließend, daß er angeregt hat, ein Meeting der Liebig-Führungskräfte einzuberufen unter dem Thema ‚Erarbeitung einer Liebig-Konzeption', die geeignet ist, die Selbständigkeit von Liebig zu erhalten. Eine Art Konzeption zur Abwehr rigoroser Maßnahmen."

„Gute Arbeit. Schranders ist sehr nützlich, finden Sie nicht auch?“

„Doch doch“, sagte Bruns und überlegte bereits, wo er den nützlichen Mann noch einsetzen konnte.

„Vor unserem Essen mit Schneider müßten wir ein paar negative Meinungen über Quester aus der Liebig-Führungscrew haben. Quester wird es schwer haben. Ihm eilt jetzt der Ruf des harten Mannes voraus. Wir haben die Urteile sicher bald.“

„Läßt sich machen“, meinte Bruns. „Schranders wird in der Führungscrew Liebig die Qualität des wohlmeinenden, verständnisvollen Anwalts erreichen. Darauf arbeiten wir hin. Nur viel Zeit haben wir nicht. Wenn Quester Schranders' Spiel erkennt, wird er diese Beeinflussung unterbinden.“

„Gut, Sie müssen also in zwei Wochen etwas in der Hand haben. Was macht der WKZ-Distributionsvergleich?“

„Da ist tatsächlich eine starke Steigung der WKZ-Beträge zu erkennen, nur die Distribution ist auch überproportional gestiegen. Quester sieht leider hervorragend aus.“

„Dann reicht es also nur zur Feststellung, daß die WKZ-Beträge gestiegen sind, lassen Sie das nur dann fallen, wenn Schneider von den großen verkäuferischen Erfolgen seines Favoriten spricht.“

„Ich hab' aber noch etwas. Quester hat auf seiner GVL-Tagung mit merkwürdiger Betonung gesagt, daß es wohl nötig gewesen wäre, daß Sie ihn aus seiner Tagung herausgeholt haben und er deshalb 400 km fahren mußte. Anschließend haben alle gelacht. Er hat Ihre Gründe also nicht eingesehen.“

„So ist er, Bruns, so ist dieser Mann. Er sieht nur seine Seiten und meine Zwänge nicht. Ich werde mich in meinem Terminkalender nicht nach ihm richten, niemals. Das ist doch ein respektloser, ein anmaßender Mensch!“ Siefert kam in Rage. Volltreffer, dachte Bruns, da – im ehrenkäsigen Bereich – hat er seine weichen Stellen; gut zu wissen.

„Ich weiß noch nicht genau, ob uns das schon reicht,

beginnende Illoyalität zu beweisen. Lassen Sie das nur mal lieber weg, ich fürchte, Schneider wird ähnlich wie Quester urteilen“, meinte Siefert, wieder ruhiger geworden.

„Gut, Herr Siefert, ich melde mich kurz vor dem Essen mit Schneider, um unser Vorgehen endgültig abzusprechen.“

„Herr Bruns, ich bin sicher, wir sind auf einem guten Weg.“

23

Frau und Herr Schneider begrüßten ihre Gäste herzlich. Es war das zweite Mal, daß dieser Kreis bei Schneiders zusammenkam. Dieses Mal fehlten allerdings die Damen bis auf die Gastgeberin, die es sich nicht nehmen ließ, für die Gäste zu kochen. Frau Wenig und Frau Siefert konnten nicht teilnehmen, weil bei beiden Familien Kinder erkrankt waren – von der laufenden Grippeepidemie erwischt. Nichts Ernstes, aber Grund genug, daheim bleiben zu müssen. Sie hatten sich schon vorher entschuldigt, so daß die Schneiders Bescheid wußten. Siefert und Bruns war das sehr recht, denn die Situation wäre wesentlich instabiler gewesen, wenn die Damen bei diesem Gespräch dabei gewesen wären. Frau Wenig kannte Herrn Quester und mochte die Art dieses Mannes. Frau Schneider allein war schon als Quester-Fan schwierig. Zwei Quester-Fans wären eine fast unlösbare Aufgabe gewesen.

Der Abend begann wie üblich mit dem Austausch von Oberflächlichkeiten. Man sprach über Politik, Kultur, Sport und tauschte Freundlichkeiten und Komplimente aus, lobte das Essen und den Wein. Trotzdem war die Leichtigkeit der vergangenen Abende nicht zu spüren. Das war alles zu mechanisch, zu gewollt – zu wenig ehrlich – wie die Ruhe vor dem Sturm. Schneider schaute unter seinen buschigen Augenbrauen hindurch häufig zu Siefert und Bruns rüber. Schnelle kontrollierende Blicke, alles registrierend – Schneider war hellwach. Das Gesicht lachte, die Augen nicht. Sie blieben heute ernst, wach und kühl. Dann, nach dem Kaffee, mit dem exzellenten uralten Cognac in der Hand, vor dem knisternden Kamin sitzend, begann Siefert.

„Eine alte Weisheit des menschlichen Miteinanders bekam ich leider vor kurzem bewiesen. Wie oft glauben wir, Menschen zu kennen, wie oft verlassen wir uns auf die Bilder, die sie uns täglich vermitteln. Die Weisheit, an die ich denken mußte, heißt: Du lernst keinen Menschen kennen – du erlebst ihn nur. Ich hab' den Satz so verstanden, daß wir Menschen immer nur in den Situationen erleben, die uns eröffnet werden, die wir miterleben dürfen. Die versteckten, die mehr vom Charakter zeigen, das Bild komplettieren, stehen für eine Beurteilung nicht zur Verfügung, es sei denn, wir haben das Glück, überraschend mehr sehen zu können."

„Sie machen mich neugierig", meinte Wenig, „von wem sprechen Sie eigentlich, Herr Siefert?"

„Nun gut, wenn Sie den Namen wollen, Herr Wenig, dann will ich ihn auch nicht länger verschweigen. Ich spreche von Herrn Quester. Dieser Mann hat mich arg enttäuscht. Ich habe ihn in inniger Umarmung mit Frau Gehrke in seinem Büro erwischt. Ein Mann, der mir immer die intakte Ehe und Familie vorspielte."

„Da muß ein Mißverständnis vorliegen", begann Bruns absprachegemäß, „ich kenne Quester so nicht."

„Donnerwetter!", entfuhr es Wenig. „Hätte ich nicht gedacht. Von Herrn Quester nicht und auch nicht von Frau Gehrke."

„Ich auch nicht", bestätigte Siefert.

„Also, das will mir nicht in den Kopf, ich hab' ihn immer anders gesehen", sagte Bruns und schüttelte den Kopf.

Siefert warf einen schnellen Blick zu Schneider, der scheinbar unbeteiligt seinen Cognacschwenker hin und her bewegte und sinnend in die goldgelbe Flüssigkeit sah. Den Blick von Siefert hatte er registriert, wie auch die Modulation der Sätze, die begleitende Mimik und Gestik. Alles wurde langsam zu einem Bild mit Konturen.

„Nach einem solchen Einblick in bisher verstecktes Verhalten fällt es einem wie Schuppen von den Augen. Vieles, was vorher scheinbar bedeutungslos war, erhält eine besondere Bedeutung. Blitzartig wurde mir klar, warum Frau Gehrke Herrn Quester häufig auf Tagungen und Meetings begleitete und im gleichen Hotel übernachtete. Wie gesagt, eine herbe Enttäuschung."

Wenig war ehrlich erschüttert. Das, was er da hörte, war so völlig anders als das Bild, das er von Quester hatte.

„Ja und was wird nun?" fragte er. „Ist das einfach zu ignorieren oder muß es zu Konsequenzen kommen?"

„Ich kann's nicht glauben. Ich hab' Quester bisher anders gesehen. Sind Sie sicher, daß es sich hier nicht um ein Mißverständnis handelt, Herr Siefert?"

„Herr Bruns, ich kann meinen Augen noch trauen", entgegnete Siefert eine Spur schärfer, als er es sonst getan hätte.

„Also, ich wundere mich, daß er sowas tut", spielte Bruns jetzt den, der konsterniert die Fakten anerkennt.

Schneider beendete sein Spiel mit dem Cognacglas und schaute ruhig in die Flammen. Siefert wurde unruhig und korrigierte seine Haltung im Sessel. Wenig hatte immer noch mit der Botschaft, die ihn überrascht hatte, zu tun, und Bruns sah auf seine Schuhspitzen. Siefert setzte nach, es drängte ihn. „Als Vertriebsleiter verliere ich Quester ungern, aber Frau Gehrke muß wohl aus seiner Nähe. Ich denke, sie sollte kündigen oder von uns veranlaßt werden, das zu tun."

„Hat sie schon", sagte Schneider ganz ruhig. „Aber ich habe die Kündigung nicht angenommen. Genausowenig wie die Kündigung von Quester. Beide waren bei mir und haben gekündigt, weil sie um die Macht der Gerüchte wissen und dem Unternehmen nicht schaden wollten. Ich hab' ihnen gesagt, daß ein Gerücht immer einen Vater haben muß. Außerdem ist ein Gerücht ein Gerücht, weil es keine Gewißheit gibt. Ich denke, daß ich vor Freude oder auch um Trost zu spenden meine Sekretärin schon ein paarmal umarmt habe. Außerdem hab' ich Herrn Quester und Frau Gehrke versichert, daß Herr Siefert seinen Irrtum erkennt und sich loyal verhalten wird. Es ist durchaus möglich, zu einer Fehlbeurteilung zu kommen und die Erklärungsversuche als Rechtfertigungs- oder Verteidigungsversuche zu identifizieren oder ein Schuldeingeständnis darin zu erkennen. Heute gibt es, Quester und Gehrke ausgenommen, vier, die davon wissen, was einer zu sehen glaubte, und ich weiß, was mir zwei sagten."

„Ich denke, Herr Schneider, es wäre ein Fehler, die Tatsachen zu übersehen, um einfach nur zu glauben."

„Warum nur, Herr Siefert, sollten wir nicht glauben, daß Sie einem Irrtum aufgesessen sind. Wann hat Ihnen Quester und wann hat Frau Gehrke Ihnen bis jetzt jemals einen Anlaß gegeben, an ihrer moralischen Integrität zu zweifeln? Was ist denn früher gewesen, daß wir das Recht haben, sofort über beide ein negatives Urteil zu fällen. Herr Siefert, welche Fakten haben Sie denn? Die sind alle auch bei mir gegeben. Ich war sicher öfter als Quester mit meiner Sekretärin unterwegs. Wir haben auch oft in demselben Hotel übernachtet. Sie hätten mich mehrfach bei einer Umarmung meiner Sekretärin erwischen können. Ja, ich glaube, ich hab' ihr sogar einmal einen Kuß gegeben. Kennen Sie den alten Richterspruch: Im Zweifel für den Angeklagten.? Ihnen fehlt die Gewißheit, also müssen Sie Zweifel haben."

Siefert sah auf den Boden, und Bruns wurde unruhig. Dieser alte Fuchs dreht das Ding um. Das wird nicht lange dauern, dann haben wir Feuer unterm Stuhl, ahnte Bruns.

„Wenn es dann darum geht, Herr Schneider, melde ich

mich für eine Entlassung. Ich habe meine Sekretärin hinter verschlossenen Türen und vor vielen anderen einen Schatz genannt und ihr einen knackigen Kuß gegeben," gestand Wenig lachend. In diesem Moment kam Frau Schneider in den Raum und stellte sich hinter ihren Mann.

„Meine Herren, ich war unfreiwillige Mithörerin Ihrer Diskussion. Möchten Sie die Meinung einer Frau dazu hören, oder soll ich lieber schweigen?"

„Ich warne Sie, meine Herren, meine Frau ist kämpferisch veranlagt!" sagte Herr Schneider und lächelte in sich hinein. Er wußte, was jetzt kam.

„Ich bitte um Ihre Meinung, dieser Gerichtssaal braucht die Meinung einer Frau, wenn doch die zur Beurteilung anstehende Straftat von einer Frau mitgestaltet wurde." Herr Wenig hatte die Situation schnell erfaßt und spielte mit, konsequent.

„Warum fragt von Ihnen eigentlich keiner, warum Herr Quester Frau Gehrke im Arm hatte? Bis jetzt wurden nur die Tatsache be- und verurteilt, ohne auf die Begründung zu schauen. Das gleicht, meine Herren, einer unfairen Gerichtsverhandlung. Herr Wenig, ich nehme Ihr Angebot an und bleibe im juristischen Bereich. Eine Gerichtsverhandlung, in der nach dem Plädoyer des Staatsanwalts ohne Anhörung des Angeklagten, ohne Plädoyer des Verteidigers das Urteil gefällt wird, ist keine faire Verhandlung. Torsten, was weißt du von den Gründen?"

„Ich kann Ihnen, Euer Ehren, nur Gründe nennen, die ich gehört habe, keine, die Beweischarakter haben. Allerdings hab' ich sie von den Betroffenen, die eine hohe Glaubwürdigkeit besitzen und bereit waren, die eigene Karriere jeweils für den anderen aufzugeben. Sie wollten einen hohen Preis zahlen für etwas, was sie nicht getan hatten, um jeweils den anderen zu schützen und das Unternehmen vor Schaden zu bewahren."

„Was sind das für Gründe?"

„Frau Gehrke hatte einen Weinkrampf, und deshalb hat sie Herr Quester in den Arm genommen."

„Oh Gott! Was war der Grund für den Weinkrampf?"

„Ich glaube, sie mag ihren Chef sehr, und sie sieht ihn einer Kampagne ausgesetzt, die ihn diskreditieren soll."

„Warum denn das?"

„Auch das kann ich nur vermuten. Er scheint einigen Leuten zu erfolgreich zu sein oder zu direkt oder zu unbequem. Frau Gehrke hat sich übrigens geweigert, Roß und Reiter zu nennen. Das will sie erst tun, wenn jemand sie dazu zwingt. Herr Quester ist verunsichert, will aber an eine Kampagne nicht glauben."

„Ich versteh' das nicht", sagte seine Frau, „warum muß es denn solche Schlammschlachten geben!"

„Ich schon", meinte Schneider, „auf dem Weg zur Spitze einer Pyramide wird es immer enger, oft kann nur einer aufrücken. Ja, und dann fangen meist die Schwächeren zuerst an zu kämpfen. Die Besseren, die es verdient haben, verlassen sich auf ihre Leistung. Wo gekämpft wird, wird die Wahl der Mittel nach Wirksamkeit entschieden und nicht nach so simplen Kriterien wie fair oder unfair. Manchmal werden sogar Freundschaften vergessen, wenn's der Karriere dient."

Bruns wähnte sich auf einer heißen Herdplatte und Schneider mit der Hand am Regulator, immer schön Stufe für Stufe hochdrehen. Siefert hatte längst seine roten Ohrläppchen. Er konnte sich auch nicht wehren, denn sagte er etwas, würde er sich entlarven und die unangenehme Frage gestellt bekommen: „Wieso beziehen Sie das eigentlich auf sich?"

Herr Wenig saß zurückgelehnt und betrachtete Herrn Schneider aufmerksam. Ab und zu ging sein Blick zu Bruns und zu Siefert. Schaute man genauer hin, dann konnte man erkennen, daß Wenig sich amüsierte, die Situation genoß.

Schneider seufzte, sah seine Frau an und fragte: „Noch weitere Fragen, Euer Ehren?"

„Nein, aber die möchte ich kennenlernen, die hinter dieser Kampagne stehen. Frau Gehrke halte ich für eine starke Frau, und wenn diese Frau einen Weinkrampf bekommt, dann muß einiges geschehen sein. Herr Siefert, haben Sie denn nicht gesehen, daß diese Frau geweint hat?"

Siefert zuckte zusammen. Die Frage kam unerwartet. „So genau kann ich Ihnen das nicht mehr sagen. Aber es könnte so sein. Doch richtig, ihr Make-up war zerlaufen. Nun, dafür kann es viele Gründe geben."

„Stimmt", sagte Schneider, „und wie immer im Leben ist nur einer richtig. Kennt einer hier im Raum diesen Grund? Nein? Was halten Sie davon, wenn wir das Thema abschließen?

Herr Bruns, Sie waren die ganze Zeit so still. Erzählen Sie doch mal von Ihrer Zeit als Trainee. Herr Quester hat Sie mir aufgrund dieser gemeinsamen Zeit wärmstens empfohlen, wofür ich ihm heute noch dankbar bin. Der steht ja wie eine Eins hinter Ihnen – ein echter Freund. Ich denke übrigens gerne an die Zeiten zurück, als Sie hier im Betrieb noch die Gebrüder Furioso hießen. Sie hatten damals vor keiner Aufgabe Respekt, jedes Problem haben Sie angenommen und auch hervorragend gelöst. Wie war das damals bei der Uli Clever GmbH?"

Bruns begann von dieser gemeinsamen Zeit mit Quester zu erzählen, von ihrer Sturm- und Drangzeit. Kein politisches Fettnäpfchen hatten sie ausgelassen – eine wilde Zeit mit irrem Spaß. Als Bruns so berichtete, bemerkte er gar nicht, mit wieviel Begeisterung er sprach. Erst als er in die ernsten Augen von Schneider sah, wußte er, was Schneider ihn hier hatte lernen lassen.

„Du, Schatz, es ist schon sehr spät. Du mußt morgen um 6.45 Uhr nach Hamburg fliegen", mahnte Frau Schneider.

„Wie bitte", fragte Herr Wenig, „Sie fliegen auch um diese Zeit nach Hamburg? Dann können wir uns ja noch ein wenig unterhalten. Ich hab' da eine Menge Fragen, die heute abend wohl doch keine Antwort mehr finden können."

„Gut", sagte Schneider, „ich freue mich, wenn wir mal etwas länger zusammen reden können."

Man stand auf und verabschiedete sich. Schneider nahm Siefert unmerklich zur Seite und hielt ihn noch ein wenig zurück.

„Mensch, Eberhard, laß das sein. Bruns wird es nie werden, er ist der zweitbeste Mann. Quester wird dein Nachfolger. Es war übrigens ein Fehler, daß du beiden gesagt hast, daß du einen von ihnen vorschlagen sollst.

Wenn wir dadurch einen verlieren, bin ich dir ernsthaft böse. Also hör jetzt mit diesem Spiel auf! Übrigens, ich denke über einen Beratervertrag für dich nach. Quester muß allerdings einverstanden sein. Schließlich kann ich ihm seine Berater nicht verordnen."

Schneider reichte Siefert die Hand. Beide sahen sich an. Schneider wohlwollend und gewinnend und Siefert mit dem Blick eines entwaffneten Soldaten, der gerade eine Schlacht verloren hat.

Als alle gegangen waren, sagte Frau Schneider zu ihrem Mann: „Du handelst, wie ich bemerkt habe, sehr oft nach dem Goethewort ‚Behandelst du den Menschen wie er ist, machst du ihn schlechter, behandelst du ihn, wie er sein möchte, machst du ihn besser'."

„So", meinte Schneider, „das hab' ich eben bei Siefert völlig vergessen, der ist bestimmt sauer. Ich weiß zwar, aber ich versteh' nicht, warum der noch kurz vor seiner Pensionierung so ein Theater macht, genug Geld hat er doch. Es geht ihm wahrscheinlich um den Bedeutungsverlust, den er zwei weitere Jahre aufschieben will durch diesen Beratervertrag. Mensch, ich werde mich im letzten Lebensabschnitt sicher besser zurechtfinden! Dann werden wir unserem Hobby ‚Reisen' nachgehen. Sag mir bitte sofort, wenn sich bei mir solche

‚Siefertschen' Anwandlungen auch nur in Ansätzen zeigen. Schade, daß viele Menschen sich so ungenügend auf ihre Pensionierung vorbereiten!"

24

„Na, Quester, wie lebt es sich heute?"

„Besser, Herr Schneider. Etwas zu beißen hab' ich noch an der Tatsache, daß mir Bruns aus dem Weg geht."

„Menschen lernt man gut kennen, wenn man ihnen im Wege steht."

Das hab' ich schon mal gehört, dachte Quester. „An die Auswirkungen dieses Satzes werde ich mich wohl erst noch gewöhnen müssen."

„Werden Sie wohl müssen. Wie benimmt sich mein Kollege Siefert Ihnen gegenüber?"

„Sachlich, korrekt, kühl."

„Das reicht für die letzten 18 Monate. Machen Sie sich keine unnötigen Gedanken. Ehe ich es vergesse, am Dritten haben wir ein erweitertes Führungsmeeting. Sie werden dort unbedingt gebraucht. Spricht in Ihrem Terminkalender irgendwas dagegen?"

„Nein, ich bin da, Herr Schneider."

„Gut Quester. Wie weit sind Sie bis jetzt mit Liebig gekommen?"

„Ich hab' Informationen erhalten, daß sich Schranders dort als Geheimrat aufspielt und die Führung in Unruhe bringt. Man hat sich hingesetzt und ein Konzept erstellt, um Liebig die Eigenständigkeit zu erhalten. Ich hab' herzlich gelacht und verkündet, daß ich nichts anderes vorhabe. Die Herren schienen überrascht. Da muß mir jemand einen ziemlich schlimmen Ruf besorgt haben. Ich glaube, ich kenne meinen ungebetenen PR-Berater bereits. Dem Geschäftsführer müssen wir tatsächlich kündigen. Ein äußerst schwacher Mann. Er war für die früheren Kapitaleigner einfach zu lenken und tat, was sie sagten. Danach haben sie ihn anscheinend auch ausgewählt. Ich brauche aber einen selbständig denkenden und handelnden Mann. Der muß nach Zielen führen können und in der Lage sein, bei seinen eigenen Leuten auch einmal unbequem zu sein." Die Frage ist, haben wir jemanden in den eigenen Reihen? Ich sehe im Moment keinen, wir müssen extern suchen."

„Gut, tun Sie das!"

„Bis wir den Geschäftsführer haben, brauche ich allerdings einen Mann meines Vertrauens in dieser Crew. Der Vertriebsleiter von Liebig hat gekündigt, und das ist die Gelegenheit, einem guten GVL von uns eine Chance zu geben. Ich dachte hier an Fischer."

„Einverstanden, Fischer ist ein sehr guter Mann mit einem sicheren Gefühl für Menschen und für Situationen. Gute Wahl, Quester. Bereiten Sie für die Ernennung alles so vor, daß ich es am Dritten verkünden kann. Ich lade Fischer mit ein. Was macht eigentlich unser neuer Leiter der Handelspromotion?"

„Der arbeitet motiviert und befreit, der setzt sich ein, als ginge es um alles. Im Außendienst hat er durch die letzte Aktion schon eine dicke Nummer. Ich freue mich sehr für und über ihn. Von diesen Leuten müßten wir noch mehr haben. Menschen, denen ihre Arbeit Spaß macht und die sich über Erfolge freuen können, sind leider nicht überall zu finden. Am besten, man sucht nur noch da, wo es gute Führungskräfte gibt. Da gibt es auch garantiert motivierte und engagierte Mitarbeiter.

Ein kleines Problem hatte er. Er mußte seinen Dienstwagen, den er als Außendienstmitarbeiter hatte, abgeben. Ich habe ihm, weil er häufig im Außendienst unterwegs ist, einen Wagen aus unserem Pool persönlich zugeordnet. Jetzt ist er wieder glücklich, und das Dienstwagenproblem kommt nicht erneut hoch."

„Ja, so ist es, bei solchen Mitarbeitern fallen solche Entscheidungen leicht, da sucht man nach Wegen. Bei anderen sieht man tausend Hürden." „Wie geht es eigentlich Frau Gehrke, Herr Quester? Hat sie sich wieder gefangen?"

„Oh ja, sie lacht wieder und verspottet mich, wenn ich mal wieder versuche, besser zu sein als ihr Gedächtnis. Was diese Frau für das Unternehmen wert ist!"

„Ich weiß. Wir sollten immer alles tun, um gute Mitarbeiterinnen und Mitarbeiter in unserem Unternehmen zu halten. Also, Quester, dann bis zum Dritten!"

25

„Ich habe Sie, meine lieben Mitarbeiterinnen und Mitarbeiter, gebeten, an dieser Tagung teilzunehmen, weil es neben den vielen Tagungspunkten, die Arbeit bedeuten, auch gute Gründe gibt zu feiern, gemeinsam zu feiern. Gemeinsam, weil wir alle in der Vergangenheit wie ein Team gehandelt haben, also die Kraft nutzen konnten, die in einer sich verstehenden Gemeinschaft schier unerschöpflich vorhanden ist. Sie haben noch viel länger Zeit als ich, die Zukunft dieses Unternehmens zu gestalten. Dabei wird es sicher nicht reichen, das, was wir heute können und was jetzt erfolgreich wirkt, einfach fortzuschreiben. Wir werden in völlig neue Situationen kommen, die von uns innovatives Denken und Handeln und eine andere Art des Führens als heute verlangen. Da ich jetzt in besonders guter Stimmung bin, lassen Sie mich eine Vision wagen, d.h. den Versuch unternehmen, die sichere Gegenwart zu verlassen, um mich der Gefahr, Irrtümer zu begehen, auszusetzen.

Die vernetzten Problemlandschaften der Zukunft schließen insuläres Denken aus. Die erfolgreiche Führungskraft der Zukunft muß es gelernt haben dreidimensional zu denken und erst dann zu handeln, wenn alle möglichen Reaktionen einer gedachten Handlung auf Zielführung überprüft worden sind. Ganz sicher braucht jeder Beteiligte dafür noch viel mehr Mithilfe seiner Kollegen, als wir sie heute bereits erhalten.

Das verstärkte Mitdenken und Mithandeln anderer ergibt sich auch aus einem Wegfall der dicht gestaffelten Hierarchie und dem damit verbundenen Übergang zu systemisch orientierten, fast autarken Einheiten eines Unternehmensorganismus. Die Koordination dieser kleinen Einheiten, die Produkt- und Leistungbereiche verantwortlich zu managen ist die Aufgabe des Topmanagers der Zukunft. Die Arbeit in diesen Teams braucht außerdem eine neue Definiton des Wortes ‚führen'. Entscheidungen müssen immer noch gefällt werden, und Verantwortliche braucht es auch, aber die Wege zur Entscheidung sind anders und haben mehr Mitdenker als heute. Den einsamen Steuermann, den mit allen Vollmachten ausgestatteten Kapitän auf der Brücke wird es immer weniger geben. Allerdings werden die neuen Strukturen mehr leisten müssen als unsere heute – zum Beispiel: noch schnellere Entscheidungen ermöglichen.

Mit dem Versetzen der Gallionsfiguren unter den Topmanagern in die Vergangenheit hab' ich nicht gesagt, daß es bald keine Autoritäten mehr gäbe. Die Systeme ändern sich, Autoritäten wird es immer geben. Mit Autoritäten meine ich Persönlichkeiten, die eine starke Wirkung auch außerhalb des bewußten Einsatzes ihrer Wirkungsmittel auf andere haben. Diese Menschen haben auch zukünftig einen größeren Anteil an der Führung formell und informell, das ist wenig entscheidend. Es wird immer weniger Amtsinhaber geben und immer mehr wirkliche Führungskräfte. Ob es dazu kommt, daß Führungskräfte von ihren Mitarbeitern gewählt werden oder ein rollierendes System innerhalb einer Gruppe Führungsaufgaben zeitlich befristet, weiß ich nicht. Ich bin allerdings sicher, daß sich starke Persönlichkeiten auch zukünftig ungern von Schwächeren führen lassen. Hier sind also die Grenzen jeder Theorie erkennbar. Eine unsere Zeit überdauernde Konstante entdecke ich noch. Die Konstante, die ich meine, ist der Mitarbeiter. Hier entwickelt sich klar ersichtlich, und ich freue mich sehr darüber, statt des Null-Bock-Verhaltens eine steigende Anteilnahme und Mitverantwortung. Mit diesen und mit keinen anderen Mitarbeitern haben wir unsere unternehmerische Zukunft zu gestalten, sie bilden den Führungsnachwuchs. Eine Theorie, die, um recht haben zu können, den neuen anderen Menschen forderte, haben wir erst kürzlich scheitern sehen.

Wer erst den untauglichen Versuch unternimmt, Konstante zu ändern, um seine Ziele erreichen zu können, verpaßt die Zeit, die er für die Erreichung seiner Ziele hat. Er muß scheitern. Rechnen wir also in Zukunft mit weitreichenden Veränderungen im unternehmerischen und ganz besonders im Führungsbereich.

Wer ein positives Menschenbild hat,

wer innovativ denken kann,

wer immer das Ziel und weniger das Eigenprofil im Auge hat,

wer selbstkritisch und immer lernbereit ist,

wer davon ausgeht, daß Führungsansprüche immer gerechtfertigt werden müssen,

wer nicht versucht, den anderen herunterzuziehen, um den Mangel an eigener Größe auszugleichen,

wer eine positve Grundeinstellung zum Leben hat,

wer sein Wissen, sein Können, sein Bewußtsein und seine Selbstorganisation pflegt,

hat Zukunft, hat Anspruch auf eine Führungsposition in einem erfolgreichen Unternehmen.

Diese Führungskräfte haben noch weniger Berührungsängste als wir heute und können eine noch größere Nähe zum Mitarbeiter akzeptieren. Schade, daß ich schon soviel Jahre auf dem Buckel habe. Ich hätte größte Lust, diese Zukunft als Manager zu erleben und mitzugestalten. Aber ganz sicher werde ich nicht in Versuchung kommen, meinen Vertrag zu verlängern. Aber beobachten werde ich Sie genau, und freuen werde ich mich an Ihren Erfolgen.

Lernen, sagte ich, ist eine unverzichtbare Investition für die erfolgreiche Zukunft. Wir haben in der Vergangenheit und in der Gegenwart unsere Schularbeiten gut gemacht. Einigen Herren unter uns ist es gelungen, zusammen mit ihren Mitarbeitern außerordentliche Erfolge zu erreichen. Die Einführung von Galaxis ist ein solches Spitzenergebnis. Wenn selbst der Handel von einer starken Einführung spricht, dann heißt das was. Ich bedanke mich bei allen Mitarbeitern, die direkt oder indirekt mitgeholfen haben, dieses Ergebnis zu erreichen.

Besonders natürlich bei den Damen und Herren, die verantwortlich für die Einführung von Galaxis waren.

Beim Marketing – verantwortlich – Herr Bruns,

beim Vertrieb – verantwortlich – Herr Quester und nicht zuletzt

bei der Produktion – verantwortlich – Herr Wenig.

Bitte feiern Sie, meine Herren, mit ihren Bereichen das Spitzenergebnis. Die Kosten für eine eintägige Bereichsfeier mit Übernachtung trägt das Unternehmen. Herzlichen Glückwunsch von uns allen, verbunden mit unserem Wunsch, daß Ihnen das immer wieder gelingen möge!

Ein weiterer Grund zum Feiern hat mit Herrn Quester zu tun. Herr Quester hat sich aufgrund seiner Persönlichkeit und seiner Leistungen zum stellvertretenden Vorstandsmitglied mit ausdrücklicher Empfehlung des Aufsichtsrates qualifiziert. Meine herzlichsten Glückwünsche! Er bekam aber nicht nur Ehre und Anerkennung, sondern, wie es bei uns so üblich ist, auch zusätzliche Aufgaben. Er ist schon dabei, unser Tochterunternehmen Liebig auf Erfolgskurs zu bringen. Weiterhin viel Erfolg, Herr Quester!

In eine neue Führungsebene aufgenommen wurde Herr Fischer. Er hat sich durch seine Leistungen, seine Loyalität, sein Engagement diese Aufgabe mehr als verdient. Herr

Fischer wurde auf Vorschlag von Herrn Quester, den ich zu dieser Wahl beglückwünscht habe, Vertriebsleiter bei Liebig. Viel Erfolg, Herr Fischer!

Eine Veränderung hat es noch gegeben. Wir haben seit dem Ersten einen Key account manager im Hause. Herr Schranders wird zukünftig Herrn Quester entlasten und einen Großteil unserer Großkunden betreuen und mit diesen auch die Jahresgespräche führen. Da die Position keine Mitarbeiterführung beinhaltet, gehört Herr Schranders nicht mehr zu diesem Kreis und verabschiedet sich auch heute von uns. Bitte geben Sie Herrn Schranders für seine Aufgaben alle Unterstützung, er braucht sie sicher. Viel Erfolg, Herr Schranders!

Meine Damen und Herren, ich freue mich besonders, einer von Ihnen sein zu dürfen, wenn es Grund zum Feiern gibt. Zwei Damen unseres Hauses haben für unser leibliches Wohl gesorgt. Frau Eberhardt, Frau Gehrke, jetzt sind Sie dran!"

Herr Schranders trat zurück, aber ehe die Damen etwas sagen konnten, applaudierten die anwesenden Führungskräfte. Sie standen auf, man spürte, sah und hörte, wie sie diesen Mann mochten und verehrten. Dieser Mann ließ andere nie spüren, daß er etwas für sich tat – jedem ließ er seinen Erfolg. Das war aber auch der Grund für diese Herzlichkeit, die ihm jetzt entgegenschlug. Ein Mann, der vergessen konnte. Wer heute Fehler machte, bekam sie morgen nicht wieder serviert – er bekam am nächsten Tag die Chance für einen Neuanfang. Gerechtigkeit und Fairneß lebte er vor, und Macht brauchte er nicht, die erhielt er von seinen Führungskräften fast aufgedrängt, weil er aufgrund seines Wesens eine sympathische Autorität ausstrahlte.

Auch jetzt beim Applaus, der allen aus dem Herzen kam , lachte er nur fröhlich und ein wenig verlegen. Beide Damen gingen auf ihn zu, und von jeder erhielt er einen dicken Kuß auf die Wangen. Spontan nahm er beide in den Arm, was zum neidischen Geheul seiner Führungskräfte führte.

Dann, nachdem der Applaus endete, sagte Frau Eberhardt: „Das Hotel hat sich selbst übertroffen, Sie werden verwöhnt. Ich kann kaum noch reden, so läuft mir schon das Wasser im Munde zusammen."

„Aber", setzte Frau Gehrke fort, „das Hotel braucht noch ein wenig Zeit zum Aufbau des Buffets. Herr Schneider, wissen Sie einen Ausweg aus dieser schwierigen Situation, oder soll ich einen Vorschlag machen?"

„Ich hab' mal gehört, daß ein guter Chef auf eine gute Art faul sein muß. Also, was Sie können, muß ich nicht tun. Frau Gehrke, wie ist Ihr Vorschlag?"

„Gut, dann schlage ich vor, daß wir in der Bar mit einem Glas Sekt auf die Herren anstoßen, die von Ihnen eben lobend erwähnt wurden."

Applaus. Herr Schneider lachte und griff sich die beiden Damen, um sofort in Richtung Bar zu marschieren.

„Mann, ist der Alte heute gut drauf", staunte einer der Abteilungsleiter.

„Wieso?" schaute ihn ein anderer verständnislos an. „Irgendwie ist unser Boß doch immer so!"

26

Herr Siefert hatte Herrn Bruns nach dem Essen zu einem kleinen Verdauungsspaziergang eingeladen. „Zeit für eine Bilanz“, hatte er gemeint. Bruns hatte gerne angenommen, denn ihn beschäftigte der Abend bei Schneider noch immer.

„Der Abend bei Schneider verlief ja nun völlig anders als gedacht“, begann Siefert.

„Das ist noch vorsichtig ausgedrückt. Schneider hat meiner Meinung nach alles durchschaut und uns trotzdem leben lassen. Der Mann hat mich auf kleiner Flamme gegrillt, wieder schön eingecremt und verbunden. Ich fühle mich ganz schön vorgeführt. Wir haben nichts erreicht, im Gegenteil, Schneider hat uns enttarnt.“

„Nun, so schlimm war es ja auch nicht, Herr Bruns. Wir haben zwar nicht unsere Ziele erreicht, aber wir wissen jetzt viel mehr.“

Vor allen Dingen ich, dachte Siefert, Schneider ist mit meinem Beratervertrag einverstanden; mit Bruns nicht. Ich brauche aber Bruns, denn Quester wird mich nie als Berater akzeptieren.

„Wir wissen“, fuhr er fort, „daß wir unsere Strategie ändern müssen. Schneider hält an Quester solange fest, bis er ihn aus Gründen des von ihm so hoch geschätzten Vorbildverhaltens nicht mehr halten kann. Da müssen wir ansetzen.“

„Aber wie denn – mir fällt nun wirklich nach heute morgen nichts mehr ein, wo doch alles verkündet und festgeschrieben wurde. Quester ist auf dem Sprung in den Vorstand, und ich wurde von Schneider der Unfairneß überführt. Eine mehr als beschissene Situation. Wir haben die Position Questers bei Schneider einfach unterschätzt und den falschen Ansatz gewählt."

„Das ist alles nicht falsch, was Sie da sagen, aber es ist auch alles nicht ganz richtig. Der Weg ist richtig, das Thema war falsch. Die moralische Position Questers ist es nicht, die angreifbar ist, die Erfolgsposition auch nicht. Also müssen wir andere, von Schneider hoch angesiedelte Werte finden, in denen sich bei Quester Schwächen zeigen. Mir fallen die Positionen Loyalität, Selbstbeherrschung und Sensibilität ein. Was halten Sie davon?"

„Wenn wir überhaupt noch etwas unternehmen wollen", meinte Bruns mit dem Unterton der Resignation, „dann sind wohl hier die Ansatzpunkte. Das sehe ich auch so."

Bruns kickte einen Stein mit dem Fuß aus dem Weg. Siefert hüstelte. Er fühlte sich seit dem bewußten Abend bei Schneider nicht gut. Auf dem Weg nach Hause, er war zu Fuß gegangen, um sich den Frust ein wenig aus dem Magen zu laufen, mußte er sich eine Erkältung eingefangen haben. Beide gingen eine Zeitlang schweigend nebeneinder her. Gedankenverloren war jeder für sich mit der Suche nach dem Ausweg beschäftigt. Siefert hütete sich, Bruns in dieser Verfassung von seinem kurzen Gespräch mit Schneider zu berichten. Dieses ‚Nie Bruns' hätte Bruns zur Aufgabe gebracht, und genau das konnte er jetzt überhaupt nicht gebrauchen, das durfte nicht passieren.

Bruns sah sich das erste Mal kurz vor einer Niederlage. Er, der Gewinnertyp, kannte dieses Gefühl überhaupt nicht und war dementsprechend orientierungslos. In ihm stand alles gegen die drohende Niederlage auf. Er begann instinktiv, ein

Feindbild aufzubauen. Er wußte, daß er das brauchte, um sein ganzes Kräftepotential zu mobilisieren, das er besaß. Er mußte, ja er wollte gegen Quester gewinnen. Tief unten schlummerte in ihm die Befürchtung: ‚Einmal Looser, immer Looser.' Die Motivatoren Angst und Haß begannen in ihm zu arbeiten. Siefert musterte Bruns von der Seite, sagte aber nichts.

„Das war übrigens ein geschickter Schachzug von Quester, dem Geschäftsführer eine Frist zu setzen und Fischer als Vertriebschef einzustellen. Damit ist der Einfluß Schranders' erledigt. Auch von der Seite ist kein Einstieg mehr zu finden", resümierte Bruns.

„Bei den GVL-Tagungen ist Schranders aber noch dabei, da ist er uns als Informant noch nützlich", ergänzte Siefert.

„Schranders hat mir übrigens gesagt, daß Quester beabsichtigt, den Außendienst mit neuen stärkeren und größeren Fahrzeugen auszurüsten. Wenn ihm das gelingt, ist sein Image im Außendienst noch besser. Die GVLs haben bereits gejubelt und tragen das natürlich begeistert mit. Die Leasingraten für diese Fahrzeuge entsprechen erstaunlicherweise dem jetzigen Typ. Sie haben also nur in den möglichen Folgekosten – Benzin, Steuern usw. – einen Ansatz, um abzulehnen."

„Ja, das wäre eine Möglichkeit; genau, das könnte funktionieren. Quester, würde es dann heißen, hat das nicht durchgebracht. Wenn Sie dann meine Position haben, können Sie unbelastet diese neue Fahrzeugregelung durchziehen und haben gleich ein gutes Entree. Ich kann dann gut damit leben, weil dann andere Entscheidungskriterien gelten als heute. Die Steuererhöhung, die ja auch die Benzinpreise erwischt, ist wieder abgesetzt, so sagt zumindest der Finanzminister."

„Gut", meine Bruns. „Quester wird es schwer haben, dem Außendienst diese Ablehnung zu erklären, zumal der Außendienst damit schon fest rechnet. Die Kfz-Abteilung hat geplaudert. Er wird es besonders schwer haben, seinen Unmut zurückzuhalten, um die Loyalität zu Ihnen nicht zu verletzen. Entgleist er, haben wir einen Ansatz bei Schneider. Schranders informiere ich. Er wird bei der GVL-Tagung wie ein Luchs zuhören."

„Das verspricht Wirkung. Inwieweit kann er Schneider einschalten?"

„Das soll er wagen, dann hat er mich umgangen, was einem Loyalitätsbruch gleichkommt. Ich werde Schneider dann sagen, daß ich mit diesem Mann nicht mehr zusammenarbeiten kann, und Schneider muß das akzeptieren. Das wäre das Beste, was uns passieren könnte."

„Wie wäre es", meinte Bruns, „wenn Sie als weitere Rechtfertigung Ihrer Ablehnung einen Vergleichsfall aufbauen? Ich werde zu Ihnen kommen und um einen Dienstwagen für Herrn Schelmer bitten. Außerdem könnte ich um die Ausstattung eines Präsentationsraumes oder um einige PCs bitten. Sie schlagen mir das ab und hätten dann einen Hebel, eine Referenz für Ihr ‚Nein' bei Quester zu seiner Dienstwagenregelung."

„Eine gute Idee, Bruns. Genauso machen wir das. Bitte kommen Sie mit einer derartigen, gut argumentierten und durchgerechneten Forderung am Montag Vormittag zu mir! Dienstag hat Quester seinen Termin bei mir. Sehen Sie Bruns, wo ein Wille ist, ist immer ein Weg."

Bruns schwieg, denn er überlegte gerade, wie er Quester auf dem Freundschaftstrip halten könnte.

27

Endlich Samstag, das war eine Woche! Solche Tage mußte er nicht immer haben. Emotionale Belastungen sind schwerer zu verkraften als Arbeitsüberlastungen, das erfuhr Quester jetzt zum wiederholten Male. Seine Frau Karin hatte ihm viele familiäre Zusatzbelastungen abgenommen, und wann immer sie zusammen waren, hatte sie ihn verwöhnt. Sie war eine kluge Frau, die genau wußte, daß sie in der Phase größerer psychischer und physischer Belastungen ihres Mannes die Ruhezone bieten mußte, die er woanders nicht mehr fand, die er aber brauchte, um zu verarbeiten, was ihn erwischt hatte.

Er streckte seine Beine weit von sich und tastete alle Sender am Fernsehgerät durch. Nirgends etwas, was ihn interessierte. Draußen schien die Sonne, ein warmer Frühlingstag, wie geschaffen für eine Fahrt mit dem Cabriolet seiner Frau. Quester sprang elektrisiert auf. „Karin!" Seine Frau antwortete aus dem Arbeitszimmer. Sie war damit beschäftigt, Konten zu kontrollieren. Karin, du bist mein Finanzminister, sagte er des öfteren und traf damit auch die Tatsachen. Er kümmerte sich nur um die Konten, wenn es um eine Anschaffung ging, die er wollte und die etwas mehr Geld verschlang, oder wenn Geld in Aktien angelegt werden sollte.

„Karin, laß die Arbeit liegen! Wir fahren mit deinem Cabriolet spazieren und trinken in einem gemütlichen Gasthaus

Kaffee. Die Kinder sind auch unterwegs, also haben wir ein paar Stunden Zeit für uns."

Karin wollte gerade etwas sagen, als das Telefon klingelte. Corinna Anders war am Apparat.

„Du, Karin, habt ihr nicht Lust auf eine Fahrt mit unseren Cabriolets, einen Spaziergang und einen guten Kaffee in einem gemütlichen Gasthof?"

Karin lachte schallend. „Was ist los, Karin? Wo war der Witz?"

„Vor genau 10 Sekunden hat Manfred den gleichen Vorschlag gemacht."

„Na prima, dann kommt ihr also zu uns, und wir fahren dann gemeinsam los?"

„Nur zu gerne, Corinna."

„Also, dann bis gleich."

Quester sagte zu seiner Frau: „Ich hab' alles verstanden. Nicht wahr, ich hab' gute Ideen, stelle ich fest."

„Eingebildet bist du gar nicht. Was glaubst du, wollte ich dir gerade eben vorschlagen? Du kamst mir eine Sekunde zuvor."

„Jetzt wird's mir aber langsam unheimlich. Drei Menschen mit den gleichen Ideen!"

„Also los", sagte seine Frau, „zieh dich um, damit man mit dir vor die Tür gehen kann!"

„Wieso, mit meiner 15 Jahre alten Hose und diesem 20 Jahre alten Schatz von Pullover kann ich mich immer noch sehen lassen."

„Aber nur bei Mondfinsternis", spottete Karin. „Laß dich nur nicht so vor unseren Knaben sehen. Die fragen sofort, warum Opa eigentlich so oft zu Besuch kommt."

„Diese Ignoranten wissen ja gar nicht, wie gut man sich in solchen Sachen fühlen kann."

„Gut, aber wenn wir mit dem Cabrio fahren, paßt alles andere besser."

„Na gut, überredet." Quester schaute in den Spiegel. Was

die nur alle haben? Gut, die Hose ist so weit, sie bewegt sich kaum, wenn ich einen Schritt mache. Sie ist ausgebeult und an manchen Stellen arg verschlissen. Und was ist schon dabei, wenn der Pullover sitzt wie ein ausgeleiertes T-Shirt, links tiefer als rechts. Kann sein, daß mir jemand auf der Straße ein Stück Brot in die Hand drückt, kann ja sein. Aber um meine Schätze werde ich weiter kämpfen, jawohl, das werde ich! Quester zog sich um und sprang um einiges eleganter die Treppe runter und mit einem Satz ins Cabrio, das seine Frau bereits vorgefahren hatte.

„Hallo, das ist mein Auto. Ich fahre!"

„Das war meine Idee, ich fahre."

„Du autoritärer Schuft!"

„Für diese Beleidung erhalte ich die Autoschlüssel." Lachend fuhren sie los.

Bei Anders war es ähnlich. Als die Questers eintrafen, saß er am Steuer des Porsche, und sie maulte ein wenig, denn auch sie wäre gern gefahren. Alle sprangen aus ihren Autos und begrüßten sich herzlich.

„Bernhard, weißt du schon eine schöne Strecke, oder soll ich etwas vorschlagen?"

Die beiden Damen tuschelten miteinander. „Du, Manfred, du fährst doch sicher gern mit Bernhard im Porsche. Ich würde gern mit Corinna fahren. Du weißt doch, wir haben uns lange nicht gesehen, und da gibt es viel zu erzählen."

„Okay, wenn es Bernhard recht ist."

„Ist es immer."

Man einigte sich auf die Strecke und fuhr los. Wer das Cabriofahren kennt, weiß, wie die vier es genossen. Bei einer gemütlichen Tasse Kaffee in einem romantischen Gasthof fragte Bernhard dann:

„Na Manfred, wie steht die Partie im Unternehmen?" Manfred berichtete und gab zu, daß er sein Verhältnis zu Bruns mehr aus einem Wunschdenken heraus beurteilt hatte. Er wurde sehr erst, als er von den tief sitzenden menschlichen Enttäuschungen sprach, die er noch verarbeiten mußte.

„Du", meinte Bernhard, „das ist noch nicht zu Ende. Vor dir liegt noch das bitterste Stück des Weges – das Erlebnis der üblen Wahrheit und das häßliche Gesicht der Unfairneß, der Antipathie und ich hoffe, nicht auch noch des Hasses. Was du jetzt weißt, wirst du noch erleben, denn Bruns und Siefert werden noch nicht aufgeben. Jetzt, wo du stellvertretendes Vorstandsmitglied bist, erst recht nicht. Jetzt werden sie alles aufbieten, um Schneider zu beweisen, daß seine Entscheidung falsch war, das wirst du erleben, und das mußt du verkraften."

„Das ahne ich, und sicher wird das, was du sagst, auch zur erlebten Realität. Ich kann es nur noch immer nicht richtig fassen. Warum mit einer Freundschaft die Karriere bezahlen? Das würde ich nie tun! Hätte sich Schneider für Bruns entschieden, hätte ich ihm gratuliert und einigen Headhuntern einen Tip gegeben, d.h. meine Karriere woanders fortgesetzt."

„Du ja, aber er nicht. Bruns muß eine völlig andere Persönlichkeitsstruktur haben als du. Ich glaube, der kann nicht verlieren, in keinem Spiel. Er kann mit einer solchen Erfahrung nicht weiterleben wie bisher – so wie er sich sieht mit diesem makellosen Gefühl des Gewinners. Es gibt sie, diese Leute, die nicht fallen dürfen, weil sie panische Angst haben, dann für immer liegen bleiben zu müssen."

„Das kann genau stimmen. Ich erinnere mich an ein Tennisspiel. Da hat er eine für ihn furchtbare Niederlage einstecken müssen. Es hat lange gedauert, bis er sich wieder gefangen hat. Ich hab' das damals nicht verstehen können. Jetzt weiß ich wieder einmal, daß Spiel selten nur Spiel ist und daß ein Mensch sich immer und überall offenbart."

„Das entspricht auch meiner Erfahrung. Bleib also wachsam und laß dich nicht provozieren! Was ist eigentlich mit dem Schranders, ist der jetzt schon Key account manager?"

„Ja, er ist es. Obwohl ich das jetzt auch schon bereue.“

„Paß auf den Mann auf! So wie du ihn geschildert hast, ist das der Informant für Siefert und Bruns.“

„Weißt du, Bernhard, was ich gerne tun würde? Ich möchte gerne mit Bruns so wie früher von Mann zu Mann sprechen und versuchen, die Situation zwischen uns so zu bereinigen, wie es zwischen erwachsenen Menschen eigentlich normal ist.“

„Oh Gott!“ sagte Corinna. „Manfred, begreif doch! Diesen Mann hast du nie richtig kennengelernt. Damals, in eurer guten Zeit, ging es um nichts. Heute geht es um gewinnen und verlieren, um Profil und Gesicht, für Bruns um alles.“

„Ich will einfach aufgrund von Indizien nicht verurteilen, das ist es. Er soll mir offen sagen, wo wir seiner Meinung nach stehen.“

„Gut, Manfred, dann tu es, aber sei vorsichtig, sonst stehst du plötzlich da wie der, der Gespenster sieht, der komisch und merkwürdig denkt, der die Situation völlig falsch beurteilt usw. Laß ihn kommen. Erinnere an vergangene Zeiten und laß ihn die jetzige Partnerschaft beurteilen. Ja, und dann spiel mit ihm Tennis und laß ihm dabei überhaupt keine Chance. Sprich anschließend mit ihm und hör gut zu und beobachte ihn genau! Erst wenn Emotionen kommen, zeigt dieser Mann sein wahres Gesicht.“

„Das ist ein fairer Vorschlag. Leute, ich brauche diese Chance für ihn einfach, sonst fühle ich mich so mies.“

Karin sah ihren Mann aufmerksam von der Seite an. Altmodisch kann in gewisser Weise auch sympathisch sein, dachte sie. So wie er sich mit seiner alten Hose und diesem schlimmen Pullover hat, so ist er auch in den wichtigsten Gefühlsbereichen altmodisch verläßlich und anständig.

28

Das Tennismatch brauchte Quester gar nicht zu vereinbaren, Bruns rief ihn von allein an, und so standen sie sich dann in der Halle gegenüber. Bruns war betont freundlich und kündigte eine furchtbare Revanche an. Quester spielte das Spiel ‚Freundlich sein' mit und lachte nach dieser Ankündigung.

Bruns hatte Aufschlag. Quester spielte so kontrolliert wie nie zuvor. Die Returns saßen, die Asse kamen wie in den besten Zeiten. Bruns wurde nervös. Er machte zu den von Quester herausgespielten Punkten noch leichte Fehler und verlor Punkt für Punkt. Immer wieder versuchte er, die plazierten Bälle zu erlaufen und schaffte es dennoch nicht. Die depremierenden Stops schmerzten fast körperlich.

Quester beherrschte Bruns nach Belieben und ließ ihn ab und zu bis 30 : 40 hoffen, um dann das Spiel doch zu machen. Die Aufschlagspiele nahm er Bruns erst nach längerem Einstandspiel ab. Bruns fluchte, schimpfte und traktierte seinen Schläger. Der erste Satz endete 6 : 1. Der zweite war die Hölle für ihn. Serve and volley. Quester gab ihm keine Chance. Leider war er von Bruns zu weit entfernt, um die Augen seines Partners zu sehen. Das wutverzerrte Gesicht sagte ihm aber schon genug. Der zweite Satz endete 6 : 0. So, und jetzt werde ich Stopbälle und lange Bälle im Wechsel spielen, um dann, wenn's möglich ist, ans Netz zu gehen, beschloß Quester. Bruns wurde jetzt regelrecht ausgespielt. Quester wunderte sich selbst, was ihm heute alles gelang.

Bruns war blaß geworden. Als der dritte Satz endete wie der zweite, warf er seinen Schläger gegen die Hallenwand, drehte sich abrupt um und ging tropfnaß in die Kabine. Quester zog sich langsam an, sammelte die Bälle auf und zog den Platz ab – auch den von Bruns.

Nach fünf Minuten kam Bruns zurück. Er grinste: „Mann, hast du mich abgezogen!“ Das Gesicht lächelte, aber die Augen waren kalt. Aus ihnen sprach der nackte Haß. Das war in fünf Minuten eben nicht zu verstecken. Fünf Minuten langten gerade für die Mimik, das andere saß zu tief.

„Du wolltest eine Revanche, und dann spiel' ich halt, wie es mir möglich ist. Du hättest es sicher nicht gewollt, daß ich bewußt Fehler einbaue, damit das Ergebnis für dich besser aussieht.“

„Das wäre das letzte. Sowas macht man mit Kleinkindern, und ich bin keins.“ Seine Stimme wurde schneidend.

Quester tat so, als hätte er den Ton überhört.

„Wie wär's, noch auf ein Bier, Walter?“

„Tut mir leid, aber ich hab's eilig.“ Er gab Quester kurz die Hand, vermied aber den Blickkontakt, drehte sich sofort um und verließ eilig die Halle.

Ein würdeloser Abgang, dachte Quester. Das ist also ein Gewinnertyp, wenn er verliert. Gut, ich hab' ihn ja auch provoziert. Sonst wäre wohl auch die Schminke nicht vom Gesicht abgefallen. Quester fühlte sich mies und ging langsam in die Gaststätte. Britta brachte ihm das Bier, das er nach dem Sport immer trank, und baute sich vor ihm auf.

„Den hast du eben zerstört, Manfred. Aber schade war's um den Typ nicht. Der brauchte das. Ich hab' das ganze Spiel gesehen. Ging es da eigentlich um mehr?“

„Um viel mehr Britta, um eine Freundschaft. Ich wollte sehen, ob andere, die ihn sehr kritisch sehen, recht haben.

Leider haben sie recht, das weiß ich jetzt. Ich fühle mich beschissen. So sollte keine Freundschaft enden. Aber das kann ich ja leider nicht allein bestimmen."

„Du meinst doch nicht nur dieses Spiel! Das kann doch keine Freundschaft beenden! Da muß doch schon vorher was gewesen sein."

„Ja, das war es auch, und ich wollte es nicht wahrhaben. Jetzt hab' ich den Haß in seinem Gesicht gesehen. Britta, bring mir einen Klaren, ich muß was runterspülen!"

Britta schaute ihn etwas länger an, sagte aber dann doch nichts und holte den Schnaps.

Später, als Quester beim sechsten Bier war, rief Britta Karin an. Karin kam sofort mit dem Taxi. Wortlos setzte sie sich zu ihrem Mann. „Scheiße!" sagte Quester ganz langsam. „Nicht einmal besaufen kann man sich schnell genug. Es wirkt einfach nicht. Ich fühle mich noch völlig nüchtern, im Kopf klar. Aber schön, daß du da bist."

„Du, selbst das, selbst besaufen, ist dieser Mann nicht wert."

„Mensch, Karin, wieso kann diese Sucht, gewinnen zu müssen, Menschen so deformieren? Warum frißt dieses verfluchte Karrieredenken bei manchen Menschen einfach alles – auch Freundschaften?"

„Das weiß ich auch nicht genau. Vielleicht haben sie nicht gelernt zu verlieren. Vielleicht sind sie nicht wirklich groß, sondern nur aufgeblasen."

„Vielleicht ist es das. Bruns war mal ein feiner Kerl."

„War er das wirklich?"

„Karin, das war heute ein beschissener Tag. Gnadenlose Wahrheit, Karin, ist stundenlang kaum zu ertragen." Questers Zunge wurde schwerer. „Komm, Karin, fahr mich nach Hause!" Er stand mit wackligen Beinen auf und ging langsam zum Ausgang. Karin winkte Britta. Quester blieb noch einmal an der Theke stehen, sah Britta an und sagte mühsam: „Vergiß es, Britta – ich werd's auch versuchen."

Das waren die letzten Worte, die Quester an diesem Abend sprach. Eine Stunde starrte er noch vor sich hin, dann ging er ins Bett und schlief.

Karin rief Bernhard und Corinna an und sprach mit beiden über Questers Erfahrung.

Lieber jetzt, lieber deutlich, lieber endgültig, das war der Tenor der drei in diesem Gespräch.

29

Der Termin mit Siefert war Freitag Nachmittag. Quester hatte sich sehr gut vorbereitet. Die Autoaktion müßte glatt durchgehen, sagte er sich. Er hatte Glück gehabt. Ein Hersteller brachte einen neuen Typ auf den Markt, und der Flottenverkäufer dokumentierte mit seinen Konditionen, wie sehr die Firma daran interessiert war, dieses Auto sehr schnell möglichst zahlreich auf die Straße zu kriegen. Das hatte Quester natürlich genutzt und zusammen mit der Fahrzeugabteilung hart verhandelt. Das Ergebnis war sensationell. Der Außendienst konnte mit gleichen Kosten, bei einer bestimmten Situation sogar noch günstiger als bisher, ein größeres Modell fahren. Der 100er wäre ein schönes Dankeschön für die zwei Jahre harter, erfolgreicher Arbeit. Eine bessere Motivation gab's gar nicht. Bei keinem anderen Thema reagierte der Außendienst sensibler als beim Thema ‚Auto'.

Quester hatte so verhandelt, daß nach sofortiger Rücknahme aller 80er bei der nächsten Außendiensttagung auf dem Hotelparkplatz für jeden Außendienstmitarbeiter ein neues Auto stehen sollte. Meine Herren, treten Sie mal bitte ans Fenster. Unten steht das Dankeschön Ihres Unternehmens für zwei Jahre erfolgreiche Arbeit! Das würden seine Mitarbeiter dem Unternehmen nie vergessen. Motivation, Identifikation und Engagement würden wie Fieberkurven nach oben schnellen.

Naja, Quester rief sich aus dem Reich der Wunschträume zurück, auf jeden Fall würde sich das sehr positiv auswirken, und sie hatten es auch regelrecht verdient.

Mit Frau Gehrke hatte Quester das Gespräch mehrfach durchgespielt. Sie hatte ihn bekniet, sich ja nicht aus der Ruhe bringen zu lassen. „Der Siefert wartet ja nur darauf, daß Sie emotional werden und etwas Unbedachtes sagen“, hatte sie ihm immer wieder gesagt. „Ich weiß, und ich schaffe das schon“, versicherte Quester. Entsprechend guter Laune ging Quester in die Vorstandsetage.

Siefert begüßte in freundlich, aber etwas distanzierter als sonst. „Möchten Sie mit Ihren Punkten beginnen, Quester, oder wie sollen wir verfahren?“

„Bestimmen Sie die Vorgehensweise, Herr Siefert.“

„Gut, dann beginnen Sie bitte. Ach, beinah hätte ich es vergessen. Frau Maier, bitte Kaffee!“

„Herr Siefert“, begann Quester völlig entspannt, „unser Außendienst hat zwei Jahre sehr erfolgreich gearbeitet, alle Ziele mehr als erreicht, die Planzahlen übererfüllt und eine außerordentliche Leistung bei der Einführung von Galaxis gezeigt. Ich habe das Gefühl, man erwartet etwas von uns. Drei Möglichkeiten sehe ich. Wir können eine Prämie zahlen – das kostet uns, wenn die Prämie die Motivationshöhe erreichen soll, mindestens 200 000 DM. Die zweite Möglichkeit ist die Gehaltskorrektur nach oben. Das kostet noch mehr. Die dritte Möglichkeit, die ich sehe, ist ein anderes, größeres, sichereres Fahrzeug. Das kostet uns nichts. Nicht einen Pfennig mehr, als unsere Flotte uns heute kostet. Dieses Dankeschön kostet uns nicht nur nichts, es motiviert außerdem wie keine andere Maßnahme. Ich habe alles sorgfältig durchrechnen lassen.“

Siefert warf einen kurzen Blick auf die Unterlagen und sah dann Herrn Quester seltsam kühl an.

„Ich bin nicht der Meinung, Herr Quester, daß unser Außendienst ein zusätzliches Dankeschön braucht. Die Gehälter sind gut, und die Provisionen steigen mit den Erfolgen. Außerdem hat Herr Schneider Ihnen ja eine Möglichkeit gegeben, Dankeschön zu sagen. Ich sehe wirklich keinen Grund, die Autofrage jetzt aufzuwerfen, wo doch jeder weiß, daß die Kostensituation ungeklärt ist. Weder die Benzinpreise noch die Steuerregelung sind verläßlich zu kalkulieren. Nennen Sie Ihren nächsten Punkt, Herr Quester!"

„Moment, Herr Siefert. Das Angebot war einmalig günstig. Ich sagte ja bereits, kostenlos. Der Hersteller dieser Fahrzeuge nimmt alle 80er sofort zurück und liefert den 100er zu gleichen Konditionen, weil er die 100er auf der Straße haben will. Das war auch der Grund, warum man uns in den Leasingkosten derart entgegengekommen ist."

„Gelegenheiten kommen immer wieder, und die Kfz-Hersteller werden wahrscheinlich in den kommenden Jahren noch entgegenkommender. Dann wird nämlich die Nachfrage sinken und der Wettbewerb stärker. Bitte verschieben Sie den Punkt um ein Jahr."

„Herr Siefert, warum wollen Sie diese Möglichkeit, Ihren Außendienst kostenlos zu motivieren, nicht nützen?"

„Erstens, Herr Quester, ist das Ihr Außendienst, und zweitens ist es Ihre Aufgabe, ihn zu motivieren, und drittens glaube ich aus den angegebenen Gründen nicht an kostenlos. Derartige Entscheidungen, das wissen Sie ganz genau, sind Vorstandsentscheidungen. Das Autothema ist politisch zu sehen. Außerdem habe ich Herrn Bruns gestern den Dienstwagen für Herrn Schelmer abgelehnt. Das und die Ausstattung des Präsentationsraumes und neue Möbel für die Abteilung auch. Gerade jetzt, wo der Markt plötzlich größer geworden ist, wir noch Außendienstmitarbeiter benötigen, müssen wir auf die Kosten achten und dort sparen, wo es möglich ist."

„Schade! Für Schelmer hätten wir einen Wagen in diesem

Kontingent ohne Schwierigkeiten untergebracht."

„Natürlich kostenlos", spottete Siefert.

Spätestens jetzt wußte Quester, wie der Hase lief. Das Thema will Siefert abschießen. Aus naheliegenden Gründen will er dir schaden, will er dich austricksen. Warte nur, so nicht!

„Stehen Sie bei Ihren Herren eigentlich im Wort, wissen die bereits von Ihrem Vorhaben, oder haben Sie etwa schon entschieden?"

„Natürlich wissen die GVLs davon. Ich beziehe sie bei derartigen Überlegungen immer mit ein."

„Ein eklatanter Nachteil Ihres Führungsstils, Quester."

Quester ging darauf nicht ein. Sachlich fuhr er fort: „Es kann natürlich auch sein, daß die Mitarbeiter der Kfz-Abteilung geplaudert haben. Bei der guten Beziehung, die meine Außendienstmitarbeiter zur Kfz-Abteilung haben, ist das eher wahrscheinlich."

„Na gut, dann haben Sie sich ja wohl noch nicht so weit aus dem Fenster gelehnt, daß ich Sie decken müßte."

Jetzt zieh' ich die Notbremse. Der Außendienst kriegt die Fahrzeuge, auch wenn ich Schwierigkeiten bekomme.

„Doch, das hab' ich. Ich habe angenommen, daß bei einer Nullinvestition meine Kompetenz ausreicht und bei der Leasinggesellschaft bereits unterschrieben. Da meine Unterschrift rechtsgültig ist, ich kein Budget brauche, keine Überziehungen daraus resultieren, keine Fixkosten erhöht werden, war ich so frei. Wenn es also nur politisch ist, mußte ich Sie meiner Meinung nach nur informieren, und das hab' ich getan. Jetzt erwarte ich Ihre politische Deckung."

„Herr Quester, Sie haben also eindeutig Ihre Kompetenz überschritten!"

„Glaub' ich nicht. Meine Kompetenzregelung sagt das nicht."

Siefert lief rot an. „Das machen Sie rückgängig!", brüllte er los. „Oder Sie werden es bereuen. Noch sind Sie kein

Vorstand! Und wenn Sie so weitermachen, werden Sie das auch nicht mehr!“ Siefert knallte eine mehrseitige Aufstellung auf den Tisch.

„Das ist die WKZ-Aufstellung für die Galaxiseinführung. So glanzvoll, Herr Quester, war die verkäuferische Leistung nun auch nicht. Um genau 20 % haben Sie das Budget überzogen.“ Siefert zeigte erregt auf das Papier und begann, auf und ab zu laufen. „Das ist ebenfalls eine Kompetenzüberschreitung. Anmaßend sind Sie, anmaßend und dickfellig, Quester!“ Siefert lief immer schneller hin und her. Wie ein gereizter Tiger im Käfig.

Quester war innerlich ganz ruhig und beobachtete das Verhalten von Siefert eher amüsiert. „Die Überschreitung von 20 % steht einer weitaus höheren Distributionsausweitung gegenüber. Das, Herr Siefert, ist ein Nachweis verkäuferischer Leistung und nicht das Gegenteil. Außerdem hab' ich die Etatüberschreitung mit Schelmer besprochen. Von ihm haben wir die Mittel bekommen. Er hat dafür 20 % bei den Medien eingespart, die nicht unbedingt für den gewünschten Werbedruck gebraucht wurden“, erklärte Quester in ganz ruhigem Ton.

Siefert wurde jetzt blaß. „Herr Quester, Schelmer wird von Herrn Bruns geführt. Verhandeln Sie eigentlich immer mit Schmidtchen? Bruns hätte die Freigabe machen müssen. Für den offiziellen Weg haben Sie anscheinend überhaupt keine Ader.“ Nervös strich sich Siefert über seine Platte.

„Ich konnte, Herr Siefert, doch mit Recht annehmen, daß Schelmer sich bei der Zusage mit Herrn Bruns vorher abgestimmt hatte. Aber das läßt sich sicher klären. Außerdem ändert das alles nichts an der Tatsache, daß dieses Geld gut angelegt war.“

„Herr Quester, das ist nicht die Art der Zusammenarbeit, die ich will. Sie stellen mich vor vollendete Tatsachen, und ich kann nur noch akzeptieren. Das wird Konsequenzen für Sie haben!“

„Was heißt das genau, Herr Siefert? Darf ich jetzt meinen Schreibtisch räumen?“

Siefert wurde noch eine Spur blasser. „Ach, reden Sie doch keinen Unsinn! Im Gegensatz zu Ihnen treibe ich nicht alles gleich auf die Spitze.“ Siefert setzte seinen Dauerlauf fort.

„Herr Siefert, ich stelle mir die Zusammenarbeit so auch nicht vor. Ich erhalte von Ihnen nur Kritik. Ich darf meine Kompetenzen nicht voll ausschöpfen und führe Ihnen zu freiheitlich, und das, obwohl meine Zahlen alle sehr gut sind, dieser Vertrieb solche Ergebnisse noch nie erreicht hat, die Fluktuation unterhalb der Normwerte liegt. Warum nehmen Sie meine Identifikation mit diesem Hause, meine Motivation und mein Engagement für Ihr Ressort einfach nicht zur Kenntnis? Ich fühle mich von Ihnen falsch beurteilt, schlecht geführt und völlig grundlos kritisiert. Ich weiß nicht, warum Sie so etwas tun!“

Quester sah Siefert offen ins Gesicht. Der schnappte nach Luft wie ein Karpfen. Das war ihm in den ganzen 28 Jahren seiner Zugehörigkeit zum Unternehmen noch nie passiert. Ein Untergebener kritisierte sein Verhalten ganz offen. Na, das ist ja ein Früchtchen! Das wird einen Niveaurutsch im Vorstand geben, wenn der erst drin ist.

„Herr Quester, ich glaube nicht, daß es Ihnen zusteht, mich zu kritisieren. Das ist ja unglaublich! Ich betrachte unser Gespräch als beendet.“

Quester nahm seine Sachen und ging. „Auf Wiedersehen, Herr Siefert. Tschüß, Frau Maier.“

„Tschüß, Herr Quester – grüßen Sie mir Frau Gehrke!“

„Mach' ich.“

Quester war jetzt alles egal. Er ging zum Aufzug und traf dort Schelmer. Der Riese freute sich. „Tag, Herr Quester! Na, haben Sie sich Ihr verdientes Lob bei Siefert abgeholt?“

„Nö, rausgeschmissen hat er mich.“

„Wie bitte?! Das ist nicht möglich!"

„Doch! Ich hab' ihn kritisiert und in seinen Augen meine Kompetenz überschritten."

„Mann, die Pfeife soll doch froh sein, daß er Sie und andere hat! Der versteht die heutige Zeit doch sowieso schon lange nicht mehr." Schelmer schüttelte den Kopf.

„Die Autoregelung für den Außendienst hab' ich auf meine Kappe genommen, und Ihren Dienstwagen hätten wir auch noch drangehängt, Herr Schelmer."

„Welchen Dienstwagen? Ich hab' keinen und hab' auch keinen beantragt. Ich will den Wagen fahren, den ich will und nicht einen, den mir das Unternehmen vorschreibt."

„Moment mal, was haben Sie nicht? Sie haben keinen Wagen beantragt?"

„Wenn ich Ihnen das sage!"

„Ja, jetzt verstehe ich gar nichts mehr. Herr Siefert sagte mir, er hätte Herrn Bruns den Dienstwagen, den Sie beantragt hätten, nicht genehmigt."

„Na, das wüßte ich aber, wenn ich einen Wagen beantragt hätte, Herr Quester, hier spielt einer falsch."

„Ja, das scheint so. Jetzt verstehe ich so ziemlich alles. Oh Gott, was für ein Kindergarten!"

„Ich glaube, Herr Quester, Sie sollten allmählich die Achse Bruns-Siefert zur Kenntnis nehmen. Ich hab' auch lange gebraucht, bis ich das mitbekam. Frau Liebherr hat mir das in einer ihrer Heulstunden erzählt."

„In was?"

„In einer ihrer Heulstunden. Der Bruns macht sie mindestens einmal am Tag fertig. Wegen der geringsten Kleinigkeit wird er zynisch oder sarkastisch, und dann ist die Kleine völlig schutzlos. War der eigentlich mal Ihr Freund?"

„Ja, das war er. Leider hat er sich stark verändert, und nicht zum Positiven hin."

„Das geht mit uns beiden, mit Bruns und mir, auch nicht

mehr lange gut!“ Schelmer zuckte mit den Schultern. „Ich hab’ auch mehr von ihm gehalten. Wissen Sie, Herr Quester, ich brauche einen Menschen, der gerade, fair und anständig ist, auf den ich mich verlassen kann, sonst macht mir meine Arbeit keinen Spaß.“ Schelmer schaute Quester nachdenklich an – „Sagen Sie, Herr Quester, werde ich alt, oder ist mein Wunsch noch zeitgemäß und normal?“

„Und wie normal!“ lachte Quester „Stinknormal. Da sind wir uns übrigens ähnlich. Tschüß, Herr Schelmer.“

Die Hände trafen sich klatschend. Ein kurzer gerader Blick, und zwei Männer, aus dem gleichen Holz geschnitzt, gingen auseinander.

Frau Gehrke hatte natürlich gewartet. Sie sah ihn erwartungsvoll an.

„Ich bin das erste Mal rausgeflogen und fühle mich sehr gut dabei“, sagte Quester lachend.

„Was sind Sie? Siefert hat Sie, seinen besten Mann, rausgeschmissen?“

„Na, na, vorerst nur aus seinem Zimmer.“

„Ach so. Und warum?“

Quester erzählte ihr das Gespräch ganz genau und auch seine kurze Unterhaltung mit Schelmer.

Frau Gehrke wurde wütend. „Das wußte ich. Bruns und Siefert! Da haben sich die richtigen gefunden. Was hat der Siefert nur gegen Sie? Sind Sie ihm zu erfolgreich? Profilneurose oder Angst – einer der Gründe ist es, oder sogar beide.“

„Um Himmelswillen, laufen Sie nicht auch noch auf und ab! Das hat der Siefert schon die ganze Zeit gemacht.“

Frau Gehrke blieb stehen und sah ihn an. „Was haben Sie da eben gesagt? Frau Liebherr weint öfter?“

„Herr Schelmer tröstet sie wohl des öfteren in ihren Heulstunden – wie er sich ausdrückte.“

„Der Bruns macht sie also fertig. Hab’ ich doch recht behalten. Das ist ein falscher Fünfziger. Ich werde mich um sie kümmern."

„Sie bleiben, wo Sie sind, Frau Gehrke. Sie gebe ich nicht her! Um Frau Liebherr kümmern wir uns beide. Holen Sie sie ab und zu mal hierher. Helfen Sie ihr lieber bei den Arbeiten, wo er sie kritisiert. Dann bekommt sie wieder Luft. Die sitzt wie Sie damals im Teufelskreis."

„Stimmt. Und da hole ich sie raus." Frau Gehrke reckte energisch ihr Kinn. Ihre Augen funkelten entschlossen. Die Herausforderung nahm sie an.

30

Schneider schaute von seiner Unterlage auf, sah Siefert, stand auf und ging ihm entgegen.

„Guten Tag, Eberhard. Was gibt es denn so Wichtiges, daß wir uns außer der Reihe sehen müssen?"

Merkwürdig eigentlich, dachte Schneider, nun kenne ich diesen Mann bereits seit über 15 Jahren, wir duzen uns, aber ein herzliches Verhältnis ist nie aufgekommen. Er ist sogar dein Stellvertreter geworden, trotzdem sind wir uns nicht nähergekommen. Er ist eher verschlossen, so völlig anders als ich.

„Ich hatte eine sehr unschöne Auseinandersetzung mit Quester. Er hat seine Kompetenz eindeutig und nachweisbar zweimal überschritten. Als ich ihn zur Rede stellte, kritisierte er mein Verhalten derart anmaßend, daß mir die Luft wegblieb."

„Nun berichte mal, Eberhard, und beruhige dich."

Siefert gab die Unterhaltung detailliert wieder, und Schneider hörte gut zu und beobachtete seinen Kollegen sehr genau. Er hatte gelernt, die Körpersprache zu lesen, um mit diesen zusätzlichen Botschaften Dichtung und Wahrheit besser unterscheiden zu können.

Als Siefert endete, schaute ihn Schneider noch eine Zeitlang ruhig an. Dann fragte er ganz plötzlich: „Und was soll deiner Meinung nach jetzt mit Quester geschehen?"

„Ich denke, er darf mit diesem Verhalten nicht durchkommen."

„Was heißt das genau, Eberhard?"

„Er sollte eine Abmahnung erhalten."

„Du willst allen Ernstes einem stellvertretenden Vorstandsmitglied eine Abmahnung schreiben, nur weil er sich im Sinne des Unternehmens völlig richtig entschieden und verhalten hat?"

„Völlig richtig?"

„Ja, völlig richtig, lieber Eberhard! Motivation dieser Stärke zum Nulltarif muß man einfach nutzen. Da keine zusätzlichen Kosten entstehen, hat er nicht einmal fragen müssen. Daß der Gauner bereits unterschrieben hat, ist nicht mehr als ein Schönheitsfehler, denn tatsächlich hätte er dich nur informieren müssen. Und was die 20 % Überschreitung der WKZ betrifft – einen kleinen Moment. Übrigens ist die nach den Zahlen mehr als gerechtfertigt."

Schneider griff zum Telefon und bat Herrn Schelmer, kurz zu ihm zu kommen.

Schelmer duckte sich durch den Türrahmen und sah Schneider gespannt an.

„Bitte, Herr Schelmer, uns fehlt eine Information. Haben Sie sich mit Herrn Bruns wegen der 20 % Überschreitung des WKZ und der Umschichtung dieser Summe vorher abgestimmt?"

„Natürlich, Herr Schneider. Da gibt es sogar ein Protokoll über dieses Gespräch."

„Danke, Herr Schelmer. Ach ja, und noch etwas. Bitte haben Sie Verständnis für die Ablehnung Ihres Antrages für ein Dienstfahrzeug. Wir müßten sonst für alle Abteilungsleiter ein Fahrzeug anschaffen, und das würde dann unsere Fixkosten in schwindelnde Höhen bringen."

„Herr Schneider, ich habe kein Dienstfahrzeug beantragt.

Wer sagt denn das? Herrn Quester hab' ich das auch schon verneint, als der mich fragte."

„So, ja dann handelt es sich wohl um ein Mißverständnis. Entschuldigen Sie, Herr Schelmer, und danke für die Informationen."

Schelmer drehte sich um und verließ den Raum. Könnte man Fragezeichen sehen, Schelmer hätte mindestens zwei auf der Stirn gehabt.

„Eberhard", sagte Schneider ganz leise, und das war allgemein als gefährliches Signal bekannt, „Eberhard, hast du mir nicht eben erzählt, daß du Bruns das von Schelmer beantragte Fahrzeug abgelehnt hast?"

Siefert sackte in sich zusammen.

„Mensch, Eberhard, warum um Himmelswillen treibst du in deinem Alter noch solche Spielchen? Was soll das? Was willst du eigentlich?"

„Ich kann den Quester nicht leiden und halte Bruns für den besseren Mann."

„Das ist nicht dein Ernst. Ich will dir sagen, was ich vermute. Du weißt, daß dir Bruns den Beratervertrag gibt, aber Quester nicht. Deshalb willst du Bruns in den Vorstand hieven."

Schneider lehnte sich zurück und beobachtete die Reaktion seiner Worte auf Siefert. Der suchte nach Worten. Im Moment war er hilflos und völlig schutzlos wie ein Einsiedlerkrebs ohne Muschel, wie ein Fisch auf dem Trockenen. Ganz leise begann er zu sprechen.

„Als ich vor 28 Jahren hier anfing, hab' ich noch ein echtes Privatleben gehabt. Dann begann meine Karriere. Meine Ehe zerbrach, und ich verlor meine Kinder. Mein Freundes- und Bekanntenkreis wurde immer kleiner, denn ich hatte ja keine Zeit mehr für sie. Die Aufgaben wuchsen und die Repräsentationspflichten auch. Das, Torsten, wurde plötzlich meine Welt, meine Familie, mein Freundeskreis. Nicht wirklich, aber ich hab' dann Ersatz als Original akzeptiert. Ich hab' jetzt

Angst, Torsten, daß ich das alles verliere, daß mir dann nichts mehr bleibt. Mit meiner Position verliere ich meine Bedeutung für die Verbände und für jeden Aufsichtrat. Ich falle sehr tief, fast ins Bodenlose, wenn ich in anderthalb Jahren gehe." Sieferts Kopf senkte sich, er sah Schneider nicht mehr an, die Stimme wurde noch leiser.

„Der Beratervertrag hätte mir noch eine Frist gegeben. Vielleicht wäre es mir in dieser Zeit gelungen, noch etwas anderes, einen Ersatz für meine Aufgaben hier zu finden. Ja Torsten, ich hab' dafür gekämpft, und ich war nicht fair, weil es bei mir um alles geht."

Schneider wehrte sich nicht gegen das Mitgefühl. Dieser Mann hatte Angst vor der Bedeutungslosigkeit und der Einsamkeit, ein häufiges Managerschicksal.

„Dieser Weg, dieses Gespräch mit mir, ist der richtige Weg gewesen. Mensch, Eberhard, so und nicht anders läßt sich so etwas regeln. Warum willst du den Beratervertrag eigentlich nicht mit mir abschließen? Ich benötige dringend Entlastung im konzeptionellen Bereich und habe einen riesigen Bedarf an Hilfe im Bereich der Repräsentationspflichten. Darunter sind auch Aufsichtsratsposten, Eberhard, das ist gut zu regeln."

Komisch, denkt Schneider, so nah war mir der Mann noch nie.

Siefert sah Schneider an. „Ist das ein ernstgemeintes Angebot, das du mir jetzt machst?"

„Nein", sagte Schneider, „das ist ein Versprechen. Eberhard, nimm es an, denn selbstlos bin ich nicht. Ich verspreche mir viel von deiner Hilfe, schließlich werde ich auch nicht jünger."

Siefert atmete hörbar ein und aus. Druck entwich, Last fiel von seinen Schultern.

„Ich danke dir, Torsten." Siefert stand auf und drückte Schneider die Hand. „Tu mir einen Gefallen, Eberhard, bitte glaube nicht, ich hab' dir jetzt geholfen. Mir hab' ich geholfen, und ich frage mich, warum ich nicht früher darauf gekommen bin. Bist du eigentlich noch Pilot? Hast du deinen Flugschein immer schön gültig gehalten, deine Flugstunden erfüllt?"

„Ja, das habe ich. Soviel wie ich weiß, hast du das doch auch getan."

„Stimmt, wie wär's, wenn wir beide mal unsere Flugstunden gemeinsam absolvieren? Ich möchte schon lange mal an einem verlängerten Wochenende einen Flug München-Paris-Budapest-Berlin-München machen."

„Torsten, das ist bestimmt anstrengend, aber ich bin gern dabei. Wann leihen wir uns die Piper also?"

„Was hältst du vom Wochenende in 14 Tagen? Dann können wir uns nächstes Wochenende treffen, um zu planen. Okay?"

„Okay, roger!"

Beide lachten. Schneider hatte es wieder einmal geschafft. Durch persönlichen Einsatz mit seiner Zeit und menschlicher Zuwendung hatte er einem Menschen aus einer Sackgasse geholfen. Jetzt würde er Siefert ein paar Perspektiven aufzeigen für eine gute Zeit danach. Das ist gut investierte Zeit, sagte er sich. Zunächst menschlich – da kann ich gar nicht anders – und dann auch unternehmerisch. Wenn Probleme im menschlichen und zwischenmenschlichen Bereich gelöst werden mit Gefühl und Pragmatismus, mit Logik und Psychologie, dann sind Motivation, Engagement, Identifikation und Kreativität, dann ist Erfolg das garantierte Ergebnis. So einfach ist das – aber so hundsgemein schwierig ist es, den Glauben an die Allmacht der Sachlösung in den Führungsetagen zu zerstören. Es menschelt da, wo Menschen zusammen sind. Zeit für andere ist Zeit für das Emotionale, ist eine Investition in Human capital.

Schneider sah Siefert hinterher. Seine Gedanken und Gefühle waren freundlicher, ganz anders als die, die er hatte, als Siefert kam. Was die Umstände doch aus Menschen machen können!

Dieser Mann ist eigentlich ein anständiger Mensch mit klaren, fairen Prinzipien. Aus Zukunftsangst wird er plötzlich unfair und greift zu Mitteln, die ihm die Angst diktiert, die er ohne diese Angst selbstverständlich verurteilen würde.

Das naheliegende, die einfache Selbstoffenbarung in einem Gespräch, ist ihm nicht möglich, meint er, weil er an Profil verliert, wenn er zeigt, daß auch er wie die anderen ein Mensch ist, mit der ganzen Bandbreite der Gefühle. Selbst die Götter im Olymp waren, glaubt man den Sagen, alles andere als göttlich, viel menschlicher als viele Menschen heute. Vorstände großer Unternehmen sind sicher vom Olymp weit entfernt. Obwohl, ich kenne einige, schmunzelte Schneider, die könnten je nach Herkunft und Verhalten Hermes, Zeus oder Apoll heißen. Schneider lächelte in sich hinein. Ich und im Olymp! Ich und göttlich!

Manchmal hab' ich es satt an der Spitze, also allein zu sein. Er schaute sinnend aus dem Fenster. Manchmal vermisse ich die Gruppe, diese spürbaren Verbindungen eines Teams, diese verschworene Gemeinschaft. Anerkennung, Achtung und Bewunderung sind kein Ersatz für Freundschaft, Gruppenerlebnis und diesen viel zitierten Teamgeist, den es wirklich gibt, der aber leider allzuoft zerredet wird. Aber wer das eine hat, kann selten auch das andere haben. Auf etwas mußt du im Leben halt immer verzichten.

Schneider stand auf, öffnete das Fenster und atmete tief ein. Meine Mitarbeiter haben viel erreicht, sind erfolgreich und darin sehe ich meinen Erfolg. Wenn ich hier einmal die Tür zu meinem Büro endgültig von außen schließe, hab' ich das Feld bestellt, alles läuft in die richtige Richtung, ich bin verzichtbar geworden. Und genau das ist mein Ziel. Quester wird mein Nachfolger. Er muß so aufgebaut werden, daß er nicht Widerstand, sondern Unterstützung erhält. Der Aufsichtsrat weiß noch nichts davon. Heute stehen die Dinge noch so, daß mein Stellvertreter, also Siefert das Unternehmen weiterführt, sollte mir etwas passieren. Kein guter Gedanke.

Er erhält dann eine Vertragsverlängerung von zwei Jahren, um das Unternehmen danach einem Nachfolger zu übergeben, den er aufgebaut hat. Wenn es normal läuft, scheidet Siefert in anderthalb Jahren aus, Quester rückt nach und ich führe das Unternehmen noch fünf Jahre. In diesen fünf Jahren kann ich Quester gut auf die Nachfolge vorbereiten.

Schneider schloß das Fenster, ging ins Vorzimmer und bat seine Sekretärin, mit ihm die nächste Woche durchzusprechen. „Fliegen Sie eigentlich am Montag, oder fahren Sie mit dem Wagen? Und wenn ja, mit oder ohne Chauffeur?“

„Ich fahr' mit dem Wagen. Ich hab' mal wieder Lust, allein zu fahren. Es macht Freude, mit dem neuen Wagen zu fahren. Mit Chauffeur komme ich mir immer so alt vor. Ich werde mich, obwohl ich die unbestreitbar guten Gründe für den Einsatz eines Chauffeurs kenne, daran nie gewöhnen können.“

Frau Eberhardt lächelte. „Es ist, glaube ich, zwecklos, für Ihre Sicherheit zu argumentieren.“

„So ist es“, sagte Schneider, legte den Kopf schief und fragte: „Wollen Sie damit sagen, daß ich nicht gut genug Auto fahren kann? Frau Eberhardt, überlegen Sie sich Ihre Antwort jetzt sehr gut!“

Sie sah den Schalk in seinen Augen, aber sie ging darauf nicht ein, sie blieb ernst. „Wer so wie Sie fährt, was der Wagen zuläßt, weil er ihn beherrscht, ist nicht durch sich selbst gefährdet. Ihr Problem ist ein anderes.“

„Na also. Formel 1 wäre sicher eine Überforderung, aber beim Veteranenrennen wäre ich sicher ganz vorn.“

„Glaube ich gern. Nur, da haben Sie ja auch keinen Gegenverkehr, und da liegt meiner Meinung nach das Problem. Sie fahren zu schnell für Ihre Mitbürger. Ich denke noch an unsere Fahrt nach Hamburg. Herrn Maier und mir ist ganz schlecht geworden, weil andere bei Überholvorgängen Ihre

Geschwindigkeit unterschätzt haben. Bitte, Herr Schneider, wir brauchen Sie noch, fahren Sie vorsichtiger, oder lassen Sie Maier fahren!"

„Ich fahre. Das ist eine autoritäre Entscheidung. Maier soll helfen, die Wagen der anderen zu pflegen."

„Gut, Herr Schneider, Sie sind der Boß."

„Genau, und deshalb gestatte ich mir eine autoritäre Entscheidung pro Jahr, und das war sie für dieses Jahr."

31

Harry staunte. „Das ist doch nicht wahr, euch gibt es noch! Daß der Gerichtsvollzieher bei mir bereits Familienanschluß hat, kümmert euch wohl überhaupt nicht. Ich hab' den ‚Breakeven-point' von Verschuldung zur Überschuldung längst hinter mir, bloß weil mir eure Zechen wochenlang gefehlt haben."

Er drehte sich zur Theke um und sagte: „Jetzt geht's aufwärts, Jungs und Mädels, jetzt jagt eine Finanzspritze die andere!"

Anders und Quester lachten und schlugen wie verabredet Harry auf die Schulter.

„Schätz dich glücklich, lieber Freund, wir sind nicht mit dem Wagen da. Heute darfst du die größeren Gläser nehmen. Außerdem fangen wir mit jeweils einer Bulette an. Aber bitte eine frische, also eine, die nicht älter als vier Wochen ist."

„Ihr bekommt die zurückgelegten vom April. Da hättet ihr eigentlich kommen sollen. Tut mir leid, die müssen weg. Habt ihr die Bestellung gehört? Freunde, jetzt geht's wirklich aufwärts! Darf es denn auch ein Gürkchen zusätzlich sein?"

„Harry, jetzt gehst du glatt zu weit!"

„Gut, Männer, ich seh', ich überfordere euch." Er grinste und begleitete die beiden an ihren Tisch.

„Stimmt, Harry, wir waren lange nicht mehr da."

„Die Arbeit frißt euch auf. Ihr solltet nie auf die Stunden in meinem Entspannungssalon verzichten. Geht es euch gut?“

Harry sah beide prüfend an. Er setzte sich zu ihnen, was er selten tat.

„Es hat sich viel ereignet, aber das ändert nichts an der Tatsache, daß es mir gut geht“, antwortete Anders.

„Und dir?“, Harry sah Quester an.

„Ich hab' viele wertvolle und einige schmerzhafte Erfahrungen in der Zwischenzeit gemacht und einen Freund verloren.“

„Mein Beileid“, sagte Harry.

„Nein nein, der lebt noch, aber er ist nicht mehr mein Freund, sondern ich bin sein Feind geworden. Jedenfalls hat er so entschieden.“

„Sag mal, ist das der Knabe, mit dem du mal hier warst, vor ca. einem halben Jahr? Moment mal, hieß der nicht Bruns oder so?“

„Harry, du hast ein phänomenales Gedächtnis!“

„Gut, ich hab' ihn nur gesehen. Aber einen Unterschied zu dir hab' ich schon festgestellt. Der hatte so etwas Aufgesetztes, Unnatürliches. Ich frage mich dann immer, warum ist jemand so. Diese Menschen wollen meist vor anderen etwas verstekken. Sie glauben, sie dürfen sich nicht natürlich geben, weil andere bei ihnen ganz was Furchtbares entdecken.“

Die beiden staunten Harry an. Der wich zurück und setzte schnell nach: „Jetzt kommt mir bloß nicht mit dieser Scheißpsychologie. Ich finde es furchtbar, wenn jeder simple Lebenserfahrung gleich mit Psychologie in Verbindung bringt. Das Psychologeln geht mir furchtbar auf den Zeiger, seitdem ich einen Schwager habe, der als Psychologe tätig ist. Ich glaube, der hat nur Psychologie studiert, um sich seine eigene Macke zu erklären. Und was der für einen Sprung in der Schüssel hat! Aber das erzähl' ich euch ein anderes Mal. Euer Bier wird schal, und die Buletten werden immer älter, wenn ihr sie jetzt nicht eßt.“

Harry strebte zur Theke und servierte. „Zum Wohl, Freunde, der erste Schluck geht auf Kosten des Hauses."

„MacHarry, der Schotte", konterten beide und prosteten ihm zu. Als Harry sie allein gelassen hatte, sagte Anders: „Ich hab' ein paar Neuigkeiten zu bieten."

„Ich auch", sagte Quester.

„Gut, wer beginnt?"

„Bernhard, ich bin neugieriger als mitteilsam, also spann mich nicht auf die Folter!"

„Bei mir hat Ganzberg gekündigt. Zusammen mit meinem Marketingleiter, der auch gekündigt hat, will er eine Agentur für Vertriebs- und Marketingberatung aufmachen. Ich glaube, die beiden haben auch eine gute Chance, denn es sind gute Leute. Damit hat sich das Problem Ganzberg/Grund von allein gelöst. Es ist sicher ein Verlust für unser Unternehmen, aber auf der anderen Seite ist es auch eine gute Möglichkeit, in zwei Zentralbereiche frischen Wind zu bekommen. Wenn du gute Leute kennst, gib mir einen Tip. Ich hab's allerdings nicht eilig. Nicht die schnelle Wiederbesetzung, sondern die passende Lösung ist für mich entscheidend. In der Zwischenzeit führe ich beide Bereiche direkt. Wir sind übrigens sehr freundschaftlich verblieben. Ich hab' ihnen noch einen kleinen Anfangsetat vermittelt. Ein Vorstandsmitglied eines befreundeten Unternehmens suchte für eines seiner Produkte eine neue Agentur, und ich hab' mit Überzeugung die beiden empfohlen. Das hat dann auch geklappt. Ich kann ihnen im Moment nicht mehr helfen, weil wir an unsere Agenturen vertraglich gebunden sind und ich auch keinen Grund zum Wechseln sehe."

„Ich werde mir die neue Agentur gerne merken."

„Ja, und was gibt es bei dir Neues?"

Quester berichtete von seinem Gespräch mit Siefert und von einem Anruf von Schneider, der ihm die Regelung mit dem Beratervertrag mit Siefert und die daraus entstandene Entlastung der Beziehung zu Siefert erklärte.

„Schneider ist wirklich ein sehr guter Mann“, meinte Anders. „Der verfolgt seine Ziele mit sehr viel Gefühl für andere Menschen. Du hast die besten Chancen, später mal sein Nachfolger zu werden. Er behandelt dich ja fast wie seinen Sohn. Nicht nur, weil er dich mag, dich als Mensch anerkennt, sondern auch, weil er von deinen Führungseigenschaften und deinen unternehmerischen Qualitäten überzeugt ist. Dieser Mann hat ein gutes Gespür für Menschen, für die Beschaffenheit von Persönlichkeitskernen. Es ist, glaube ich, sehr schwer, ihn mit Verhalten zu blenden.“

„Danke für das indirekte Kompliment!“

„Das war keines, Manfred, das war meine feste Überzeugung. Ich hab' dir schon oft gesagt, was ich von dir halte. Ich würde dich sofort als Vorstandsmitglied ‚Marketing und Vertrieb’ einstellen. Unser Altersunterschied macht es außerdem möglich, daß du mein Nachfolger werden kannst. Meine Vorstandskollegen würden das sicher sofort akzeptieren, wenn sie dich kennenlernen. Der Aufsichtsrat kennt dich übrigens schon. Ein Mitglied von uns ist auch bei euch Mitglied. Der hat mich schon ein paarmal aufgefordert, dich im Auge zu behalten. Aus verständlichen Gründen hab’ ich es abgelehnt, denn Schneider mag ich sehr. Ich hab’ ihn übrigens vor kurzem bei einem Seminar kennengelernt. Wir haben uns auch über dich unterhalten. Dir müßten eigentlich die Ohren geklungen haben. Deshalb, lieber Manfred, weiß ich auch genau, was er von dir hält.“

„So ist das also! Hinter meinem Rücken unterhalten sich zwei ältere Herren über mich.“

„Das genügt, du übernimmst das nächste Bier. Jede Beleidigung hat ihren Preis.“

„Gut, gut, zwei reifere Herren.“

„Zu spät, außerdem klingt das noch scheußlicher. Noch ein Bier!“

„Sag mal, hast du heute kein Geld dabei, oder was treibt dich zu solchen Verurteilungen?“

„Du mußt lernen, junger Freund, respektvoll von Menschen zu reden, die gerade im Zenit ihres Lebens stehen.“

„Ach, das ist hier ein Schulungsprogramm. Gut, dann zahle ich.“

„Prüfung bestanden.“

Es wurde noch ein schöner Abend. Beide blödelten und lachten, bis ihnen die Tränen kamen, und Harry war auch zufrieden. Das war die Zeche, auf die er schon lange gewartet hatte.

„Ihr befindet euch im Normalbereich des Durchschnittsgastes. Jetzt schön durchhalten und nur nicht rückfällig werden“, gab er den beiden mit auf den Weg.

32

Frau Gehrke bearbeitete ihr Keyboard, wie sie die Tastatur ihres Computers immer nannte. Herr Quester brütete über einer Ausarbeitung zur Effizienzsteigerung des Außendienstes von Liebig, erstellt von Fischer. Der Fischer ist ein guter Analytiker und kann strategisch denken. Der ist ja noch besser, als ich geglaubt habe, dachte Quester.

Das Telefon klingelte. Frau Gehrke nahm ab, hörte zu und schrie plötzlich laut auf: „Was? Um Gottes willen, nein!"

Dann rutschte ihr der Hörer aus der Hand und fiel auf den Schreibtisch. Mit der einen Hand verdeckte sie ihre Augen, mit der anderen tastete sie nach dem Hörer und legte auf. Weiß wie die Wand ihres Büros ging sie zu Quester, der sie entgeistert anstarrte.

„Was ist denn los, Frau Gehrke?"

„Herr Quester, Herr Schneider ist schwer verunglückt. Er liegt in der Intensivstation, und die Ärzte sagen, es sieht schlecht aus. Es muß mit allem gerechnet werden."

„Das darf nicht wahr sein!" Quester fiel in den Stuhl zurück. Er fühlte sich von einer Sekunde auf die andere völlig erschlagen. Er fuhr sich mit der Hand übers Gesicht, als wollte er grausige Bilder wegwischen, stand auf, ging ans Fenster und starrte ins Leere. Warum dieser Mann, warum gerade einer, der das ganz sicher nicht verdient hat!? Schlagartig spürte

Quester, was Schneider ihm bedeutete. Das darf nicht wahr werden, was er befürchtete. Es darf nicht!

Er dreht sich zu Frau Gehrke um. Sie saß in einem Sessel der Sitzecke und hatte beide Hände vors Gesicht geschlagen. Sie spürte seinen Blick, sah auf und sagte leise: „Ich fühle mich furchtbar, mir ist hundsmiserabel."

„So sehen Sie auch aus, Frau Gehrke, aber mir geht es genauso. Ich klammere mich an das bißchen Hoffnung, was uns noch bleibt."

Sie schaute ihn an, es wurde ein langer Blick. Fast unmerklich bewegte sie den Kopf hin und her. Nein, hieß das, ich weiß, ich spüre genau, da gibt es keine Hoffnung mehr. Er wehrte sich gegen das Gefühl dieser Frau, diesmal mußte sie sich irren.

„Frau Gehrke, fühlen Sie sich stark genug, Frau Eberhardt beizustehen? Sie ist bestimmt kurz vor dem Zusammenbruch. Für sie war er alles. Ich glaube, sie hat nicht geheiratet, um ganz für ihn dazusein."

„Ja, selbstverständlich, ich wollte Sie schon fragen, ob ich gehen kann. Sie war es übrigens, die mich angerufen hat. Sie klang ganz ruhig, und das ist, denke ich, nur die Ruhe vor dem Zusammenbruch."

Frau Gehrke ging. Die Minuten verrannen langsam, unerträglich langsam. Quester war unfähig sich zu konzentrieren. Jedesmal, wenn das Telefon summte, fuhr er zusammen. 15 Uhr, das Telefon.

Er nahm den Hörer ab und hörte eine Stimme. „Herr Quester? Hier spricht Siefert. Herr Schneider ist soeben im Krankenhaus verstorben. Der Chefarzt hat mich gerade angerufen. Es hat alles nichts mehr genützt. Soviel ich weiß, ist er unverschuldet von einem LKW erwischt worden. Der Wagen ist völlig zermalmt. Ich fahre jetzt zur Familie, um ein wenig zu helfen. Ich rufe Sie an, weil ich glaube, Sie müßten es als einer der ersten wissen."

Quester bedankte sich und legte auf. Das war's also. So schnell geht das. Er hieb mit den Fäusten auf seinen Schreibtisch. Warum, verdammt noch mal! Er griff zum Hörer, rief seine Frau an. Sie reagierte genauso wie er – betroffen und niedergeschlagen. Auch sie hatte Schneider sehr gemocht.

„Du, Karin, mein Kopf ist voller Gedanken, und keiner ist gut für die Zukunft dieses Hauses."

Die Tür ging auf, und Frau Gehrke kam ins Büro. Die Tränen liefen ihr übers Gesicht. „Frau Eberhardt ist im Krankenhaus, Kreislaufkollaps", schluchzte sie. „Sie hat mir vorher gesagt, wie sehr sie ihn gestern noch gebeten hat, nicht selbst zu fahren, sondern zu fliegen. Aber dann hat sie gemerkt, wie sehr er sich auf das Fahren mit dem neuen Wagen gefreut hat und hat ihm nachgegeben. Sie gibt sich jetzt die Schuld an seinem Tod."

Quester wurde sich bewußt, daß er noch den Hörer in der Hand hatte und daß seine Frau noch am Apparat war. Er stotterte „Entschuldigung Karin" in den Apparat.

„Ich hab' mitgehört", antwortete sie, „das ist ja furchtbar. Paß jetzt ein bißchen auf Frau Gehrke auf!"

„Ja, tschüß."

Quester sah Frau Gehrke an. „Menschenskind!" Mehr fiel ihm nicht ein.

Am nächsten Tag fand dann die Betriebsversammlung statt, auf der Siefert bekanntgab, daß Schneider verunglückt und bald darauf gestorben war. An der Reaktion der Mitarbeiter war deutlich zu sehen, wie beliebt Schneider bei seinen Führungskräften und Mitarbeitern war. Nicht wenige, die es jetzt zum ersten Mal hörten, schneuzten sich verdächtig oft die Nase.

Siefert informierte die Anwesenden, daß er vertragsgemäß in den nächsten dreieinhalb Jahren, er hatte eine Vertragsverlängerung von zwei Jahren erhalten, das Unternehmen führen würde. Er wünsche sich von allen die Unterstützung, die sein

Vorgänger gehabt habe. Er würde natürlich alles tun, um dieses Unternehmen auf Erfolgskurs zu halten. Alle weiteren wichtigen Entscheidungen kündigt er für die kommende Woche an.

Die Stimmung war gedrückt. Man konnte fast sehen, was die meisten der Mitarbeiter dachten und fühlten. Was hier passierte, war eine Weichenstellung, und jeder spürte instinktiv, das war mehr als ein Führungswechsel. Siefert hatte nicht annähernd das Format, das Schneider ausgezeichnet hatte. Er würde es nicht leicht haben. Quester erinnerte sich an seine Gedanken, die ihm bei einer Begegnung mit Schneider durch den Kopf gegangen waren. Sein Nachfolger, hatte er damals gedacht, kann einem jetzt schon leid tun. Siefert tat ihm leid. Quester stand auf und verließ mit Frau Gehrke als letzter die Kantine. Die Tür fiel ins Schloß. Das war kein neuer Anfang, befürchtete Quester, das war der Anfang vom Ende.

33

Zwei Wochen waren vergangen, da vereinbarte Frau Maier, die Sekretärin von Herrn Siefert, mit Frau Gehrke einen Besprechungstermin. Ein persönliches Gespräch – ohne Sachthemen, hieß es.

Frau Gehrke sprach mit Herrn Quester darüber. Der nickte nur geistesabwesend, denn Liebig beschäftigte ihn im Moment sehr. Fischer leistete gute Arbeit – es ging aufwärts –, aber der Marketingmann von Liebig bremste anscheinend immer noch. Die notwendige Abstimmung von Vertrieb und Marketing hakte, genauso wie hier neuerdings. Wenn Schelmer nicht wäre und wir ab und zu den kleinen Dienstweg gehen würden, wäre hier auch schon Schaden für das Unternehmen entstanden.

Quester ging also am nächsten Tag ohne Vorbereitung zu Siefert.

Der neue Boß des Konzerns kam hinter dem Schreibtisch hervor und ging mit Quester in die Besprechungsecke. „Herr Quester, ich will es kurz machen. Unsere Zusammenarbeit ist nie störungsfrei gewesen. Zuletzt gab es sogar offene Konflikte. Wir sind zu verschieden, um zu einer wirklich fruchtbaren Zusammenarbeit zu kommen. Außerdem gehen unsere Meinungen, was den Führungsstil betrifft, weit auseinander. Nur aus diesen Gründen, Ihre Leistung erkenne ich voll an, lege ich

Ihnen nahe zu kündigen. Die Abfindung, da bin ich mit dem Aufsichtsrat einig, werden wir großzügig handhaben. Da sollten Sie mir Ihre Vorstellungen nennen."

Quester war zunächst sprachlos. Damit hatte er nicht gerechnet. Er hatte fest geglaubt, der Mann brauche ihn, und jetzt besonders. Diese Kündigung war deshalb völlig überraschend.

„Das ging ja sehr schnell, Herr Siefert. Wann soll ich meinen Schreibtisch räumen?"

„Bei Führungskräften Ihrer Ebene ist es üblich, es sofort zu tun."

„Wem soll ich denn meine laufenden Planungen und Arbeiten übergeben?"

„Herr Schranders wird morgen zu Ihnen kommen und übernehmen. Herr Schranders ist unser neuer Vertriebschef."

„Was!" entfuhr es Herrn Quester. „Das ist bestimmt nicht Ihr Ernst, Herr Siefert."

„Bitte, Quester, machen Sie uns die Trennung nicht unnötig kompliziert!"

„Und wer rückt als Vorstand Vertrieb und Marketing nach?"

„Warum soll ich Ihnen das nicht sagen – Herr Bruns hat bereits seine Ernennung erhalten."

„Na, dann viel Spaß! Sie erleichtern mir mein Ausscheiden, Herr Siefert. Schade um das Unternehmen, denn was jetzt passieren wird, Herr Siefert, haben Sie offensichtlich nicht sehen können. Schneller konnten Sie das Erbe von Herrn Schneider nicht zerstören. Verdammt schade!"

„Herr Quester, nun reicht's!"

„Ich geh' schon, Herr Siefert. Aber bevor ich gehe – noch ein paar Gedanken von Lao-tse. Der könnte Sie mit den folgenden Gedanken besonders gemeint haben:

‚Wenn ich Menschen nicht dazwischenfahre,
passen sie auf sich selbst auf.
Wenn ich Menschen nicht befehle, verhalten

sie sich von selbst richtig.
Wenn ich Menschen nicht predige, werden
sie von selbst besser.
Wenn ich mich Menschen nicht aufdränge,
werden sie sie selbst.‘

Vielleicht hilft es ja doch noch. Für Ihre Mitarbeiter wär's gut, wenn Sie darüber etwas nachdenken würden.“ Sprach's und ging.

Frau Maier schaute Quester groß an und schüttelte den Kopf. Quester zog die Schultern hoch und ließ sie wieder fallen.

„Viel Glück, Frau Maier – alles Gute für die Zukunft! Wir sehen uns so schnell nicht wieder, fürchte ich.“

„Schade, sehr schade, Herr Quester. Deshalb lieber auf Wiedersehen!“ antwortete Frau Maier.

Quester ging langsam den Gang mit den Bildern, dem Edelholz und den dicken Teppichen zurück. Er drückte auf den Knopf und rief den Fahrstuhl. Die Tür öffnete sich, und Schelmer stand breit grinsend vor ihm.

„Das ist doch mal eine prompte Beförderung, per Knopfdruck in den Vorstand. Immer wenn Sie beim Vorstand waren, treffen wir uns.“

„Das war aber das letzte Mal, Herr Schelmer.“

„Wieso das?“

„Soeben wurde mir nahegelegt zu kündigen, also war's das für die Zukunft.“

Dem Langen kamen fast die Augen aus den Höhlen. „Was hat der Käsekopp Siefert gemacht? Ja, ist der denn von allen guten Geistern verlassen?“

„Herr Schelmer, halten Sie sich zurück! Sie sprechen immerhin von Ihrem Chef.“

„Meinem was? Wer sowas Hirnrissiges macht, ist nicht mehr lange mein Chef. Der entläßt Leute, die er dringend braucht. Was werden Sie denn jetzt tun?“

„Das weiß ich auch nicht. Ich weiß nur, mit wem Sie zukünftig sprechen werden. Herr Schranders wird Vertriebschef."

„Nein!!" Jetzt brüllte Schelmer, und Quester hatte wirklich Angst um die Augen von Schelmer. Größer hatte er sie noch nie gesehen. Der Hüne hob seine Riesenpranken und faßte sich an den Kopf.

„Das muß doch in das Guinnessbuch der Rekorde unter die Rubrik Fehlentscheidungen! Sagen Sie mir bitte, daß dies ein Scherz war."

„Das ist keiner!"

„Und wer wird Vorstand für Vertrieb und Marketing?"

„Raten Sie mal, Schelmer!"

„Bruns!"

„Richtig. Damit haben Sie jetzt die Chance, Marketingleiter zu werden."

„Ich hier, unter Bruns, mit Schranders als Gesprächspartner. Nie! Lieber werde ich Handelsreisender für Klodeckel."

Schelmer hatte es übel erwischt. Er lehnte an der Fahrstuhlwand und schaute Quester konsterniert an.

„Was auch immer Sie tun, Herr Quester, bitte denken Sie an mich. Ich bin sofort dabei. Ab jetzt sitze ich hier auf Abruf."

„Gut, Herr Schelmer, ich halte mit Ihnen Kontakt. Und jetzt muß ich meine Sachen ordnen."

Quester öffnete die Tür zu seinem Büro. Frau Gehrke bearbeitete den Computer.

„Hören Sie damit auf, Frau Gehrke, und kommen Sie bitte mit einem guten Kaffee zu mir."

„Steht alles auf Ihrem Schreibtisch."

„Woher wissen Sie schon wieder, daß ich Kaffee brauche?"

„Frau Maier hat mich angerufen. Ich schreibe gerade meine Kündigung."

„Moment!" Quester öffnete die Tür zu seinem Büro und schob Frau Gehrke mit hinein.

„Mein Schicksal – dein Schicksal, oder war es die Information, daß Schranders Ihr Chef wird – warum kündigen Sie?“

„Was? Wer? Schranders? Moment!“

Sie raste wieder ins Vorzimmer, schrieb die Kündigung zu Ende, unterschrieb, kuvertierte und beförderte sie per Rohrpost in das Vorstandssekretariat. Außerdem sandte sie die gleiche Information in die Mailbox von Herrn Siefert.

„Doppelt hält besser, hat meine Mutter immer gesagt, und die ist klug und weise. So! Jetzt bin ich ganz für Sie da. Wo ist mein Kaffee?“

Frau Gehrke war fast gut gelaunt, richtig aufgeräumt. Quester schaute sie forschend an.

„Ich hab' das kommen sehen. Deshalb hat es mich nicht so arg getroffen. Aber ich sehe mit Freude, Sie sind auch ganz ruhig und gelassen.“

„Bin ich auch. Ich glaube, ich hätte mich hier sowieso nur noch über die Entscheidungen von Herrn Siefert geärgert. Die Zusammenarbeit mit Bruns war ohnehin kaputt. Ich freue mich nur diebisch, daß die neuen Autos für den Außendienst nicht mehr rückgängig zu machen sind. Das haben die Jungs wirklich verdient. Naja, da ist doch noch so ein Punkt, der weh tut. Meinen Außendienst gebe ich ungern her. Alle, besonders die GVLs, sind mir richtig ans Herz gewachsen.“

„Das kann ich gut verstehen.“

Das Telefon ging. „Quester hier.“

„Fischer. Herr Quester, haben Sie heute abend Zeit für uns? Uns heißt für mich, alle GVLs, Schelmer, Frau Fröhlich, Frau Liebherr, also für Ihre Mannschaft und für Ihre Fans. Wir haben einen Raum in der Schwanenburg bestellt. Da geht keiner vom Unternehmen hin. Es sind nur 50 km für Sie. Bringen Sie doch auch Frau Gehrke mit. Die meisten von uns übernachten hier. Für Sie und Ihre Frau, die Sie bitte auch mitbringen, haben wir ein Zimmer bestellt.“

„Gut, Fischer, wir kommen. Wann sollen wir da sein?“

„Wir haben an 20.00 Uhr gedacht."

„Entschuldigung, Frau Gehrke, ich hab' einfach für Sie mitentschieden, wollen Sie mit?"

„Aber klar doch!"

„Also, Herr Fischer, wir kommen. Meine Frau muß ich noch fragen."

Frau Gehrke sah Herrn Quester gespannt an. Der wurde richtig verlegen und sagte: „Das hab' ich dann doch nicht gedacht."

„Ich glaub', Sie kennen uns und vor allem sich und Ihre Wirkung auf andere immer noch nicht."

34

Quester fuhr nach Hause. Er rief seine Söhne und seine Frau und setzte sich mit ihnen an den runden Tisch in der Ecke.

„Also“, begann er, „was ich heute erlebt habe, habe ich noch nie erlebt. Mein Chef, meiner alter neuer Chef, Herr Siefert, hat mir nahegelegt zu kündigen.“

„Dann hast du ja jetzt mehr Zeit für uns“, sagte der Große.

„Müssen wir jetzt von der Sozialfürsorge leben?“ grinste der Kleine. „Oder kriegst du in deinem Alter noch einen Job?“

Quester mußte jetzt auch grinsen, seine Frau lachte. Komisch, dachte Quester, keiner nimmt die Kündigung ernst. Ich auch nicht. „Selbstverständlich finde ich was anderes. Meine Kündigung hat noch ein paar, sicher unerwünschte Nebenwirkungen. Frau Gehrke hat ebenfalls sofort gekündigt und Schelmer, Frau Fröhlich und alle GVLs wollen sich heute abend mir mir treffen.“

„Oh, das wird spannend!“ meinte der Kleine.

„Papa, hast du denn noch Geld für meine zweite Antriebswelle, die klappert schon.“

„Sohn, Geld hab' ich noch, wieviel, das muß noch verhandelt werden. Sag mal Karin, willst du heute abend mit auf die Schwanenburg?“

„Ich würde schon gern.“

„Also, dann mach dich fertig!“

„Ach, eh' ich es vergesse. Bernhard hat angerufen, er will dich unbedingt sofort sprechen."

„Also, Kinder, ihr wißt Bescheid, euer Alter hat im Moment keine Arbeit, aber wird trotzdem weiterbezahlt."

„Prima! Wie lange geht das denn?"

„Bis ich wieder Arbeit habe, die mir zusagt."

„Laß es langsam angehen, Alter."

„Reicht mir mal den Apparat rüber!"

Bernhard meldete sich sofort. „Ich bin informiert", sagte er.

„Wie? Was? Wer hat dich worüber informiert?"

„Manfred, wir haben eine Anzeige in der Zeitung. Du weißt doch, wir suchen einen Vertriebsleiter und einen Marketingleiter. Schelmer hat heute angerufen und sich für den Posten des Marketingleiters interessiert. Er hat mir seinen Kündigungsgrund genannt. Da ich ihn aus deinen Schilderungen kenne, habe ich sofort zugesagt – wir sehen uns morgen.

Und jetzt zum Grund meines Anrufs. Auf diesen Augenblick hab' ich lange gewartet. Du bist frei – Schneider kann ich nicht mehr schaden, und auf Siefert muß ich keine Rücksicht nehmen. Ich biete dir den Posten des Vorstands für Vertrieb und Marketing bei uns an. Die Perspektive ist meine Nachfolge. Außerdem biete ich dir freie Hand für die Reorganisation und den Ausbau des Außendienstes. Einen Vertriebsleiter und mehrere Regionsleiter benötigen wir für die Erweiterung des Außendienstes. Vielleicht fallen dir ein paar Namen ein. Ach ja, sollte es dir gelingen Frau Gehrke mitzubringen, wäre das gut. Mein bisheriger Vertriebsleiter hat leider seine Sekretärin mitgenommen. Für Herrn Schelmer gilt das gleiche, der hat mir auch schon signalisiert, er würde eine kennen, die sofort mitgehen würde. Die Konditionen für dich und für deine Mitarbeiter kannst du bestimmen. Am Geld ist bei uns noch nie etwas gescheitert, wenn es um gute Leute ging. Alles andere, glaube ich, kannst du auf das Konto Vertrauen buchen."

„Bernhard, ich komme, ich muß nicht lange überlegen. Wir

kennen uns so lange und so gut, da gibt es kein Fragen mehr. Meine Frau sitzt übrigens neben mir und klatscht permanent in die Hände. Kannst du mir sagen, wie man diese Krankheit nennt?"

„Ich glaube, das ist das Symptom des Endstadiums von Zustimmung, der Begeisterung. Kaum heilbar, wirkt aber lebensverlängernd. Mensch, Manfred, ich freue mich, daß mein bester Freund jetzt auch mein Vorstandskollege wird!"

„Ich freue mich auch, Bernhard!"

„Also, dann bis morgen. Ich bin gegen 13.00 Uhr bei dir. Reicht das?"

„Okay, ich bin da."

„Tschüß, Bernhard."

„Tschüß, Manfred, und grüß deine Leute heute abend!"

„Donnerwetter, bist du wieder informiert."

„Ich sage nur: Schelmer!"

35

Als Quester, seine Frau Karin und Frau Gehrke in der Schwanenburg ankamen, wurden sie empfangen wie Sieger. Alle standen auf, klatschten und schüttelten den Dreien die Hände.

Dann erzählte jeder, was er erlebt hatte. Fischer erzählte, wie die Nachrichten bei Liebig gewirkt hatten. Dem bereits von Quester verwarnten Geschäftsführer sei die Erleichterung deutlich anzumerken gewesen. Allgemein hätte sich der Ton Fischer gegenüber sofort verändert. Alle, die sich vorher eher devot verhalten hatten, gewannen sichtlich und hörbar an Selbstbewußtsein. Fischer hatte das wenig gestört, er hatte nur amüsiert Charakterstudien getrieben.

Schelmer berichtete vom Imponiergehabe und von den Siegerposen des Herrn Bruns.

„Der stolziert wie ein Gockel durch seinen Bereich und beschäftigt sich im Moment nur noch mit der Auswahl der Möbel für seinen Vorstandsbereich. Mit mir hat er wegen der Position des Marketingleiters schon gesprochen. Das hörte sich so an, als wäre Bruns fest davon überzeugt, daß ich zusage, ja, ihm äußerst dankbar sein müßte."

Richtig Stimmung kam auf, als die GVLs von der ersten Begegnung mit ihrem neuen Boß Schranders berichteten.

„‚Meine Herren', Fischer setzte sich zurecht und ahmte

Schranders nach, ,ab jetzt wird wieder geführt. Vergessen Sie den seltsamen Führungsstil von Quester. Sie werden sich daran gewöhnen müssen, daß ich die Richtung bestimme und die Erreichung der Ziele unnachgiebig verfolgen werde.‘ Er hielt plötzlich inne, weil er in unsere lachenden Gesichter sah!

,Wen willst du denn in dieser Art führen, Schranders?‘

,Na, Sie doch!‘ Schranders hatte das Du schon völlig verdrängt.

Wir lachten. Und dann hätten Sie ihn mal sehen sollen. Völlig erschüttert sah er auf die Kündigungen, die wir ihm alle verabredungsgemäß hinhielten. Wir sind dann aufgestanden und wortlos zur Tür gegangen. Severin konnte einen Anfall von Gemeinheit nicht unterdrücken. Er hat sich noch einmal umgedreht und gesagt: ,Mensch Schranders, wer den GVL schon nicht packt, der ist für den Vertriebsleiter ganz sicher zwei Nummern zu klein. Geh' zum Siefert und bewirb dich als sein Fahrer – dazu reicht's – auch vom Charakter her!‘“

„Ich schäme mich ja so“, sagte Severin grinsend. „Nur, das mußte ich einfach noch los werden.“

„Als wir draußen waren, hörten wir ihn noch toben. 'Euch brauch' ich nicht, ich entlasse euch fristlos' und ähnlicher Stuß war zu hören.“

„Ihr habt alle gekündigt?“

„Klar doch. Wer von uns läßt sich denn von einem Schranders, diesem Charakterriesen, führen? Außerdem will keiner von uns die jetzt garantiert folgende Talfahrt mit dem Unternehmen mitmachen. Das ist für uns alle auch eine Frage des persönlichen Marktwertes. Herr Quester, mit unserer gemeinsamen Kündigung haben wir nicht gesagt, daß wir glauben, Sie seien nun unser Arbeitsamt, wir werden uns schon einen neuen Job besorgen. Wir finden alle was. Für gute Leute ist der Markt immer offen. Aber es kann ja auch sein, daß Sie uns bald brauchen, und dann sagt sicher niemand nein. Der Uklas-Konzern, das Unternehmen Ihres Freundes, soll ja laut Anzeige händeringend Regionalleiter suchen." Fischer zwinkerte mit den Augen. „Übrigens, Leute, ich hab' euch noch gar nicht gesagt, ich hab' auch gekündigt. Der Noch-Geschäftsführer oder Jetzt-wieder-Geschäftsführer machte dabei ein Gesicht, als hätte er im Lotto gewonnen. Die Jungs sehen einfach nicht, was da auf sie zukommt, die sehen nur die momentane Entlastung für die eigene Person. Kurzsichtig wie meine Oma, und die war sofort im Bilde, wenn sie ihre Brille wiederfand. Die müssen aber erst durch den Dreck durch, um besser sehen zu können."

Quester sah sich seine Crew an. „Tja", meinte er und freute sich, daß Frau Liebherr, die ihm gegenübersaß, wieder so fröhlich sein konnte, „dann sind wir also faktisch alle arbeitslos. Wenn Sie wollen, ist dieser Zustand in Kürze beendet. Frau Gehrke hat ein Angebot von Uklas erhalten. Sie soll dort Sekretärin eines Vorstandsmitgliedes für die Bereiche Marketing und Vertrieb werden, aber nur unter einer Bedingung, sie muß dieses Vorstandsmitglied gleich mitbringen. Sie hat mich gewählt."

Gejohle erfüllte den Raum.

„Nun hat sie auch mehr als 1000 DM monatlich verdienen wollen. Die Erfüllung ihres Gehaltswunsches hat man davon abhängig gemacht, daß sie einen Marketingleiter, einen Vertriebsleiter, vier Regionalleiter und eine Sekretärin auch gleich mitbringt. Frau Fröhlich, für das Vorstandssekretariat wird eine Leiterin gesucht." „Ich hab' Interesse."

Das Gejohle nahm beängstigende Formen an.

„Wahnsinn, unglaublich!", meinte Fischer, als es wieder ruhiger wurde. „Wir können zusammmenbleiben, dieses eingespielte Team kann so weiterarbeiten wie bisher, so wie es uns Spaß gemacht hat!"

„Mensch", meinte Schelmer, „was ist das für ein personeller Aderlaß für unser jetziges Unternehmen. Die ganze Vertriebsmannschaft geht und wesentliche Teile des Marketings auch, nicht wahr, Frau Liebherr?" „Es gehen nur die Stützen der Abteilung, Herr Schelmer, nur die tragenden Säulen, mehr nicht."

„Von der Abfindung, die sie uns zahlen müssen, ganz zu schweigen. Das geht über die Portokasse weit hinaus", grinste Märtens.

„Eigentlich schade, daß alles so kommen mußte", meinte Severin. „Schneider hatte alles fest in der Hand. Kaum war er nicht mehr da, wurden die Weichen von Dilettanten gestellt, und unser schöner stolzer Express rast jetzt auf eine Nebenstrecke. One way journey. Schade!"

„Nur Schranders, dieser willfährige Büttel Sieferts bleibt und arbeitet unermüdlich am nächsten Mißerfolg." Angewidert schüttelte sich Fischer.

Quester nickte: „Ja, sehr schade, wir haben eine sehr gute Position im Markt erreicht. Es war von der Sache her absolut unnötig, die Entscheidungen, die Siefert gefällt hat, zu treffen. Wieder zeigt sich, daß personelle Entscheidungen das Schicksal eines Unternehmens mehr bestimmen als Sachentscheidungen. Das eigentliche Kapital des Unternehmens sind nun mal die Mitarbeiter. Wann werden das die Manager endlich begreifen, die so tun, als säßen sie an einem Schaltpult und könnten nach Belieben Figuren, sprich Mitarbeiter, hin- und herschieben, als wären es seelenlose Roboter. Der Kampf um Macht und Ansehen in den Führungsetagen bringt auch das stabilste Gebäude zum Wanken. Wir waren unter Schneider so ein stabiles, intaktes Gebäude. Dieser Mann war uns menschlich wie beruflich ein Vorbild. Es hat Spaß gemacht, mit ihm zu arbeiten. Keiner von uns, behaupte ich, hat seine Arbeit als Belastung empfunden. Das war einer der Gründe, warum wir so erfolgreich waren."

Märtens meldete sich zu Wort: „Sie sprachen eben von Herrn Schneider, jetzt will ich mal von Herrn Quester reden. Herr Quester, ich sitze hier, weil Sie mir damals auf eine sehr menschliche und wirkungsvolle Art die Freude am Führen wiedergegeben und mich aus einer Negativspirale rausgeholt haben. Jetzt hab' ich den Mut, in meinem Alter auch wieder woanders neu zu beginnen. Wenn's geht, natürlich mit Ihnen."

Severin legte Märtens die Hand auf die Schulter, die anderen klopften.

Frau Gehrke räusperte sich. „Ich muß jetzt auch was sagen. Wenn das hier keine Aufbruchstimmung ist, dann weiß ich nicht, wie die sich anfühlt. Das geht mir richtig unter die Haut. Ich muß jetzt etwas zu meinem, zu unserem Boß sagen. Herr Quester, einen besseren Beweis, richtig, menschenwürdig, erfolgreich geführt zu haben, kann kein Manager erhalten. Ich weiß, ich sehe, wie sehr Sie sich darüber freuen und ich weiß, wieviel es Ihnen bedeuten würde, mit dieser Crew bei der Uklas weiterarbeiten zu können."

„Das stimmt genau, eine Punktlandung in meiner Seele, Sie Psychologin. Wer von Ihnen würde denn bei Uklas mitmachen, wen darf ich denn in meinem Gespräch mit Herrn Anders, dem Vorstandsvorsitzenden von Uklas, nennen? Ich setze immer voraus, die Konditionen stimmen."

Alle Hände gingen hoch. Da hielt die Crew nichts mehr. Wie die Kinder umarmten sie sich, lachten und hauten sich auf die Schulter. „Ein blöder Verein", brummelte Quester, stand auf, murmelte noch was von 'Toilette' und war verschwunden.

Quester, dachte Frau Gehrke, daß dir auch noch die Augen schwimmen können, das hätte ich nicht gedacht. Sie wandte sich zu Frau Quester und sagte, „Sie müssen eine tolle Frau sein, Frau Quester – nur tolle Frauen haben solche Männer."

Frau Quester lächelte und bedankte sich für das Kompliment. Sie hatte die Stimmung auch mitgerissen. Der Abend wurde noch so feucht, daß die Rückreisen erst mittags angetreten werden konnten.

Frau Quester saß mit einem großen Strauß Blumen im Wagen und sah ihren Mann von der Seite an. Dessen Gedanken waren schon beim Gespräch mit Anders, aber der Gesichtsausdruck, der war noch so wie gestern abend. Ein paar glückliche Stunden für ihn – eines der schönsten Dankeschöns für das, was er für jeden einzelnen getan hatte.

„Alle?“

„Alle!“

„Mensch Manfred, du hast damit unsere personellen Probleme im Marketing, im Vertrieb und im Vorstandssekretariat auf einen Schlag gelöst. Das ist ein Einstand! Ich weiß, daß es üblich ist, daß gute Manager, wenn sie gehen, gute Mitarbeiter mitnehmen oder nachholen, langsam, einen nach dem anderen. Aber daß eine ganz Crew geht, das hab' ich noch nie gehört.“

„Ohne die engagierte, wirksame Mithilfe von Siefert, der sich so eilig, meiner Meinung nach überstürzt, mit seinen Soldaten umgeben wollte, ohne diese schnellen, von Emotionen diktierten Fehlentscheidungen, wäre das auch nicht möglich gewesen. Nur wenig wäre passiert, hätte er sich mehr Zeit gelassen und einen langsamen evolutionären Übergang genutzt und Führungskräfte gewählt, die von anderen anerkannt worden wären.

Ich gehe davon aus, er hat die Folgen seiner Entscheidungen falsch eingeschätzt. Weil er sich immer gegen den Aufbau eines Führungsnachwuchses gesträubt hat, steht er heute ohne Soforthilfe da. 'Brauchen wir nicht, kostet nur Geld, bringt nur Unruhe' – das waren seine Argumente gegen den Aufbau einer Gruppe von Nachwuchsführungskräften. Dieses anhaltende Führungsvakuum wird sich in den Bereichen Motivation, Engagement, Leistung und damit im Umsatz, im Ergebnis dieses Außendienstes auswirken. Dem Handel fehlen plötzlich die gewohnten Gesprächspartner, damit ist Vertrauenskapital verspielt. Zurückhaltung ist die Folge, bis man wieder weiß, wie der Hase läuft. Das wirkt sich kurz- und mittelfristig als Umsatzeinbruch aus. Außerdem beginnt jetzt die schlimme Phase der Selbstbeschäftigung. Die Aufmerksamkeit geht im Unternehmen vom Markt weg nach innen. Und das rächt sich, wie Erfahrungen zeigen, furchtbar."

„Wieder einmal", Anders nickte zustimmend, „hat sich gezeigt, daß das entscheidende Kapital des Unternehmens der Mensch ist. Hier entstehen die Erfolge. Also sind Investitionen in Menschen Investitionen für Erfolge. So einfach ist das."

„Das war eine gute Überleitung, Bernhard. Können wir uns jetzt über die Verträge meiner Mitarbeiter unterhalten?"

„Über diese und über deinen. Wie willst du beginnen? Fangen wir mit der Crew an!"

Die beiden waren sich schnell einig. Da wird es keinen geben, der mit diesen Bedingungen nicht einverstanden ist, das wußte Quester. Schranders hatte ihm noch einmal in die Hände gearbeitet. Er hatte durchgezogen und auf sofortiges Ausscheiden der GVLs bestanden. Er fürchtete wohl, daß ihm jeder Tag, den seine vier früheren Kollegen noch im Außendienst waren, schaden würde. Außerdem hatte er so sofort die Möglichkeit, sein Team aufzubauen. Das waren sicher andere als diese renitenten Typen. Das wußte dieser Mann ganz genau. Er wird sich doch nicht selbst gefährden. Damit limitierte sich Schranders seinen zukünftigen Erfolg zugunsten einer vordergründigen Konfliktvermeidung, eines Selbstschutzes. Jeder kann eben nur das leben, was seine Größe zuläßt.

Tatsächlich lief der Übergang reibungslos und die Integration seiner Crew in die vorhandene Führungsmannschaft ohne Konflikte. Anders hatte ja auch den gleichen Führungstil wie Quester, so daß hier nicht zwei Welten aufeinderstießen. Die Gefahr von Cliquen, von geschlossenen Gemeinschaften mit separatismusähnlichem Eigenleben, entstand auch nicht, weil hier Menschen mit ähnlichen Einstellungen und Verhaltensweisen sprachen, sich verstanden.

Fischer, der Vertriebsleiter, und Schelmer, der Marketingleiter, bildeten ein ideales Team. Was hab' ich eigentlich

– ein vertriebsorientiertes Marketing, einen marketingorientierten Vertrieb? Ich glaub', ich hab' beides. Auf jeden Fall aber ein Team, das den Markt, den Kunden als Nummer eins sieht, sagte sich Quester des öfteren.

„Frau Gehrke, hören Sie auf zu arbeiten! Wir gehen zu Harry – dort sitzen Bernhard und Frau Burghard und warten auf uns."

„Okay, gleich. Bitte, lassen Sie mich diesen Brief noch zu Ende schreiben."

Nachwort

Das Unternehmen Uklas ist erfolgreich. Die Führungskräfte dort wären sicher ganz verblüfft, würde man ihnen zu verstehen geben, man halte sie und ihre Art der Zusammenarbeit für etwas Besonderes.

So verwechseln sie Erfolge auch heute noch nicht mit Selbstverständlichkeiten und freuen sich über jedes erreichte Ziel. Sie reden viel miteinander und tragen ihre Konflikte offen aus mit dem Wunsch, die Qualität des Miteinanders zu erhalten. Im Alltag, in Seminaren und in Meetings hören sie gut zu und beschäftigen sich erst mit der Aussage des anderen, bevor sie ihre eigene formulieren. Sie wissen aus eigener Erfahrung sehr gut, daß die Beziehungsebene die Sache immer beeinflußt und daß dort der Schlüssel zum guten Miteinander und zum Erfolg liegt.

Sie definieren den Begriff Arbeit einfach positiv und erleiden nicht, sondern schaffen und erhalten sich die Umgebung, in der es Freude macht zu arbeiten. Das sind keine Opfer, das sind Macher in des Wortes bester Bedeutung. Menschen mit einer grundsätzlich positiven Grundeinstellung zum Leben.

Natürlich müssen sie auch dafür bezahlen – wie Quester für klare Formulierungen seiner Meinung, für die Beibehaltung seiner aufrechten Haltung, für Fairneß und Gradlinigkeit bezahlt hat. Ein Tribut für Zufriedenheit, eine Investition für die Selbstachtung und für das sympathische Gesicht.

Von diesen Questers gibt es viele. Aber weil sie weniger PR-Lärm machen als andere, hört man von ihnen zu wenig. Auch deshalb ist diesen Managern dieses Buch gewidmet.